협동조합은
노동을 존중하는가

협동조합은
노동을 존중하는가

아이쿱생협 관련 기업을 통해 본
협동조합의 노동

이정봉 지음

초록펭귄

차례

추천사 006
프롤로그 016

**1장.
협동조합의 이미지**

1. 협동조합의 노동 031
2. 근본적 질문 036

**2장.
구례클러스터의
노사분쟁**

1. 점간이동 정책 관련 논란 047
2. 구례자연드림파크지회 설립 시기 논란 060
3. 비어락하우스 비위 사건 관련 논란 068
4. 관리자 책임 논란 091
5. 다양한 형태의 분쟁 100

3장. **아이쿱생협과** **노동조합의 분쟁**	1. 아이쿱생협의 범주	118
	2. 아이쿱생협의 조직과 사업	123
	3. 기업집단의 가능성	129
	4. 특정 지점으로의 집중	144
	5. 소송과 그 함의	149

4장. **아이쿱생협 기업의** **노동 상황**	1. 아이쿱의 노동정책과 노조 설립	159
	2. 쿱스토어경남의 노동 상황	171

5장. **협동조합에 대한** **재인식**	1. 협동조합의 노동문제	189
	2. 협동조합과 노동조합의 간극	210
	3. 협동조합의 노동에 대한 논의	223

에필로그	242
참고문헌	248

추천사

협동조합은 종종 야수적 자본주의에 대한 대안적 기업 형태로 제시된다. 국제협동조합연맹(ICA, International Cooperative Alliance)의 홈페이지를 찾아가면 대문에 "협동조합이란 무엇인가?"라는 물음에 대해, 다음과 같은 설명을 볼 수 있다.

협동조합은 구성원들에 의해 그리고 구성원들을 위해, 공동으로 소유되고 민주적으로 운영되는 인간 중심적인 사업체로서 공통의 경제적, 사회적, 문화적 필요와 욕구를 실현하는 것을 목적으로 삼는다.

어떤 조직이 소유가 공동이고 운영이 민주적이라면 그 이상 바람직한 일이 있겠는가. 게다가 그런 조직이 구성원들에게 경제적 이익을 가져다준다면, 이것이야말로 금상첨화라고 말하지 않을 수 없을 것이다. 그리하여 자본주의의 폐해가 극심해질수록 많은 사람들이 협동조합에서 자본주의 경제를 극복할 수 있는 일종의 해방구를 찾은 것은 조금도 이상한 일이 아니다.

그런데 협동조합도 필요와 욕구를 보다 효율적으로 충족시키기

■

위해서는 사업을 확장하지 않으면 안 되는 경우가 생겨난다. 이 경우 사업의 확장이 또 다른 협동조합의 설립이라면, 아마 큰 문제가 없을 것이다. 하나의 협동조합이 설립한 새로운 협동조합 역시 "공동으로 소유되고 민주적으로 운영되는 사업체"일 것이기 때문이다.

하지만 현실에서는 협동조합이 사업을 확장할 때, 다른 협동조합이 아닌, 다른 기업 형태의 사업체를 설립하는 경우가 종종 일어난다. 이를테면 협동조합이 주식회사를 일종의 자회사나 계열사로 운영하는 것이다. 이 책 163쪽에서 말하듯이 "경남지역에 있는 창원아이쿱생협, 거제아이쿱생협, 진주아이쿱생협 등 지역생협과 아이쿱생협연합회가 ㈜쿱스토어경남을 설립하고, 쿱스토어경남은 경남지역 자연드림매장을 소유하고 운영"하는 경우가 그런 사례이다. 그러니까 생활협동조합이 지역의 매장을 효율적으로 운영하기 위해 주식회사를 설립하고 그렇게 설립된 주식회사가 협동조합의 매장을 소유하고 운영하는 것이다.

문제는 이 경우 매장에서 일하는 노동자들에게는 자기들을 고용한 주식회사가 "공동으로 소유되고 민주적으로 운영되는 사업체"가 아니라는 데 있다. 협동조합이 설립한 주식회사는 협동조합이 아니라 그

냥 주식회사일 뿐이다. 그리고 이런 주식회사에서는 다른 모든 주식회사에서 우리가 흔히 보게 되는 온갖 노사문제가 별 차이 없이 일어나게 된다.

이 책은 이처럼 협동조합이 평등한 조합원들의 민주적 공동체가 아니라, 종업원들을 고용한 사업주가 될 때, 어떤 일이 벌어지는지 아이쿱생협의 경우를 사례로 꼼꼼하게 조사하고 분석한 책이다. 우리는 이 책에서 협동조합 역시 조합이 설립한 사업체의 노동자들에게는 다른 주식회사의 대주주들이나 경영진과 다를 바 없이 반노동적인 행태를 보인다는 것을 확인할 수 있다. 그러니까 협동조합이 주식회사를 설립하는 순간, 그 주식회사는 자본주의 사회 내에서 일반적인 노사 대립 구도에 그대로 빠져들게 되는데, 협동조합의 대의는 자신이 설립한 주식회사의 정문 앞에서 멈추어, 자회사 내에서 일어나는 노사갈등에 대해서는 아무런 대안도 제시하지 못한다. 그도 그럴 것이 협동조합과 주식회사는 처음부터 상이한 기업 형태인 까닭에 협동조합의 경영 원리는 주식회사의 경영에 아무런 지침이나 참고가 될 수 없기 때문이다.

협동조합이 효율성이나 성장을 추구하면서 협동조합의 대의를 스스로 저버리지 않으려면, 협동조합이 사업을 확장하더라도 생산자협동조합 또는 노동자협동조합처럼 또 다른 협동조합의 형태로 사업을 확장해야 할 것이다. 하지만 그렇게 되면 많은 경우 효율성을 위해 새로운 사업체를 설립하는 취지가 무색해질 것이다. 사업을 번창하게 하려면 협동조합의 휘장 뒤에서 주식회사를 운영할 필요가 있고, 실제로 우리 사회에서 외형적으로 성공한 협동조합은 종종 협동조합의 간판 뒤에 주식회사 같은 영리기업을 운영함으로써 성장해 왔다. 그 결과 협동조합의 사업 확장을 위해 협동조합의 대의를 스스로 파괴하는 일이 일어나게 된다.

이 책은 협동조합의 그런 자기 배반에 대한 엄중한 경고이며, 고발이다. 누구도 협동조합의 대의 자체가 나쁘다고 말하지는 않을 것이다. 이 책도 그렇다. 하지만 협동조합의 대의가 만병통치약인 것도 아니다. 협동조합이 할 수 있는 것과 할 수 없는 것을 우리가 정확하게 분별하지 않으면, 사람들은 협동조합이 할 수 없는 것을 협동조합에 기대하게 되고, 협동조합은 자신이 할 수 없는 것을 마치 할 수 있는 것처럼 사람들을 현혹하게 된다. 그리고 오해는 종종 파국적 결말에 이른다.

이 책은 그런 오해와 파국을 피하기 위해 무엇을 어떻게 해야 하는지, 가르쳐 주지는 않는다. 아마도 그 답은 우리 자신이 찾아야 할 과제일 것이다. 그러나 묻지 않으면 답도 없다. 이 책은 협동조합의 커튼 뒤에서 어떤 일이 일어나는지를 보여줌으로써 우리로 하여금 바람직한 협동조합의 모습이 어떠해야 할지 스스로 묻게 한다.

다루기 어려운 주제를 치열하게 탐색한 저자의 노고에 경의를 표하며, 자본과 노동의 조화로운 만남을 위해 길을 찾는 분들의 일독을 권한다.

— 김상봉(전남대학교 철학과 교수)

협동조합은 자조, 자기책임, 민주주의, 평등, 형평성, 연대 등의 가치를 기반으로 한다. 따라서 이윤추구를 목적으로 하는 경제조직과는 다른 결과를 낳을 것으로 기대된다. 하지만 이러한 기대가 협동조합 조직에서 곧바로 실현되는 것은 아니다. 조합원들의 적극적인 참여와 협력, 지속적인 교육과 훈련, 민주적인 조직 운영이 전제될 때 실현 가능하다.

이는 노동조합도 마찬가지다. 흔히 노동조합을 "임금노동자들의 노동조건과 생활 조건의 유지·개선을 목적으로 하는 단체"라고 정의한다. 하지만 회사에 종속되어 노동자들의 요구와 이해를 저버리는 노동조합도 왕왕 발견된다. 협동조합이든 노동조합이든 노동자들이 적극적으로 참여하고 민주적으로 운영하지 않는다면, 조직이 지향하는 가치와 실제 모습은 달리 나타날 수 있다. 이런 점에서 이 책은 협동조합뿐만 아니라 노동조합에도 경종을 울리고 있다.

— 김유선(한국노동사회연구소 이사장)

나는 공공운수노동조합 조합원이자, 아이쿱소비자생활협동조합 조합원이다. 노동자로서 꼭 필요한 조직은 노동조합, 소비자로서 바람직한 먹거리 운동은 생협이라는 생각으로 가입하여 활동하고 있다. 동네에 있는 아이쿱 매장을 갈 때마다 약간의 자부심도 느끼면서 지인들에게 생협 가입 권유도 많이 했었다.

그러나 2017년부터 시작된 구례자연드림파크 노동분쟁은 이해하기 어려운 사건들의 연속이었다. 일반기업의 노사관계보다는 더 나을 것 같은 생협에서 8년째 계속되고 있는 노동자들의 투쟁과 그 배경을 나는 이 책을 통해 제대로 알게 되었다. 착취가 기본인 자본주의 사회에서는 어떤 기업이라도 예외가 될 수 없다는 불편한 진실을 마주하는 시간이기도 했다.

이 책은 협동조합이 노동을 어떻게 인식하고 상대하는지뿐만 아니라 협동조합의 본질까지 다루어 그 의미가 크다. 30만 명이 넘는 회원조직을 가지고 있는 아이쿱생협은 자연드림파크를 "소비자, 생산자, 직원 모두가 상생하는 꿈의 실현지"로 스스로 의미 부여했지만 실제로 그렇게 가고 있는지를, 이 책은 구체적으로 짚고 있다. 많은 사람들이 희망하는 대안적 경제모델로서의 협동조합은 기업의 구조와 시스템만이 아니라, 운영의 전 과정도 달라져야 한다는 것을 저자는 강조하고 있고, 나도 거기에 적극적으로 동의한다.

— 현정희(공공운수노조 전 위원장)

젊은 엄마였던 내가 생활협동조합에 가입하고 조합원 교육을 받았을 때의 흥분과 기대가 잊히지 않는다. 그것은 친환경 식품을 먹고 나와 가족들만 건강해지는 것이 아니라, 도시와 농촌이 상생하며, 땅과 물을 지킬 수 있는 대안 소비에 대한 독려였다. 1인 1표를 행사하며 진정한 민주주의를 실현하는 장이 바로 생협이라 배웠다. 여기에 나의 소비가 누군가의 노동을 소외시키지 않고 양질의 일자리까지 만들어 낸다니, 이보다 더 좋을 수는 없었던 나의 조합, 나의 생협!

생협의 성장과 발전은 생산자 농민과 노동자들의 헌신이 없었다면 결코 성취할 수 없었다. 하지만 협동의 맛, 조합하는 보람을 알려주던 생협은 끝내 노동조합을 용인하지 않는다. 노동조합은 탄압하는 악덕 고용주가 있을 때만 필요한 것이라는 낡은 노동관이 여지없이 드러난 사건이 구례자연드림파크 노동조합의 투쟁이다. 외려 한국의 대표적인 협동조합 운동체로서 노동조합의 결성을 독려하고 창립을 축하하며 화환을 보내 주길 바랐던 내 순진성을 탓해왔다.

이 책은 한국의 협동조합에서 노동은 무엇이고, 무엇이어야 하는가를 서늘하게 묻고 있다. 이는 협동조합 내 노동분쟁을 가시화한 아이쿱생협만의 문제가 아니라 한국의 생협들이 부대끼고 있는 문제임을 짚어내며 협동조합의 토론을 촉구하고 있다. 임금이 있는 곳에 노동이 존재한다는 당연한 사실을 알려주는 단 한 권의 협동조합 조직의 노동 입문서인 이 책은 협동조합 핵심 관계자들에게 유용한 학습서다.

— 정은정(농촌사회학 연구자)

프롤로그

협동조합은 실험적 조직이다. 협동조합이 자본주의의 대안적 경제 모델인가에 대한 논쟁이 여전히 진행되고 있고, 경제조직이지만 사람과 자본 중 어느 것에 중심을 두고 운영될지 모르는 일이기 때문이다. 이런 이유에서 협동조합을 관심 있게 지켜보던 중 2017년 구례자연드림파크에서 노동분쟁이 발생했다. '윤리적 소비'와 '사람중심경제'로 유명한 아이쿱생협과 관련된 기업에서 일어난 분쟁이었다. 그리고 얼마 되지 않아 이는 노동조합과 아이쿱생협 간의 분쟁으로 확대되었다. 왜 분쟁이 발생했는지 그리고 어떻게 마무리될지 궁금했다.

하지만 구례자연드림파크 노동분쟁에 관한 상황은 파편적으로 전해질 뿐이었다. 예를 들어, 노동조합은 회사가 무리하게 추진한 '점 간이동' 정책이 노사분쟁의 출발점이라고 주장했다. 그러나 구례자연드림파크 노동분쟁에 대해 많은 심층기사를 썼던 인터넷 매체에서 '점간이동'이란 단어는 발견되지 않는다. 구례자연드림파크 노동분쟁을 더 자세히 들여다보려 해도 정확한 내용을 확인하기 어렵다. 구례자연드림파크에 있는 비어락하우스 식당에서 여러 가지 비위가 있었던 것으로 제기됐지만, 구체적으로 어떤 문제였는지를 보여주는 자료는 공개되지 않았다.

노동분쟁의 실체가 드러나기도 전에 평가와 해결 방안이 나오는 모습도 보였다. 2018년 8월 아이쿱생협 이사장 중 한 명은 "팩트 체크 방식으로 아이쿱생협의 최근 일을 파악하는 데는 한계가 있지 않나"라는 생각을 밝히며, '갈등의 근저에 협동조합의 노동관과 노사관계 중심의 노동관 사이의 견해 차이'가 있다고 지적했다. 구례자연드림파크 노동분쟁을 '노사관계 중심의 노동관'과 '협동조합의 노동관' 사이의 충돌로 본 것이다. 구례자연드림파크에서 일어난 노사 간 분쟁이 과연 관점의 문제였던 걸까?

협동조합의 노동분쟁을 특수한 상황으로 보는 시각은 협동조합 영역에서 상당히 퍼져 있다. 협동조합은 자본이 지배하는 사업체가 아니기 때문에 이윤을 두고 노동과 대립할 이유가 없다는 인식에 기반한다. 협동조합 내 노사갈등을 몇몇 사람들의 이익을 위한 행동으로 취급하는 태도나 협동조합 내 노동조합이 불필요하다는 생각으로 표출되기도 한다. 이러한 관점은 협동조합에서의 노동분쟁이 끊이지 않는 상황에서 협동조합의 노동문제에 대한 온전한 접근을 가로막을 수 있는 위험을 안고 있다.

협동조합에 대한 사회적 관심이 커지고 있는 것에 비해 협동조합의 노동실태에 대한 조사와 연구는 많지 않다. 협동조합의 성과로 고용을 강조했던 정부는 우리나라 전체 협동조합의 고용인원도 발표하지 않고 있다. 협동조합기본법에 근거해 설립된 협동조합에 한해서 정기적인 조사가 이루어지고 있지만, 원자료가 공개되지 않아 노동에 대한 기본적인 실태만 분석되고 있다. 협동조합 노동실태에 대한 실증 분석이 미미함에도 불구하고 협동조합의 노동에 대한 이미지는 강력하다. 협동조합은 '일자리 창출에 능하다'라거나 '고용 안정성이 높다'라거나 '노동을 존중한다'와 같은 내용이 대표적이다. 협동조합의 성과는 모범 사례로 퍼지고 있지만 협동조합의 노동문제는 제대로 분석되지 않으면서 협동조합의 노동에 대한 이미지가 편향되게 형성된 것으로 보인다. 따라서 우리 사회에서 '협동조합의 노동은 무엇인가'는 여전히 유효한 질문이고, 구체적 사례를 통해 논의되어야 할 연구 주제이다.

협동조합과 노동조합 영역에서 파장을 일으켰던 구례자연드림파크 노동분쟁은 '협동조합의 노동'을 탐색하는 데 적합한 사례라고 생각한다. 과거 농협이나 신협과 같은 협동조합에서 노동분쟁이 일어날 경우, '협동조합'은 거의 드러나지 않았다. 이에 반해 구례자연드림파크 노동분쟁은 조직 형태상 주식회사에서 시작되었으나 협동조합의 사안으로 인식되었다. 아이쿱생협의 영향력이 미칠 수 있는 협동조합 기업에서 노사갈등이 심화하는 상황을 보며 많은 협동조합인은 당황스러워했다. 특히 노동 존중을 표방하는 협동조합이 명예훼손으로 노동조합을 고소하는 행태를 보며 아이쿱생협의 태도에 의문을 품기 시작했다. 협동조합과 노동을 우호적 관계로 상정했던 관념에 균열이 시작된 것이다. 구례자연드림파크 노동분쟁을 아이쿱생협이라는 개별 협동조합의 문제로 치부하지 않는다면 협동조합에서 일어날 수 있는 여러 문제를 되짚는 계기가 될 수 있다.

    한가지 강조하고 싶은 건 협동조합의 노동분쟁을 노동 사안으로만 인식해서는 안 된다는 점이다. 모든 경제조직이 그렇듯 노동은 운영과 동떨어져 있지 않다. 그래서 협동조합에서의 노동을 관찰하면서 협동조합의 운영을 살펴볼 수 있고, 나아가 협동조합의 운영 원리를 재평가할 수 있다. 예를 들어, 아이쿱생협연합회가 노동조합 조합원을 명예훼손으로 형사고소했을 당시 어떤 논의가 있었고, 어느 단위에서 결정됐는가를 질문해 볼 수 있고, 만약 조합원들의 토론이 없거나 충분치 않았다면 그것은 거대 협동조합에서 '조합원의 통제'가 가지는 한계를 검토할 수 있게 해준다.

특정 협동조합에는 개별 조직의 특수성뿐만 아니라 협동조합의 일반적 성질도 내재해 있다. 때문에 협동조합 노동분쟁 사례를 통해 '협동조합의 노동' 형성에 영향을 미치는 요소를 탐색할 수 있다. 주의해야 할 것은 협동조합이 갖는 다른 경제조직과의 차별적 특성에 몰두한 나머지 협동조합이 경제조직으로서 갖는 일반적 특성을 간과하는 것이다. 협동조합의 설립 목적, 가치지향, 운영 원리는 협동조합의 노동에 영향을 미칠 것이다. 동시에 협동조합은 구성원들의 목적을 이루기 위해 설립된 하나의 조직이자 시장경제에서 작동하는 사업체로서 이윤을 목적으로 설립된 사업체와도 공통적인 속성을 갖는다.

협동조합의 노동분쟁을 분석함에 있어 여기서는 협동조합이 노동을 어떻게 인식하고 상대하는지를 중점적으로 다루었다. 노동분쟁과 같은 갈등 상황은 조직의 제도, 구조, 문화, 구성원의 인식 등을 드러내고 더불어 노동자에 대한 조직의 태도를 보여준다. 노동분쟁은 당연히 주체 간의 상호작용 속에서 전개되지만, 협동조합의 실체에 다가서기 위해서는 먼저 협동조합을 중심에 놓고 분쟁 상황에 접근하는 것도 하나의 방법이다. 분쟁의 상대가 어떻게 행동했는지와 관계없이 노동에 대한 협동조합의 태도를 평가할 수 있는 부분이 있기 때문이다.

몇몇 협동조합의 사례로 일반화할 수 있는 건 없다. 다만 '협동조합의 노동'은 협동조합마다 다양하게 나타날 수 있다는 건 분명하다. 그렇다면 협동조합인은 자신의 협동조합에서 노동이 현재의 모습에 이르게 된 상황에 관심을 기울일 필요가 있다. 자신이 속해 있는 협동조합의 노동 상태는 조합의 가치지향에 부합하는지, 협동조합 조합원의 이익과 노동자의 이익이 충돌될 때 어떤 결정이 내려졌는지, 그러한 의사결정에 협동조합 조합원으로서 어떻게 참여했는지를 돌아본다면, 자신이 속해 있는 협동조합의 노동문제를 발견할 수 있을 거라 생각한다. 이 책의 목적은 바로 협동조합인이 자신의 협동조합 노동문제를 점검하고 더불어 협동조합을 재인식하는 것에 있다. 협동조합이 우리 사회에서 확산의 대상으로 떠오를 만큼 협동조합의 기능에 관심을 쏟았지만, 협동조합에 내재한 문제에 대한 논의는 미미했다. '협동조합의 노동'을 키워드로 협동조합의 노동문제 뿐만 아니라 경영방식, 지배구조 등에서 나타났거나 나타날 수 있는 문제에 대해 고찰해야 협동조합의 가치가 현실에서 온전히 뿌리내릴 수 있을 것이다.

　이 책은 협동조합을 재인식하기 위해 역사, 제도, 운영원리를 검토하면서 동시에 노동분쟁을 다루고 있다. 노동분쟁의 구체적인 사례는 아이쿱생협과 아이쿱생협 관련 기업에 관한 것이다. 아이쿱생협은 우리나라의 대표적인 소비자생활협동조합의 하나로서 2022년 말 99개의 지역조합과 약 31만 명의 조합원을 보유한 협동조합이다. 아이쿱생협은 전국적 물류체계, 친환경 인증체계, 유기농클러스터 등을 선제적으로 도입하며 급속한 성장을 이루었고, 최근 친환경·유기농 식품 사업에서 '치유산업'으로 방향을 전환하면서 암 예방과 암 재발 방지를 핵심으로 하는 라이프케어 운동을 전개하고 있다. 아이쿱생협은 성장 과정에서 많은 기업을 설립하거나 설립을 지원했는데, 이들 기업에서 노동문제가 발생하고 있다.

외부에 가장 크게 알려진 사건은 2017년 구례자연드림파크 노동분쟁이다. 구례자연드림파크 입주기업 중 하나인 ㈜구례클러스터에서 노사갈등이 생기면서 해당 업체 노동자들은 산업단지 내 다른 업체 노동자들과 함께 노동조합을 만들었다. 노동조합은 당시 회사의 여러 조치를 탄압으로 여겼고, 상황이 악화되는 책임이 아이쿱생협연합회에 있다고 생각하여 아이쿱생협을 비판했다. 그러자 아이쿱생협연합회는 노조가 구례클러스터에서 발생한 분쟁을 아이쿱생협과 연관된 것처럼 주장하여 명예가 훼손됐다며 소송을 걸었다. 이러한 흐름에서 구례자연드림파크 노동분쟁은 구례클러스터의 노사 간 분쟁과 노동조합과 아이쿱생협 간의 분쟁 모두를 의미한다고 볼 수 있다.

먼저 1장에서는 우리가 왜 협동조합의 노동에 관심을 가져야 하는가에 대해 다루고 있다. 협동조합의 노동이 어떻게 노동 친화적인 이미지를 구축하게 되었는지 살피고, 이는 협동조합의 장점으로 소개되는 몇 가지 명제와 연관되어 있음을 이야기한다.

제2장에서는 구례자연드림파크 노동분쟁의 한 축인 구례클러스터의 노사분쟁을 다룬다. 구례클러스터에서 있었던 점간이동 정책, 비

어락하우스 비위사건은 모두 기나긴 법적 분쟁을 낳았고, 사측의 징계가 부당했다는 법원의 판결이 났다. 하지만 법적 결과만으로 노동에 대한 협동조합기업의 태도를 드러내는 데 한계가 있어 가능하면 분쟁 과정에서 쟁점이 됐던 사안을 중심으로 구체적으로 살펴봤다. 회사인 구례클러스터가 징계 과정에서 노동자에게 보였던 입장, 논리, 관점 등이야말로 협동조합기업의 노동에 대한 태도 전반을 보여준다.

제3장은 아이쿱생협과 노동조합의 분쟁에서 핵심 쟁점이었던 아이쿱생협의 지배구조를 다루고 있다. 아이쿱생협연합회는 구례자연드림파크지회 노동조합 및 노동자가 자신의 명예를 훼손했다고 소송을 걸었는데, 소송 결과보다 아이쿱생협연합회 주장이 정당한지에 대해 살피는 것이 필요하다. 이 역시 노동에 대한 협동조합의 태도를 이해하는 데 초점을 맞추고 있기 때문이다. 아이쿱생협연합회와 구례클러스터의 관계보다는 아이쿱생협과 관련 기업들의 전체적인 관계를 살펴봄으로써 구례클러스터 노동자들이 했던 주장이 어느 정도 설득력이 있는지를 판단해 볼 수 있다.

제4장은 아이쿱생협기업의 노동 단면을 살펴본다. 아이쿱생협

연합회와 지역 아이쿱생협이 출자하여 설립한 ㈜쿱스토어경남에서 2017년 6월 노조가 설립됐고, 다음 해에 단체협약이 체결됐다. 아이쿱생협에서 노조가 설립된 배경, 노조 설립 이후 단체협약이 체결되기까지 과정, 그리고 단체협약의 내용에선 아이쿱생협의 노동관을 엿볼 수 있다. 아이쿱생협 및 관련 기업의 가치지향과 실제 노동 상황에 어떤 차이가 있는지, 차이가 있다면 어떤 요인에 영향을 받는지를 살펴볼 수 있다.

끝으로 5장에서는 아이쿱생협 및 관련 기업에서의 분쟁과 노동 상황에 대한 분석을 바탕으로 협동조합 영역에서 재논의되어야 하는 부분을 정리하였다. 협동조합이 노동자조직에서 조합원조직으로 변화된 이후 생겨난 노동문제 및 노사관계를 다루었고, 협동조합과 노동조합이 상호 직시해야 하는 두 조직의 간극을 검토했다. 이는 결국 협동조합이 어떤 조직인지를 되짚는 과정으로서 노동에 대한 협동조합의 태도는 상당 부분 협동조합의 본원적 속성에서 기인하는 것으로 보는 관점에 기반한다. 협동조합의 고유한 성질과 경제조직으로서 갖는 일반적 성질이 결합하여 협동조합의 노동이 형성되는 것으로 본다.

지금까지의 분석과 결론은 나만의 작업이라고 말하기 어렵다. 기업의 구조와 재무를 분석할 때 도움을 준 선후배가 있었고, 원고 전체를 읽고 냉철한 의견을 준 또 다른 선후배가 있었다. 무엇보다도 힘든 기억을 꺼내야 하는 사건 당사자들의 노력이 없었다면 이 연구는 시작될 수 없었을 것이다. 협동조합의 노동문제가 정확히 조명되고 협동조합이 건강하게 발전하길 바라는 마음으로 사람을 소개해 주고, 인터뷰에 응해 주고, 자료를 내어준 분들의 도움 속에서 작업을 진척시킬 수 있었다. 그리고 우리 사회에 소수자와 약자의 목소리가 기록되어야 한다는 뜻을 가진 초록펭귄 대표님과 편집장님이 있어 이 책이 나올 수 있었다. 여러 핑계로 많은 일을 미뤘는데도 이해와 사랑으로 응원해 준 가족이 있었기에 긴 작업을 마무리할 수 있었다. 모두에게 감사의 인사를 드린다.

2024. 7. 20.
이정봉

일러두기

이 책의 노동분쟁 사례와 관련된 인물은 필요한 경우 익명성 보장을 위해 가명이나 영문으로 표기했다. 가명을 사용한 경우, 처음 사용 시 이름에 (가명) 표시를 넣어 표기했다. 또한 인용 자료의 경우, 맞춤법이나 표현이 어색한 부분이 있더라도 가능한 자료 내용 그대로 실었음을 알린다.

1장

협동조합의
이미지

우리나라 사회적경제 주체들이 협동조합기본법 제정 활동을 시작할 무렵인 2011년 3월 한 방송사는 '스페인 몬드라곤의 기적'을 방영했다. 스페인 바스크 지역의 축제 장면과 함께 나온 내레이션은 강렬했다.

"몬드라곤에는 해고가 없습니다.
오히려 해마다 일자리가 늘어납니다…
몬드라곤에는 비정규직이 없습니다.
모두가 회사의 주인입니다…
몬드라곤에는 어떤 위기도 극복할 힘이 있습니다."

당시 우리 사회는 몬드라곤에 눈길이 쏠릴 수밖에 없는 상황이었다. 2008년 미국발 금융위기의 여파로 경제적 불안은 여전했고, 특히 고용 부문에 대한 우려는 심각했다. 한국노동사회연구소의 자료에 따르면, 2010년 8월 기준 전체 임금노동자 중 비정규직 비율은 50.4%에 달했다(김유선 2014). 청년을 '88만원 세대'로 부르는 등 청년 문제가 서서히 사회적 이슈로 떠오르던 시점이었다.

비슷한 시기 우리나라에서 유엔UN이 지정한 '세계협동조합의 해(2012)'에 맞춰 '협동조합기본법'이 제정되었다. 세계적 흐름에 발맞추기 위한 정부의 의지와 함께 국내 협동조합인들의 노력이 있었다. 개별법에 근거한 협동조합 이외에는 설립이 제한됐던 문제, 사업체를 협동조합 방식으로 운영하고 있음에도 조직 형태를 주식회사 등으로 등록해야 했던 문제 등을 경험하면서 협동조합인들은 협동조합에 관한 기본법이 제정되길 바라는 마음을 강하게 가지고 있었다.

우리나라에서 협동조합이 새로운 건 아니다. 농협, 수협, 생협, 신협, 새마을금고 등 개별법에 근거한 8개 유형의 협동조합이 오랫동안 운영되어 왔다. 이들은 거대 자산과 다수의 조합원을 보유하고 있었지만, 협동조합으로서의 존재감은 크지 않았다. 협동조합이 낯설었던 상황에서 협동조합 관계자들은 우리에게 익숙한 FC바로셀로나, AP통신, 썬키스트 등을 언급하며 협동조합이 이미 일상에 있다고 홍보했다. '5명이 모이면 만들 수 있다'와 같은 슬로건은 협동조합 설립을 추동했다. 그 결과 2012년 12월 협동조합기본법이 시행된 이래로 2023년 12월 말 기준 약 2만 5천 5백여 개에 이른다. 사회적경제 영역에서 먼저 주목받았던 사회적기업이 2022년 말 기준 3천 5백여 개인 것에 비하면 협동조합에 관한 관심은 뜨거웠다. 협동조합의 실제 운영률이 절반에 미치지 못했다는 걸 감안하더라도[1] 협동조합 설립이 유행처럼 번졌던 것은 사실이다.

상당수의 사회구성원이 고용, 돌봄, 교육, 주거 등 자신들이 경험했던 문제를 해결하기 위해 협동조합을 유용한 방식으로 받아들였다는 점은 부정할 수 없다. 협동조합 사례집은 사람들이 서로의 작은 힘을 모아 변화를 도모하려는 이야기들로 가득하다. 자신이 겪는 문제가 개인적인 것이 아니었음을 확인하면서 협동조합의 설립으로 이어지는 모습도 보여준다. 협동조합은 우리 사회가 방치했거나 외면했던 문제에 적극적으로 대처하는 수단으로 활용되고 있다. 나아가 대안적 경제모델로 주목받기도 한다. 2008년 세계 금융위기 과정에서 신용협동조합의 재정 안정성, 노동자협동조합의 고용유지 능력 등 그동안 협동조합이 보여줬던 성과들이 크게 알려졌고, 협동조

---

1 기획재정부는 협동조합 실제 운영률을 신고인가 기준이 아닌 등기를 기준으로 계산하여 발표한다. 2019년 말 신고인가 된 협동조합 14,526개이고, 법인으로 등기한 협동조합은 13,016개이며, 실제 운영 중인 협동조합은 7,050개인데, 협동조합 실제 운영률은 신고인가 된 협동조합 기준 48.5%이고, 법인 등기 기준 54.2%이다.

합을 "사회통합적인 경제모델"이나 "자본주의의 대안모델"로 주장하는 이들도 있다. 오늘날의 경제위기와 사회 양극화를 대처하는 데 협동조합이 상당한 역할을 할 것으로 기대하는 사람들은 늘고 있다.

　이처럼 우리 주변은 협동조합의 특징, 성과, 가능성에 관한 이야기들로 넘쳐난다. 그러나 협동조합의 문제에 관한 관심은 적다. 민주, 평등, 공정, 정직, 개방성, 사회적 책임 등의 가치를 추구하는 협동조합에서 이사장의 횡령, 노동조합 탄압, 성차별과 같은 문제가 발생한 일을 쉽게 지나쳐 버린다. 협동조합을 흔히 "조합원이 통제하는 조직"으로 소개하지만, 실제 개별 조합에서 조합원이 권한을 행사할 기회는 극히 제한적이다. 협동조합의 존폐를 결정해야 하는 상황에서도 조합원들이 배제되는 경우도 있다. 2023년 아이쿱생협은 지역조합을 권역 단위로 통합하는 방안을 논의했는데, 여러 아이쿱생협 지역조합이 이사회에서 "조직통합"을 결의하는 안건을 통과시킨다. 이후 대다수의 아이쿱생협 조합원은 지역조합 이사회가 결정한 조직통합에 따라 "소속 변경"을 했다. 아이쿱생협 조합원 중에는 자신이 속해 있던 조합이 해산하는지 모르고, 조합의 안내에 따랐다고 증언하기도 한다. 아이쿱생협 지역조합이 해산을 앞두고 조합원을 탈퇴시키고, 주요 자산을 처분한 후 특정 비영리법인에 기부하고, 소수의 조합원만으로 총회를 열어 조합을 해산시켰다. 이러한 현상들을 보며 협동조합이 민주적으로 운영되는 조직인지에 대해 질문하는 것은 당연하며, 조합원에 의해 통제되는 조직이라는 협동조합에 대한 성격 규정에 의문을 품는 것은 자연스럽다.

1

협동조합의 노동

많은 경우 협동조합을 '민주적으로 운영되는 조직', '조합원이 통제하는 조직', '주식회사와 다르게 운영되는 조직' 등으로 이야기한다. 이런 설명은 협동조합의 일반적 특징인 것처럼 퍼져 있다. 민주적 제도가 민주주의를 담보하지 않는 것처럼, 협동조합의 특정한 제도가 협동조합이 지향하는 바를 이루게 할 수 없음은 자명하다. 그렇다면 협동조합의 제도적 특징이 아닌 현실의 모습을 살펴보면서 협동조합을 이해할 필요가 있다.

노동은 협동조합의 실체를 직접적으로 마주할 수 있는 영역이다. 협동조합은 하나의 조직이자 사업체로 작동하며 고용된 노동자와 대면하게 된다. 협동조합 조합원의 필요를 충족시키기 위해 조직으로서의 체계를 갖추고 조직 구성원을 통제하게 되고, 시장에서 경쟁력을 높이기 위해 자본주의적 경영방식을 동원하게 된다. 협동조합은 운영 과정에서 필연적으로 노동에 대한 협동조합의 태도를 표출하게 된다.

협동조합과 노동의 관계는 시대나 상황에 따라 변화해 왔다. 초기 협동조합은 노동대중의 조직이었고, 조직의 주체와 목적의 중심에 노동하는 사람이 있었다. 협동조합은 노동자들이 생활을 개선하거나 노동계급이 새로운 공동체를 만들기 위한 수단으로 출발했고, 초기 협동조합운동에서 협동조합과 노동의 관계는 밀착되어 있었다. 그러나 근대적 협동조합이 번성하면서부터 협동조합의 위상은 달라졌고 노동과의 관계도 변화하기 시작했다. 협동조합은 노동계급의 절약을 장려하는 기관이라는 지배계급의 칭찬 속에서 1852년 법적 지위를 얻을 수 있었고(콜G.D.H Cole 2012), 협동조합의 조합원과 피고용인이 이윤 배분을 놓고 대립하는 상황은 1860년대부터 시작되었다. 협동조합이 성장하며 정체성이 형성되는 과정에서 노동과의 관계도 재정립되는 양상을 띤다.

협동조합 내 피고용인의 문제가 협동조합의 오래된 과제였을 만큼 협동조합의 노동은 논란된 사안이었다. 그런데 우리 사회에서 협동조합의 노동에 대한 평가는 다소 획일적이다. 협동조합은 노동에 우호적이고, 노동 분야에서 긍정적인 역할을 하는 사업체로 인식된다. 정반대의 사례를 바탕으로 한 평가는 찾기 어렵다. 문제는 협동조합의 노동 친화적 이미지로 인해 협동조합의 노동문제가 덮어지고 협동조합의 본질이 가려질 수 있다는 점이다.

일례로 인천지역의 푸른두레생협을 통해서 협동조합과 노동의 관계를 생각해 볼 수 있다. 2019년 푸른두레생협에 화섬식품노조 푸른두레생협지회가 설립되었고,[2] 2020년 3월 푸른두레생협 노사는 단체협약을 체결했다. 이후 2020년 11월 기업노조인 푸른두레생협노동조합이 새로 설립되어 생협 내 노조가 2개인 상황이 되었고, 2022년 3월 푸른두레생협노동조합이 교섭 대표노조가 되어 새로운 단체협약을 체결하였다. 그런데 2022년 기업노조인 푸른두레생협노동조합과 푸른두레생협이 맺은 단체협약에 '노동조합 홍보물 부착 시 회사 승낙 후 진행하는 조항'이 신설됐고, '집단따돌림 금지 조항'이 삭제된 것으로 알려졌다.[3] 물론 기존에 단체협약을 체결했던 화

---

2 2018년에 설립된 푸른두레소비자생활협동조합노동조합이 2019년 상급단체에 가입하면서 전국화학섬유식품산업노동조합 푸른두레생협지회로 변경되었다.
3 〈경기신문〉 2022.04.20. "인천 푸른두레생협, 기업노조와 짬짬이 교섭진행".

섬식품노조 푸른두레생협지회는 반발하고 있다.

협동조합에서 노동자의 권리보장과 동떨어져 보이는 단체협약이 체결되는 이유를 어떻게 봐야 할까. 협동조합 경영진이 노동조합의 활동을 제약하거나 노동자의 권익을 무력화할 의도가 있었던 걸까. 아니라면 협동조합 경영진은 그것이 조합 및 조합원의 이익에 부합한다고 판단한 걸까. 만약 노조가 '노동조합 홍보물 부착 시 회사 승낙 조항' 추가와 '집단따돌림 금지 조항' 삭제를 요구했다면, 협동조합은 오히려 자유로운 노조 활동과 건강한 직장문화 조성을 위해 거부해야 하지 않았을까. 사실 이런 질문들은 협동조합이 노동에 우호적일 거라는 인식에서 나온 것이다. 그렇다면 협동조합이 노동에 우호적이라는 인식은 어떻게 생겨난 걸까.

협동조합의 역할에 대한 논의에서 약간의 힌트를 얻을 수 있다. 2011년 10월 협동조합기본법 제정 연대회의는 '협동조합기본법 제정의 필요성 설득 논리'로 일자리 창출을 제시했다. 정부 역시 협동조합기본법 제정을 공포하면서 '취약계층의 경제활동 지원과 일자리 창출'을 기대했다(기획재정부 2012). 이러한 논리와 기대를 넘어 일자리 창출은 협동조합의 특징 중 하나인 것처럼 제시되기도 한다. 예를 들어 강민수(2014)는 국제노동자협동조합연맹CICOPA의 보고서에 있는 협동조합의 고용창출 규모를 인용하며 "협동조합은 일자리 창출에 매우 능한 사업조직"으로 평가한다. 장승권 외(2018)는 "협동조합 전체적으로 피고용인 수는 4.3명으로 일반 창업기업(법인)의 8.9명보다 적지만 사회적협동조합의 경우 12.0명으로 고용 효과가 더 큰 것으로 나타난다"고 분석했다.[4] 하지만 사회적협동조합은 노동집약적인 업종이 많기 때문에 사회적협동조합이 다른 조직 형태보다 고용 효과가 높다는 결론을 내리기 위해서는 업종 비교가 포함되어야 한다. 협동조합이 '일자리 창출에 매우 능한 사업조직'인지에 대한 엄밀한 분석이 빠진 채 협동조합의 이미지가 형성되는 모양새다.

협동조합의 일자리 창출은 그동안 이윤 논리로 도외시되었던 사업에서 또는 여러 명이 힘을 합쳐 자신의 문제를 해결하는 과정에서 협동조합 방식이 이용됐다는 것과 관련된다. 협동조합의 고용은 특히 안정성 측면에서 의미가 있다. 협동조합은 고용안정, 즉 안정적 일자리를 만들려고 하거나 여건이 좋지 않더라도 가급적 일자리를 유지하려는 모습을 보어줬다. 다만 협동조합의 고용안정은 일부 협동조합이 갖는 지향이지 협동조합의 일반적 특징은 아니다. 그래서 "협동조합은 비정규직과 같은 좋지 못한 일자리를 만들 유인이 없다"는 주장은[5] 현실을 가리는 위험을 내재하고 있다.

돌이켜보면, 우리 사회에서 협동조합의 노동에 대해 지금과 같은 관념이 형성된 것은 비교적 최근의 일이다. 협동조합기본법이 제정되기 이전에는 우리 주변에 있던 협동조합을 '공동으로 소유되고 민주적으로 운영되는 조직'으로 인식하지 않았다. 일부 협동조합인을 제외한다면, 농협, 수협, 신협 등은 노동분쟁이 흔하게 일어나는 사업장 중 하나로 보았고, 생협은 유기농 식품 업체 정도로 인식되었다. 협동조합기본법 제정을 전후로 협동조합의 성과가 강조되고, 그 운영 원리에 대한 의미가 확산하면서 협동조합에 대한 새로운 이미지가 구축되었다. 협동조합은 '노동을 존중한다'거나 '사람이 자

---

4 장승권 외(2018)에서 협동조합은 2017년 제3차 협동조합 실태조사의 결과에서 2016년 말 기준 사회적협동조합을 활용하였고, 창업기업 법인은 중소벤처기업부의 2017년 창업기업실태조사에서 2015년 말 기준 7년 미만의 창업기업을 대상으로 하였다.
5 강민수(2014)는 협동조합의 고용과 관련하여 몇 가지 장점을 제시하고 있는데, 첫 번째로 '일자리 창출에 매우 능한 사업조직'이라는 점을, 두 번째로 '비정규직과 같은 좋지 못한 일자리를 만들 유인이 없다는 점을, 세 번째로 '주식회사에 비해 일자리를 유지하는 데에도 능하다'라는 점을 제시하고 있다.

본을 지배한다'와 같은 주장이 대표적이다. 이는 협동조합에서 노사 구도가 이루어지더라도 협동조합의 노사는 일반기업과 다르다는 생각으로 이어지기 쉽다.

협동조합인들 사이에서 협동조합 내 노동을 일반 기업과 다르게 보는 인식은 오래전부터 있었다. 아이쿱생협연합회의 최고경영자였던 신성식은 "협동조합은 자본 소유자가 없기 때문에 투자이익을 더 갖기 위해 노동자와 대립하는 역학관계가 없다"라는 관점을 보였다(신성식 2014). 두레생협연합회 설립에 참여했던 김기섭은 협동조합이 이윤을 추구하는 기업과 다르다는 점에서 협동조합과 '직원'과의 관계가 일반적인 노사관계와 차이가 난다는 인식을 보여준다. 즉 "이익의 증대를 위해 활동하는 자본과, 이런 자본의 이익 증대를 위해 고용된 노동자 사이에는, 이익의 분배를 놓고 싸움을" 벌이지만, "상호 호혜를 위해 활동하는 조합원과, 이런 조합원 간 호혜성의 유지 확장을 위해 일하는 직원과는, 방법의 적합성을 놓고 싸움을 벌인다"는 것이다(김기섭 2012). 협동조합 이론가이자 스웨덴 협동조합운동의 주도적 인물이었던 아네스 오르네Anders Örne는 협동조합과 협동조합 피고용인 간에 충돌을 일반적 상황으로 보지 않았다. 협동조합이 '이윤추구를 목적으로 하지 않는 점, 노동계급의 소유라는 점, 그리고 일반기업에 비해 처우가 나쁘지 않다는 점'이 그 이유이다. 그래서 오르네는 협동조합에서 조합과 피고용인 사이의 분쟁을 "노동자 일부 집단이 고용주와 맺은 합의를 따르지 않으려는 태도"나 '불만을 갖는 사람들' 때문인 걸로 지적한다.

협동조합에서 이익을 놓고 노사가 대립할 이유가 없다는 주장은 '협동조합은 이윤추구를 목적으로 하지 않는다'라는 관점에 기반한다. 그리고 그 중심에는 '협동조합은 조합원들의 필요와 염원을 충족시키기 위해 설립된다'라는 협동조합의 목적이 자리하고 있다. 이런 관점을 갖는 사람이라면 협동조합에서 노동분쟁이 발생할 경우, 아너스 오르네처럼 그 원인을 노동자에게서 찾기 쉽다. 그러나 우리가 현실에서 목격하는 것은 협동조합이나 협동조합기업이 주식회사처럼 운영되는 모습이다. 그렇다면 우리는 협동조합의 노동분쟁이 일반기업과 유사한 양상을 띠는 이유에 대해 근본적인 질문을 던져야 한다.

2

근본적 질문

최근 대구지역 택시협동조합의 불투명한 경영으로 인한 문제가 언론에 보도됐는데, 대구지역의 12개 택시협동조합 중 일부 조합만 정관과 통장 내역을 조합원들에게 공개했다는 내용이었다.[6] 이에 앞서 2022년 1월 우리나라 최초의 협동조합 택시업체인 '쿱택시COOP TAXI'의 파산이 언론에 크게 다뤄졌다. 쿱택시로 많이 알려진 한국택시협동조합은 사납금제 없는 운영을 표방하며, 2015년 7월에 사업을 시작한 후 노동자에게 임금인상과 복지 확대를 이뤄낸 사례로 줄곧 소개되었다. 한국택시협동조합의 경우 종사자의 열악한 노동조건을 협동조합 방식으로 해결하겠다는 목표를 내걸며 관심을 끌었지만, 노동자 조합원들은 경영진의 비민주적 운영과 불투명한 경영을 이유로 비상대책위원회를 구성하였고 2018년 4월 임시총회에서 이사장을

---

6 〈KBS 대구〉 2023.08.23. "감독 주체 없어 파행…'자구책 마련하는 조합원들'".

해임했다. 협동조합 내 비민주적 운영에 대한 문제 제기는 반복되고 있다. 이러한 사례들이 예외적인 것이 아니라면 협동조합의 특징은 다시 점검될 필요가 있다.

협동조합은 형식상 소유와 통제가 일치하는 조직이다. 협동조합이 좋은 상품을 제공하면서 동시에 사업적 성공이 가능한 이유를 소유와 통제의 일치에서 찾기도 한다.[7] 그래서 협동조합의 강점으로 '공동소유'와 '조합원의 통제'를 꼽는다. 소유자인 조합원이 이사회를 구성하기 때문에 '주인'이 직접 운영하고 감시하는 체제이다. 외부에서 영입된 전문경영인이 실질적인 경영을 하더라도 조합원으로 구성된 이사회가 전문경영인을 견제할 수 있다고 본다. 또한 협동조합은 임원을 선출하고, 사업 및 예산을 승인하는 등의 주요 사항을 조합원이 1인 1표의 방식으로 총회에서 결정하는 제도를 갖는다. 이러한 운영 원리와 의사결정 방식 때문에 협동조합은 '조합원이 통제하는 조직'으로 소개된다.

하지만 협동조합에서 발생하는 문제를 보면 '조합원의 통제'에 의문이 생긴다. 협동조합 의사결정에서 1인 1표의 방식이 이용된다는 걸 제외하면 구조적으로 협동조합과 주식회사는 상당히 유사하다. 기업의 소유자가 총회에서 중요 사항을 결정하고 소유자의 대표가 이사회를 구성하는 형태는 협동조합과 주식회사가 동일하다.[8] 그렇다면 주식회사에서 나타나는 '대리인 문제'에 협동조합이 자유로울 수 있는지 따져봐야 한다. 일반적으로 주식회사에서 소유와 경영

---

7 〈한겨레〉 2023.05.03. "협동조합 '공제' 후진국 한국…보험 틈새 메꾸도록 숨통 터줘야".
8 주식회사의 주주를 일반적으로 기업의 '소유자'라고 지칭하는 것에 대해 김상봉(2012)은 재산권을 가지고 있을 뿐 소유권을 가지고 있지 않다는 점을 지적한다. 김상봉(2012)의 논지에 동의하지만, 본 절에서는 통상적인 용어를 이용하고자 한다.

의 분리는 대리인 문제를 발생시킨다. 주식회사에서 주주의 이익을 극대화하기 위해 전문경영인을 선임하지만, 전문경영인은 자신의 이익을 위해 또는 회사의 일부 구성원과 담합하여 주주의 이익과 배치되는 결정을 내리곤 한다. 기업의 조직체계 상 주주의 대표인 이사회가 경영진을 통제할 수 있는 권한을 가지고 있지만, 현실에서는 경영진이 이사회를 장악하고 이사들은 거수기로 역할을 하는 모습은 흔하게 나타난다(마조리 켈리 Marjorie Kelly 2013).

협동조합은 소유와 경영이 일치하기 때문에 이론적으로 '주인-대리인 문제'로 인한 대리인비용을 발생시키지 않는다. 협동조합은 조합원인 이사들이 전문경영인을 견제하고, 조합원은 총회에서 이사진을 경계한다는 원리이다. 특히 협동조합은 총회에서 1인 1표의 방식으로 조합원이 결정하는 구조를 갖기 때문에 조합원의 통제가 작동하여 대리인 문제를 발생시키지 않는다고 본다. 하지만 협동조합도 규모가 큰 경우 이사회와 경영진이 분리되어 있고 정보와 권한은 경영진에게 집중되어 있다. 협동조합의 조합원 수가 많은 경우 대의원 제도를 두고 있고, 협동조합의 경영은 전체 조합원이 아닌 대의원에 의해 결정된다. 여기에서 협동조합의 조합원 통제가 작동하지 않을 가능성, 즉 협동조합 경영인이 조합원이나 조합원 대표자의 통제에서 벗어날 여지는 상당하다.

한편 협동조합은 조합원 조직으로 성격 규정된다. 조합원이 조직을 통제한다는 운영 원리 측면만이 아니라 조합원의 필요를 충족시키기 위해 설립한다는 목적 측면에서도 협동조합은 분명 조합원 조직이다. 조합원의 경제적·사회적·문화적 필요와 염원을 충족시킨다는 협동조합의 목적은 주식회사와 대비시켜 '이윤추구를 목적으로 하지 않는다'라는 명제로 재정립되곤 한다. 그리고 협동조합은 이윤추구를 목적으로 하지 않기 때문에 이윤을 두고 노동과 대립할 이유가 없다는 주장으로 이어진다.

협동조합은 '이윤추구를 목적으로 운영되는 조직이 아니다'라는 명제가 노사 간의 구도를 변형시킬 수 있을까? 이 질문에 답하기 위해서는 다른 질문을 먼저 살펴보는 게 용이할 수 있다. 협동조합은 이윤추구를 하지 않는 조직인가? 현행법에서 협동조합은 영리법인도 있고 비영리법인도 있다. 협동조합이라는 조직 형태와 관계없이 영리와 비영리를 가리는 기준은 기본적으로 사업결산 후 잉여금을 분배할 수 있는가로 판단된다. 이러한 기준에서 보면, 협동조합기본법에 근거한 일반협동조합은 영리법인이고, 사회적협동조합은 비영리법인이다. 그런데 소비자생활협동조합법에서 생협은 비영리법인으로 규정되어 있음에도 잉여금을 배당할 수 있다. 협동조합이 영리법인인지 비영리법인인지를 구분하는 것은 법과 제도의 적용을 어떻게 받을 것인가와 관련이 깊다. 따라서 협동조합 관련 현행법을 기준으로 협동조합의 영리성과 비영리성을 살피는 것은 큰 의미가 없다.

협동조합이 영리조직인지 비영리조직인지를 따지는 것은 이차적인 문제이다. 영리 활동과 이윤 분배라는 두 개의 조건을 갖춰야 영리조직으로 규정한다는 법리적 접근은 협동조합의 실제 모습을 드러내지 못한다. 협동조합이 영리활동을 하는 과정에서 협동조합과 노동의 관계는 충분히 형성된다. 협동조합은 이윤추구를 목적으로 설립되지 않았지만, 영리활동을 하게 된다. 극히 일부를 제외하면 협동조합은 조합원의 필요와 염원을 충족시키기 위해 경제적 수익을 내야 한다. 대부분의 협동조합은 수익을 창출하기 위한 상행위를 하고, 노동을 비용으로 상정하는 경영방식을 피하기 어렵다. 협동조합이 비영리조직으로 규정된다고 할지라도 협동조합의 노동 상황이 크게 달라질 것은 없다.

우리 사회에는 이미 영리를 목적으로 설립되지 않았고, 상행위를 하더라도 그 수익을 구성원에게 분배할 수 없는 비영리법인이 많다. 의료법인, 학교법인, 사회복지법인과 같은 비영리법인 역시 자본의 소유자도 없고 자본이 지배하는 운영체계도 아니지만 비영리법인에서의 노사분쟁을 예외적 상황으로 보지 않는다. 즉 비영리법인이 이윤추구를 목적으로 하지 않기 때문에 이윤을 두고 노동과 대립할 이유가 없다는 식의 주장은 볼 수 없었다. '이윤추구를 목적으로 하지 않는다'라는 조직의 목적은 협동조합이 노동과 대립할 이유가 없다는 주장을 뒷받침할 근거가 될 수 없다.

그런데도 협동조합과 노동을 우호적 관계로 상정하는 경우가 많다. 2018년 5월 한 노동조합 활동가는 구례자연드림파크 노동분쟁을 두고 '조합갈등'이라는 표현을 사용했다. 협동조합과 노동조합의 지향과 역사를 근거로 '노사갈등' 대신 '조합갈등'이란 표현을 쓴다고 했다. 협동조합의 초기 역사를 염두에 두고 두 조직의 관계를 해석한 것으로 보인다. 영국의 단결금지법하에서 우애조합의 이름으로 활동했던 노동조합의 이야기, 노동자들이 주축이 되어 상점을 성공시킨 로치데일공정선구자조합의 이야기 등이 널리 퍼지면서 노동조합과 협동조합이 상호 우호적이고 오랫동안 밀착되어 있었던 것처럼 인식된다. 그러나 기독교 사회주의자로서 영국 협동조합연합회의 사무총장이었던 닐Edward Vansitart Neale의 전기를 쓴 백스트롬Philip N. Backstrom은 빅토리아 시대 영국 협동조합운동이 노동계급운동이었다는 견해에 회의적인 평가를 내리고 있다(백스트롬 2022). 특정 시기의 협동조합 역사에 천착하지 않았다면 협동조합과 노동조합을 동반자적 관계로 볼 이유는 없다. 협동조합운동과 노동조합운동은 각자의 목적이 서로 달랐기 때문에 분열했다는 콜(2015)의 평가는 두 조직의 관계 변화를 사건이 아닌 조직의 속성에서 찾아야 한다는 점을 일깨워 준다.

그렇다면 협동조합과 노동의 관계는 협동조합의 본원적 속성과 연관해 접근할 필요가 있다. 협동조합 설립을 지원하는 기관의 한 관계자는 '소수가 수익을 목적으로 협동조합을 설립한 경우 협동조합으로 보기 어렵다'는 설명을 내놓았다. 그러면서 카페를 운영하는 5명의 사장이 사업을 위해 설립한 협동조합을 예시로 들었다. 이 사업체는 협동조합의 정의에 부합하지 않는 조직일까? 그 강사는 '카페 협동조합'이 법적으로 인정받을 테지만, '진정한' 협동조합은 아니라고 생각한 듯하다. 그러나 협동조합 정의에 비춰보면 이 '카페 협동조합'이 협동조합이 아니라고 부정될 이유는 없다. 그 강사에게 협동조합은 열악한 사람들 또는 자본이 거의 없는 사람들이 설립한 사업체라는 인식이 크게 작용한 것 같다. 국제협동조합연맹에서 협동조합의 정의가 발표된 이후에도 협동조합에 대해 다양한 해석이 이루어지는 것은 협동조합의 본질에 대한 이해가 다르기 때문일 것이다. "협동조합기업의 전체 구조는 노동과 사람이 자본에 예속되는 것이 아니라 자본이 사람과 노동을 위해 봉사하는 것이라는 개념을 토대로 설계되었다"(ICA 2015)는 국제협동조합연맹의 설명은 협동조합 내 사람과 자본의 관계를 보여주는 동시에 협동조합 내 본원적 속성이 무엇인지를 시사한다.

협동조합을 구성하는 두 개의 본질인 사람과 자본은 개별 협동조합의 성격과 존립을 좌우하게 된다. 개별 협동조합에서 사람과 자본 중 어느 속성이 강하게 표출되는지는 그 협동조합의 성격이 되고, 어느 하나가 사실상 힘을 발휘하지 못하면 조직은 지속되지 못하거나 조직형태의 전환으로 이어진다. 협동조합의 정체성 문제가 조직형태의 전환을 이해하는 출발점이라고 주장한 조지 수사와 로저 허먼Jorge Sousa & Roger Herman은 『협동조합의 딜레마』에서 그 사례를 보여주고 있다. 즉 협동조합에서 자본의 속성이 조직을 지배하게 되면 협동조합은 자본화되거나 탈조합화가 이루어진다. 협동조합은 자본주의 사회의 경쟁 속에서 이윤을 내야 하는 사업체 조직으로서 작동할 수밖에 없다. 협동조합도 살아남기 위해서 일반적인 기업과 유사한 경영전략을 사용하게 되고, 그 과정에서 사람과 자본의 속성이 충돌하게 된다. 사람의 속성이 강해지면 사업적 실패에 직면할 수 있고, 자본의 속성이 커가면 떠나는 구성원들이 생겨날 것이다.

개별 협동조합은 사람과 자본이란 속성을 어떻게 균형을 유지하며 성장시킬 것인가에 직면하게 된다. 그 과정에서 고용안정을 이루었다는 찬사를 받기도 하고, 때로는 노동분쟁이 발생하기도 하지만, 이상하게도 협동조합의 노동은 아름다운 모습만 크게 노출된다. 문제는 그 아름다운 모습의 실체에 대해서는 제대로 검증되지 않고 있다는 것이다. 예를 들어 노동 존중을 직접적으로 표방했던 아이쿱생협은 2017년 '아이쿱 사명 선언문'에서 '사람중심경제'를 비전 중 하나로 제시했다. 노동을 존중하고 성과를 공유하고 윤리경영을 확산시킨다는 방향은 아이쿱의 노동으로 인식되었다. 여러 해에 걸쳐 법정 최저시급보다 높은 수준의 시급을 유지하고자 했고, 2018년 7월에는 '2019년 최저시급 1만 원 실현'을 선언하며 사회적 관심을 받기도 했다. 아이쿱생협은 이러한 임금정책을 양질의 일자리를 창출하기 위한 노력의 결과로 자평하기도 했다.[9] 이외에도 아이쿱생협은 노동 존중으로 보일 만한 다양한 제도들을 소개해 왔다. 최저연봉과 최고연봉의 배율을 5배로 제한하는 급여연대의 원칙을 취업규칙에 명시하고 있다거나 정규직 고용을 원칙으로 한다는 내용이 대표적이다.

---

9 아이쿱생협, 2018.07.04. '2019년 최저시급 1만원 실현' (http://sapenet.net/archives/7990918).

그런데 아이쿱생협의 노동에 대한 구체적인 실태가 드러난 건 별로 없다. 아이쿱생협 임금정책으로 최저연봉과 최고연봉의 격차를 제한한다는 점은 알려져 있으나 '임원퇴직금 지급 규정'(12년 2월 기준)에 따라, 상근 임원의 경우 경영대표급은 재임 연수 1년을 기준으로 2.5개월분의 퇴직금을 지급받고, 이와 별도로 퇴직금의 50% 범위에서 받을 수 있는 특별 위로금이 있다는 점은 잘 알려지지 않았다. 또 자연드림매장 점원의 시급 인상은 널리 알려졌으나 다른 직무에 있는 노동자들의 임금인상률이나 임금수준은 잘 드러나지 않는다. 개별 협동조합의 노동 상황은 해당 조합이 말하지 않으면 알기 어렵다.

'우수사례'로 선정된 협동조합에서도 노동실태는 가려진 경우가 많다. 우리는 협동조합 및 협동조합기업의 노동 상황에 대해 깊이 있게 들여다본 적이 있을까. 우리는 무엇에 근거해서 '협동조합의 노동'에 대한 이상적인 이미지를 가져왔던 것일까.

협동조합의 노동 상황은 개별 조합마다 각기 다르다. 하지만 그동안 일부 협동조합 또는 협동조합의 특정 성과가 과잉 대표되었고, 이는 협동조합의 노동에 일반적인 특성이 있는 것처럼 굳혀졌다. 몇몇 협동조합의 모습들이 협동조합의 노동인 것처럼 인식되는 걸 경계해야 한다. 중요한 것은 개별 협동조합의 노동이 특정한 상태에 이르기까지 영향을 주는 속성이나 상황을 파악하는 것이다. 그렇지 않으면 어느 하나의 모습에 기대어 협동조합에 대한 시각이 형성되는 오류를 범할 수 있다.

협동조합의 노동 상황은
개별 조합마다 각기 다르다.
하지만 그동안 일부 협동조합 또는
협동조합의 특정 성과가 과잉 대표되었고,
이는 협동조합의 노동에
일반적인 특성이 있는 것처럼 굳혀졌다.
몇몇 협동조합의 모습들이
협동조합의 노동인 것처럼 인식되는 걸
경계해야 한다.

2장

구례클러스터의 노사분쟁

구례자연드림파크는 구례군이 조성한 산업단지에 아이쿱생협이 공장, 물류시설, 문화공간 등을 포함시켜 만든 산업문화복합단지이다. 2011년 6월 구례군과 (사)아이쿱생협연대가 투자계약을 체결했고, 2012년 쿱라면 공장을 시작으로 아이쿱생협 관련 업체들이 구례자연드림파크에 입주했다.

구례자연드림파크는 아이쿱생협이 "소비자, 생산자, 직원 모두가 상생하는 꿈의 실현지"로 의미 부여했던 곳이다. '소비자에겐 안전하고 저렴한 물품을 제공하며, 생산자에겐 안정적인 생산과 소득을 보장하기 위해 물류센터와 아이쿱생협의 가공생산업체들'이 있기 때문일 것이다. 그런데 2017년 구례자연드림파크에서 노동분쟁이 발생했다. 정확히는 구례자연드림파크를 관리하고 단지 내에서 식당 등의 시설을 운영하는 (주)구례클러스터[10]에서 발생한 노사 간 분쟁이다.

그런데 구례클러스터 노동분쟁의 시작점에 대한 의견이 분분하다. '점간이동 정책'을 분쟁의 배경으로 이야기하는 사람이 있는가 하면 '비어락하우스 비위사건의 제보'를 분쟁의 발단으로 지목하는 사람도 있다. 회사 측의 무리한 사업 추진과 징계가 문제의 핵심이라고 지적하는 사람과 노동자의 잘못으로 상황이 악화했다고 주장하는 사람이 있다. 구례클러스터의 노사분쟁은 일단락되었다. 구례클러스터 소속의 몇몇 노동자들에게 여러 차례 내려졌던 징계는 부당했던 것으로 법적 결론이 났기 때문이다.

---

10 구례클러스터는 2007년에 설립된 주식회사로서, 설립 당시 기업명은 (주)생활물류서비스였고, 2011년에 (주)쿱서비스로, 2017년에 (주)구례클러스터로, 그리고 2018년 3월 (주)오가닉클러스터로 바뀌었다. 구례클러스터는 과거 물류회사였으나 구례자연드림파크에 입주한 업체를 지원하는 회사로 변화하였다. 아이쿱생협연합회는 '구례클러스터를 설립했지만, 2016년경 주식을 매각한 후 운영에 관여하지 않는다'라는 입장이다. 아이쿱생협연합회와 구례클러스터의 관계는 구례자연드림파크 노동분쟁의 핵심 쟁점이었는데, 이는 다음 장에서 다룬다.

하지만 법적 분쟁 결과만으로 구례클러스터 노동분쟁을 이해하고 넘길 수 없다. 분쟁 과정에서 있었던 당사자들의 엇갈리는 주장을 알아야 이해관계자들이 평가하고 개입할 수 있다. 또한 분쟁 과정에서 회사가 보였던 태도는 노동에 대한 협동조합의 실제 모습을 담고 있다. 이것이 구례클러스터에서 무슨 일이 있었는지를 구체적으로 살펴봐야 하는 이유이다.

1

점간이동 정책 관련 논란

구례자연드림파크의 노동분쟁을 비어락하우스[11] 비위사건 중심으로 생각하는 경우가 많다. 박희성(가명) 전 ◇◇아이쿱생협 이사장은 "징계를 둘러싼 현 사태의 발단은 노조 간부였던 이의 폭력과 갑질 행위로 괴롭힘을 당하던 여성 노동자의 제보였다. 당시 관리자(현 노조 간부)는 자신의 비위가 드러나자, 노동조합 설립을 방패 삼아 그 뒤에 숨으려 했다"라며 분쟁의 배경을 설명했다.[12] 박희성 전 이사장의 경우 비위 사건과 관련된 여성 노동자의 제보를 구례자연드림파크 노동분쟁의 시작점으로 봤다. 하지만 구례자연드림파크에서 노사갈등은 여성 노동자의 비리 제보가 있었던 2017년 5월 11일 이

---

11 '비어락하우스'는 구례자연드림파크에서 양식 및 한식 요리, 수제맥주 등을 판매하는 음식점이다. 이와 함께 구례자연드림파크 내 식당 중 '레스토랑'은 주로 단지 내 입주업체 직원들이 이용하는데, 편의상 '레스토랑'은 직원식당 또는 구내식당으로 지칭한다.

전부터 있었다. 2017년 5월 2일 구례클러스터 M 팀장[13]이 이순규 매니저에게 연달아 보낸 카카오톡 메시지에서 노사갈등은 감지된다. M 팀장은 한꺼번에 여러 건의 경위서를 요구하고 있고, 시간이 꽤 지난 사안에 대해서도 경위서 제출을 지시했다. 심지어 경위서 제출 기한도 충분히 주고 있지 않다.

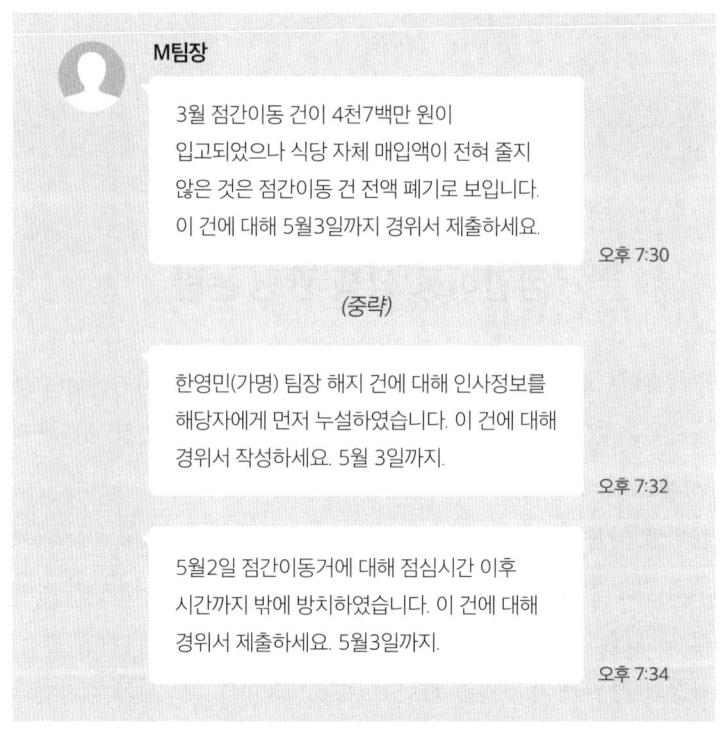

---

12 박희성 전 이사장은 신문 기고글에서 비위와 관련하여 '당시 관리자'이자 '현 노조 간부'를 지목하는데, 이 조건을 충족하는 사람은 이순규 매니저밖에 없다. 하지만 이순규 매니저가 받았던 징계가 비어락하우스에서 있었던 비위혐의와 직접 관련되어 있지 않다. 박희성 전 이사장은 "비위가 드러나자, 노동조합 설립을 방패 삼아 그 뒤에 숨으려 했다"라고 기술한 이유를 밝힐 필요가 있어 보인다.

13 M 팀장은 노동조합과 대립했던 관리자 중 한 명이다.

구례클러스터에서 일했던 K 노동자의 제보가 있기 전 회사와 노동자 간에 갈등이 있었고, 그건 점간이동 정책과 관련된다. 아이쿱생협은 2017년 3월 1일부터 '신설매장 활성화에 따른 점간이동' 정책을 실시했다. 점간이동은 신설매장에 과일, 채소와 같은 신선식품의 진열 기간을 짧게 두고, 판매 후 남은 신선식품을 다른 매장으로 이동시키거나 아이쿱생협 관련 식당으로 보내는 정책이다. 아이쿱생협 차원에서 점간이동 정책은 시도해 볼 만한 사업이다. 식당 및 가공공장과 같은 2차 소비처와 상품을 이동시킬 수 있는 자체 물류가 있으니 자연드림 매장에서 판매되고 남은 신선식품을 활용할 수 있는 조건이 된다. 그러나 사업을 실행하기 위한 구조적 조건과 현실적 조건은 상당한 차이를 보였고, 많은 문제를 낳았다.

점간이동 정책에서 식품의 이동은 크게 자연드림매장 간의 이동(점간이동)과 자연드림매장에서 식당으로의 이동(식당출고)으로 구성되어 있다. 자연드림매장에 진열된 후 팔리지 않은 식품을 자연드림파크 직원식당에서 사용한다는 취지는 좋았지만, 산업단지 내 대형식당의 운영과 맞지 않은 부분이 많았다. 점심으로 약 300명의 식사를 준비하는 식당에서 비닐로 낱개 포장된 애호박, 소량 포장된 콩나물 등 가정용 식자재가 사용되기 어렵다. 신선식품의 특성상 같은 포장 안에서도 짓무름이나 변질 상태가 달라서 재료를 골라내고 버리는 작업은 모두 시간을 쏟게 되는 일이다.

대부분의 대형식당처럼 구례자연드림파크 직원식당 역시 식단에 따른 식재료가 정해져 있는 상황인데, 직원식당이 필요로 하는 식재료와 자연드림매장에서 팔고 남은 식재료가 일치되는 건 쉽지 않다. 점간이동 정책 실행 초기 직원식당에서 필요하지 않은 식재료가 갑자기 몰리는 경우도 빈번했다. 직원식당 관리자 및 조리종사자는 소포장, 변질된 식품, 과다한 물량으로 어려움을 겪으면서도 점간이동 정책에 적절히 대처하고자 했다. 주방장은 매장에서 온 식재료를 최대한 이용하기 위해 메뉴를 유동적으로 운영했고, 조리원은 소포장된 봉지에서 사용할 수 있는 식재료를 찾기 위해 포장을 뜯고 남은 식재료는 폐기하는 작업을 했다. 식당 관리자는 점간이동 정책으로 들어온 식재료의 사용량을 높이기 위해 식당 직원들을 독려했고, 동시에 다른 업체 직원들과 회의를 이어갔다. 한편 식당 관리자들은 경영진에게 직접 현장 상황을 파악할 것을 호소하기도 하고, 팀장 회의 등에서 회사 경영진에게 점간이동 정책의 문제점을 강하게 피력하기도 했다. 하지만 현장에서 점간이동 정책을 실행해야 했던 직원식당 관리자들과 회사 경영진의 소통은 원활하지 않았다.

이러한 과정은 구례자연드림파크에서 점간이동 정책과 관련해 직원식당 노동자들이 주축이 되어 노동조합을 설립한 배경이다.[14] 아이쿱생협의 점간이동 정책의 문제를 정확하게 지적했던 식당 관리자가 먼저 징계를 받았다. 한영민 팀장은 2017년 1월 17일에 경력직으로 입사해서 불과 4개월이 안 된 시점인 5월 1일에 팀장 직위 해제를 통보받았고, 6월 9일 인사위원회에서 감봉과 업무 전환 배치(청소 업무)의 징계를 받았다. 직원식당 및 카페 매니저를 맡던 이순규 매니저는 2017년 6월 9일 인사위원회에서 정직 2주, 매니저 직위 해제, 정직 복직 후 업무 전환 배치(청소 업무)의 징계를 받았다. 구례자연드림파크 노동자들 사이에서 점간이동 정책뿐만 아니라 관리자 징계에 대한 적절성 논란이 일었다. 구례클러스터가 징계 절차도

---

14 노동조합 설립 준비 시기를 두고 논란이 있다. 일부는 구례자연드림파크 비어락하우스에 대한 비위 제보가 있고 나서 노조 설립 준비가 이루어진 것처럼 주장한다. 하지만 회사가 작성한 자료만으로도 제보 날짜인 2017년 5월 11일 이전에 노조 설립 준비가 있었던 것으로 확인된다. 자세한 내용은 뒤에서 다시 다루기로 한다.

없이 한영민 팀장에게 5월 1일 직위 해제 징계를 내린 것에 대해 구례자연드림파크 내 노동자들은 문제의식을 느끼고 있었고, 6월 9일 인사위원회의 출석요구 사유와 징계 결과를 보고 구례클러스터에 대한 그들의 비판적인 시각은 더욱 커졌다.

구례자연드림파크에서 노조 설립을 주도했던 노동자들은 점간이동 정책으로 인한 문제를 이야기하면서 노조의 필요성을 설명했다. 구례자연드림파크 내 다른 업체 노동자들은 점간이동 정책으로 인해 고생하는 노동자들을 지지하는 차원에서 노조에 가입하기도 했다. 점간이동 정책을 담당했던 관리자들에 대한 징계가 부당하다고 생각하는 노동자들도 있었다. 구례자연드림파크에서 서로 다른 업체에 고용돼 있던 노동자들이 하나의 노조로 모일 수 있었던 것은 '아이쿱생협'이 연결고리로 작용했다. 아이쿱생협이 구례자연드림파크를 만들었고, 구례자연드림파크 내 업체의 일이 아이쿱생협의 이름으로 드러나기도 하고, 아이쿱생협의 정책이 개별업체에 실행되는 등 일련의 과정에서 노동자들은 아이쿱 우산 아래에 자신들을 위치시켰다. 2017년 7월 12일 공공운수노조 광주전남지부가 회사 측에 조합원 가입 사실을 통보하며 구례자연드림파크지회 노동조합이 공식화되었다.

식자재 폐기의 책임

구례클러스터는 2017년 6월 9일 관리자 2명을 징계하며 '점간이동 관련 대처 미흡으로 인한 손해 발생'을 징계사유 중 하나로 삼았다. 직원식당 관리자가 점간이동 정책을 제대로 대처하지 못해 식자재가 폐기됐고, 회사는 손해를 입었다는 취지다. 해당 징계가 지방노동위원회에서 부당징계로 판정이 나자, 회사는 2017년 12월 징계사유를 변경했다. 이순규 매니저의 경우 회사는 축협 발주를 줄이라는 지시를 이행하지 않았다는, 즉 친환경제품 비율을 높이라는 지시를 따르지 않은 점을 징계사유로 제시했다.

2017년 12월 7일 자 이순규 매니저의 징계결정문은 여러 의문스러운 내용을 담고 있다. 가장 먼저는 점간이동 정책의 목적이다. 회사는 점간이동 정책의 목적을 식당의 '친환경/유기농 제품의 사용 비율을 90%로' 올리기 위한 사업으로 설명하고 있다. 구례클러스터는 징계결정문뿐만 아니라 노동위원회와 법원에도 점간이동 정책을 '식자재의 친환경·유기농 식품 사용 비율을 90%까지 증가시키기 위하여 자연드림매장에서 유통기한이 남은 식자재를 저렴한 가격에 공급받는' 정책으로 설명하고 있다.

- "자연드림 매장발주(점간이동)"는 구례클러스터 식당에서 사용되는 친환경/유기농 제품의 사용 비율을 90%로 올려서 방문객 및 직원들에게 만족도를 높이고자 하는 구례클러스터 핵심 사업입니다. 그 방편으로 식당에서 사용하는 제품에 대하여 자연드림 매장에 발주를 진행하고 그 대신 외부 사입(축협)에서 들어오는 물품을 줄여서 친환경의 비율을 높이는 단순하고도 간결한 프로세스입니다.
- 그러나 (중략) 지속적으로 외부 사입 매입처인 축협의 발주를 줄이지 않았습니다. 친환경 유기농 제품 비중을 90%로 올리기 위한 일반 매입 비율을 줄이라는 가장 기본적인 업무지시를 불이행하였던 것입니다.
- 이러한 친환경제품 비율을 높이라는 업무지시 불이행으로 3, 4월 매출 대비 매입 비율이 118%까지 치솟았으며, 이로 인해 평균 매출 대비 매입 비율(1월~6월)로 계산한 손실 예상액은

최대 5,200만 원으로 추정됩니다. (후략)
— 2017년 12월 7일, 이순규 매니저 징계결정문

    그러나 점간이동 정책이 구례자연드림파크 직원식당의 식자재 변화를 목표로 계획되었다고 보기 어려운 정황과 자료는 상당하다. 먼저 구례자연드림파크 구내식당 관리자가 점간이동 정책을 인지하고 논의에 참여한 시점을 눈여겨볼 필요가 있다. 2017년 3월 1일에 아이쿱생협 차원에서 점간이동 정책이 시행되었고, 식자재는 '구례식당'에 앞서 '괴산식당'에 먼저 들어갔다. 구례자연드림파크 구내식당 관리자는 2017년 3월 13일 정도에서야 점간이동 정책에 대한 논의에 참여하게 된다. 아이쿱생협의 자료를 보면, 2017년 3월 10일 아이쿱생협 수도물류팀의 공문작성자가 "센터별 필요 담당자는 공유 확대 요청 드립니다"라고 인트라넷의 문서 대화창에 글을 등록하자, 문서 수신자 중 한 명이 3월 13일에 "구례식당 이순규 매니저님 공유 추가"했다며 댓글을 달았다. 그리고 며칠 후에 신설매장 식자재가 구례자연드림파크 직원식당으로 입고되었다.

    상식적으로 볼 때 두 지점이 굉장히 어색하다. 하나는 "구례클러스터 식당에서 사용되는 친환경/유기농 제품의 사용 비율을 90%로" 올리려는 정책인데, 구례클러스터가 아닌 다른 법인에서 사업이 기획된 점이다. 다른 하나는 회사가 점간이동 정책을 직원식당과 관련된 "구례클러스터 핵심사업"이라고 규정하지만, 식당 관리자는 사업에 관한 내용을 사전에 고지받지 못한 채 식자재가 들어오기 며칠 전에 알게 되었다. 점간이동 정책을 직원식당의 친환경 식자재 사용 비율을 높이기 위한 사업이라는 구례클러스터의 주장은 설득력이 떨어진다.

    그럼 아이쿱생협의 점간이동 정책의 목표는 무엇이냐는 질문으로 바꿔볼 수 있다. 아이쿱생협과 구례클러스터의 자료를 봤을 때, 신규 개설한 자연드림 매장의 신선식품의 신선도를 높이는 게 핵심 목표로 보인다. 2017년 4월 3일 자 아이쿱생협 경영협의회[15]에서 나온 '논의 및 결정' 내용은 점간이동 정책의 목적을 보여주고 있다. 점간이동 정책은 "신설·부진매장 활성화 전략"으로 추진되었고, 식당 출고는 아마도 '판매 가능 기한 내 남은 물량의 활용'을 모색하는 과정에서 나온 것으로 볼 수 있다.

- 신설·부진매장 활성화 전략으로 1차 신선품의 1일 매대 진열 후 점간 이동시키고 물량을 받은 매장에서 판매 가능 기한 내 남은 물량의 활용 방안을 모색해 옴. 해당 전략 실행 후 매장 내 채소 등 1차 신선품의 신선도 이미지가 상당부분 개선됨.
- 그러나 실행과정에서 이러한 물량 이동을 재고반품 개념으로 잘못 이해하여 여러 잡음이 나고 있음. 접근 방식을 새로 정립해야 함.

— 2017년 4월 3일, iCOOP생협 경영협의회 회의결과

한편 2017년 4월 3일 경영협의회는 점간이동 정책 시행 1개월이 지난 시점의 상황도 보여주고 있다. 구례클러스터가 "축협에서 들어오는 물품을 줄여서 친환경의 비율을 높이는 단순하고도 간결한 프로세스"라고 주장했던 것과 달리 당시 회의는 점간이동 정책에 여

---

[15] 아이쿱생협의 경영협의회는 2009년 제정된 「경영협의회 설치를 위한 협약」에 따라 소비자 생협과 생산자단체의 관련 경영자가 참여하는 회의체이다. 아이쿱생협의 경영협의회는 협약상 새로운 사업 영역과 경영전략 및 정보를 공유, 협의를 목적으로 하지만 협약 내용에서 벗어난 것으로 보이는 부분도 발견된다.

러 잡음이 나고 있는 것으로 파악했다. 또한 점간이동 정책의 개념을 재정립해야 했고, 관련 단위의 목표를 수립해야 하는 상황으로 진단했다.

2017년 3월 9일 '신설매장 활성화를 위한 점간이동 관련 유관부서 회의'에서 '괴산식당' 측은 당시 상황에 대해 '소량, 다품목, 비고정적 물품', '신선도 문제', '최대한 소비하지만, 큰 활용도는 없음'과 같은 의견을 제출했다. 2017년 3월 31일 '유관부서 회의'에서도 '괴산식당' 측은 '기본적으로 공급되는 수량 자체가 많고, 종류와 무관하게 많은 수량이 입고되면 소진하는 데 3일 정도 필요하고, 이에 식당에서 폐기 처리하는 업무도 하중이 크다'고 상황을 설명하고 있다. 점간이동 정책이 식당의 식자재 질을 높이기 위한 정책이었다면 큰 활용도 없는 식자재 때문에 식당이 난감해야 하는 상황을 어떻게 설명할 수 있을까. 괴산식당보다 늦게 점간이동 정책이 실행된 구례자연드림파크 구내식당도 크게 다르지 않았다. '소량 다품종으로 들어오는 식재료가 한 끼 사용량으로 부족'해 사용하기 어렵거나 특정 시기에는 '수도권 물품이 매일 100박스 이상'이 들어와 처리하기 힘든 경우도 있었다.

아이쿱생협 경영협의회는 점간이동 정책이 시행되고 한 달이 지난 시점에서 방향을 재정립하는 것으로 문제를 해결하고자 했다. 김치 및 반찬 공장은 "1차 원재료를 사용한 반찬 사업을 활성화"하고, 괴산과 구례의 직원식당은 "아이쿱 식품을 식재료의 80% 수준으로 높여서 직원 복지와 만족도를" 높이는 방향으로 새롭게 미션을 설정한 것으로 보인다. 실무자들 역시 계속해서 식품의 신선도를 높이기 위한 프로세스를 개선했고, 점간이동 정책 관련 각 부문 담당자는 식품의 폐기를 줄이기 위한 방안을 강구하고 있었다. 이와 같은 모습은 새로운 사업을 추진하는 과정에서 발생할 수 있는 시행착오

정도로 생각하면 문제될 게 없다. 그런데 왜 구례자연드림파크 직원식당 관리자가 식자재 폐기의 책임을 져야 했던 걸까?

구례클러스터가 식자재 폐기로 인해 발생했다고 본 손실액은 최대 5,200만 원이다. 기존 축협에서 구입하던 식자재를 줄이라는 지시를 관리자가 이행하지 않았고, 이로 인해 점간이동 정책으로 들여온 식자재가 폐기되어 손해가 발생했다는 게 회사의 주장이다. 앞에서 봤듯이, 당시 아이쿱생협의 점간이동 후 출고되는 식재료는 대부분 구례자연드림파크 직원식당이 필요해서 받은 식재료가 아니었기 때문에 축협 발주를 줄이기 어려운 상황이었다. 구례자연드림파크 입주업체의 한 대표자도 법정에서 이러한 상황을 증언했다. '점간이동 정책에 의해 식당에 들어왔던 식자재는 주문해서 들어온 것인가, 주문하지 않고 무작위로 납품된 식자재인가'라는 질문에 "처음에는 주문하지 않았던 식자재가 공급된 것 같기도 하다"고 답변했다.

그럼 이제 질문은 '주문하지 않는 식재료를 최대한 이용하고 폐기한 것에 대한 책임을 관리자에게 묻는 게 정당한가'로 바뀌어야 한다. 앞에서 카카오톡으로 '점간이동 건이 4,700만 원이 입고되었으나 식당 자체 매입액이 전혀 줄지 않은 것은 점간이동 건 전액 폐기로' 보인다면서 경위서 제출을 요구한 M 팀장의 행동이 적절한가를 물어야 한다.

다시 점간이동 정책의 목적에 대해 되짚어 봐야 한다. "구례클러스터 식당에서 사용되는 친환경/유기농 제품의 사용 비율"을 높이는 것이 1차 목표였다면, 직원식당은 자연드림 매장을 거칠 필요 없이 기존 친환경·유기농 식재료를 공급받은 아이쿱 관련 업체에 주문하여 구매하면 간단하다. 자연드림파크 식당의 친환경 식자재 사용 비율을 높이기 위한 정책이라면 아이쿱생협 및 관련 업체들이 모여 점간이동 후 출고되는 식재료 폐기를 줄이기 위한 회의는 하지 않아도 될 것이다. 구례자연드림파크 직원식당을 위한 정책이었다면 식당 관리자가 모른 채 정책이 수립되지 않았을 것이다. 식당이 필요로 하지 않는 식자재나 사용하기 불가능한 식자재를 주문하는 식당 관리자가 있을까, 창고에 들어가지 않을 정도의 식자재를 주문하는 식당 관리자가 있을까. 아이쿱생협 및 구례클러스터의 자료로는 점간이동 정책 과정에서 발생한 문제의 원인을 식당 관리자들에게서 찾기 어렵다.

식자재 폐기로 인한 손해액

구례클러스터는 점간이동 정책과 관련하여 지시 불이행과 지시 불이행으로 인한 손해 발생을 노동자들에 대한 징계사유로 삼았다. 만약 그것이 징계사유로 정당하다면, 다음은 손해액이 쟁점이 될 수밖에 없다. 피해 금액은 처벌 수위를 결정하는 데 기준이 되기 때문이다.

　2017년 12월 7일과 8일에 있었던 식당 관리자들에 대한 인사위원회에서 구례클러스터는 식자재 폐기로 인한 손실 예상액을 '최대 5,200만 원'으로 적고 있다. 그러나 회사가 밝힌 손실 금액은 여러 차례 변경됐다. 2017년 7월 회사가 한영민 팀장의 직위 해제 사유를 직원들에게 공지하며 "식재료 매입 관련 4,000만 원 상당의 손실 발생"으로 적었다. 한 달 뒤인 2017년 8월 회사는 이순규 매니저가 노동위원회에 낸 구제신청에 답변하면서 "현재 매입 매출의 자료를 근거로 추정되는 금액은 최소 1,200만 원에서 최대 4,600만 원 수준으로 확인되고 있는" 것으로 밝혔다. 2017년 9월 구례클러스터 대표이사는 "3월 중순부터 4월까지 1,500만 원~5,000만 원의 손실이 발생"한 걸로 보고서에 담았다.[16] 그리고 회사는 2017년 12월 징계결정문에서

"평균 매출 대비 매입 비율(1~6월)로 계산한 결과 손실 예상액은 최대 5,200만 원으로 추정"된다며 계산 근거와 금액을 제시했다.[17] 손해액은 여러 차례 바뀌었고, 최소금액과 최대금액은 3배가 넘는다. 식자재 폐기로 인한 손해액을 얼마로 할지 고민했던 것으로 보인다.

　식자재 폐기로 인한 손해액을 통해서도 점간이동 정책의 실체를 확인할 수 있다. 2017년 1월과 2월 구례자연드림파크 직원식당은 축협에서 식자재를 한 달에 약 1,500만 원 정도를 구매했다. 친환경 식재료 사용 비율 확대뿐만 아니라 "월 1,500만 원 정도의 비용지출을 내부 재료로 사용함으로써 비용 절감과 적자 해소를 도모하고자" 했다는 회사의 주장이 맞다면, 자연드림 매장에서 들어온 식자재 금액도 비슷한 수준이어야 한다. 그러나 점간이동으로 들어온 식재료의 금액은 1,500만 원을 훨씬 넘어서 2017년 3월 기준 4,700만 원에 이른다. 회사의 징계로 기존 직원식당 관리자가 모두 교체된 2017년 6월에도 3,600만 원에 이른다. 기존 축협에서 구입했던 금액 이상으로 자연드림매장에서 식자재를 구입한 상황이 설명되지 않는다. 최소한 구례자연드림파크 직원식당이 축협에서 구입했던 식재료를 대체하기 위해 점간이동 정책을 시행했다는 주장은 신뢰하기 어렵다.

16　해당 보고서는「구례 자연드림파크 내 노동조합이 제기한 노동문제와 파크 내 비어락 하우스에서 벌어진 부정부패에 대한 보고서」(2017년 9월 27일)로서 대표이사 명의로 작성되었고, 외부 기관에 제출하기 위해 작성된 것으로 추정된다.
17　'매출 대비 매입 비율'은 말 그대로 매출액을 기준으로 한 매입액의 비율인데, 식재료의 원가 비중으로 볼 수 있다. 예를 들어 10,000원짜리 메뉴가 있고 이를 만드는 데 사용되었던 식재료 구입액이 7,340원이면 매출 대비 매입 비율은 73.4%가 된다. 회사는 매출액 중 원가 비중이 일정한 수준으로 유지되어야 한다는 전제 속에서 식자재 폐기로 인한 손실액을 구하고 있다. 이는 2017년 상반기 중 3월과 4월을 제외한 기간의 평균 매출 대비 매입 비율을 구하고, 평균 매출 대비 매입 비율을 이용하여 잠정적으로 3월과 4월의 적정 매입액을 도출한 것으로 보인다. 또 적정 매입액과 실제 매입액과의 차이를 손해액으로 추계한 것으로 짐작된다.

구례클러스터가 제시한 손해액은 피해 규모를 나타내기보다 회사 주장의 논리적 모순을 보여줄 뿐이다.

식자재 폐기로 인한 손해액에서 드러난 또 다른 문제는 책임소재기간을 따지는 방식이다. 노동위원회에서 구례클러스터는 2017년 3월에 폐기된 식자재에 대해 업무 변화 과정에서 발생한 회사의 책임을 일정 부분 인정하는 모습을 보였다. 그러나 시간이 지나면서 식당 관리자들에게 3월에 발생한 손실에 대해 다시 책임을 물었다. 손해 금액은 물론 손해를 산정하는 기간도 일관되지 않은 모습이다.

2017년 3월과 4월은 점간이동 정책으로 인한 문제점을 최소화시키고 사업을 안착시키기 위해 아이쿱생협 및 관련 업체들은 총력을 다해 대응했다. 점간이동 정책 관련 회의에 참석한 사람이면, 어느 개인에게 책임을 지우는 것에 동의하기 어려울 것이다. 점간이동 정책의 운영 과정에서 발생한 문제를 해결하기 위한 관계자들의 회의가 이어지던 시기에 관리자 징계가 내려졌다. 2017년 5월 1일 한영민 팀장에게 징계가 내려지기 전인 4월은 '냉장고의 포화 상태가 지속되고 있고', '단일 품목이 한꺼번에 들어오고 있고', '두부의 경우 유통기한이 지난 것도 들어온' 시기이다. 점간이동에 따른 식자재 폐기를 직원식당 관리자가 점검하지 않아 생긴 문제로 보는 것이 합당할까. 특정 개인에게 과도한 징계가 내려진 상황을 어떻게 설명할 수 있을까.

이처럼 납득하기 어려운 상황에서 떠올려지는 것은 M 팀장의 카카오톡 메시지이다. 2017년 5월 2일, 저녁 7시가 넘은 시각에 경위서를 제출하라는 M 팀장의 지시가 점간이동 정책에 대한 비판의 결과가 아닌지 의심되는 대목이다.

2

구례자연드림파크지회
설립 시기 논란

구례클러스터 노사는 노조 설립 시기를 두고 충돌하였다. 회사는 구례자연드림파크지회를 '거짓말로 세워진 노조'로 표현할 만큼 노조 설립 시기가 언제였는지를 쟁점화했다. 구례자연드림파크에서 노동조합 설립을 준비했던 당사자들은 점간이동 정책이 계기가 되어 노조를 설립했다고 밝혔다. 하지만 "비위가 드러나자, 노동조합 설립을 방패 삼아 그 뒤에 숨으려 했다"는 주장이 나오면서 노조 설립 시기는 더욱 논란이 되었다. 구례클러스터가 낸 2017년 12월 12일 자 보도자료는 분쟁 초기 상황을 압축적으로 보여줄 뿐만 아니라 회사가 조사했던 노조 설립 시기가 나와 있어 조금 길지만 유심히 살펴볼 필요가 있다.

지난 8월 11일 민주노총 공공운수노조 광주전남지부(이하 민주노총 광주전남지부)는 "(주)구례클러스터(이하 회사)가 노동조합이 노조 설립 사실을 통보한 즉시 조합원에 대한 개별 면담을 실시했으며, 협박 면담, 회유를 통해 13명이 퇴사 또는 탈퇴하였다"며, 광주지방 고용노동청에 노동조합 및 노동관계조정법 위반으로 고소하였다.
이 사건에 대해 광주지방고용노동청은 12월 12일 자로 노동조합 및 노동관계조정법(부당노동행위) 위반 혐의에 대해 '혐의없음'으로 불기소 결정을 내렸다. 이로써 (주)구례클러스터는 노동조합 부당노동행위 주장이 허위 거짓임이 확인되었다.
이 사건의 진실은 노조의 주장과 전혀 달랐다. 올해 3월~4월 단지 내

식당의 식재료 중 친환경 유기농산물의 비중을 90%까지 높이려는 계획이 추진되었다. 하지만 그 과정에서 관련 업무의 매니저와 팀장이 지시를 이행하지 않고 기존 납품업체에다 사업 발주를 계속하면서 수천만 원의 손실이 발생하였다. 이에 회사에서는 5월~6월 사이에 이러한 담당 팀장과 매니저를 직위 해제하고 징계 처분을 하였다. 그러나 매니저와 팀장은 자신들의 잘못을 받아들이지 않고 노동조합 설립을 몰래 추진하였다.

그 과정에서 5월 초순에 비어락(수제맥주 식당)에서 근무했던 직원(퇴사자)으로부터 상당 기간 식자재 횡령이 벌어지고 있다는 제보가 들어왔다. 내부 조사 결과 식자재 횡령, 근무 시간 허위 조작, 현금매출 취소 등 상당한 비리 행위가 사실로 확인되었다. 이 사건 또한 위의 매니저와 팀장의 책임이 상당하였다. 회사에서는 사건 조사를 8월까지 마무리하고 관련자 모두 10여 명에 대해 징계 처분을 하였다.

그 과정에서 비어락 부정부패 사건의 관련자들은 노동조합 설립을 주도하였고 7월 13일 민주노총 공공운수노동조합 광주전남지부 구례자연드림파크지회(이하 민주노총지부)를 설립하였다. 같은 날 식당 사건으로 징계를 받은 매니저와 팀장이 그 징계가 부당하다면서 전남지방노동위원회에 구제를 신청, 신청서가 회사로 접수되었다. 그 구제 신청서를 보면 이들은 자신들의 징계가 업무지시 불이행 등으로 인한 것이 아니라 '3월부터 노동조합 설립을 추진했기 때문'이고 이는 부당노동행위라고 주장하였다. 이 같은 주장에 민주노총지부 관계자와 일부 직원들은 철석같이 믿었다. 하지만 이 같은 주장은 완전한 거짓이었다.

이들이 전남지노위에 징계 구제 신청서를 접수한 이상 법적으로 사실관계를 증명할 필요가 분명해졌다. 이들의 주장이 허위라는 것을 증명하기 위해 노조 설립을 통보받은 다음 날인 7월 14일부터 18일까지 당시 노동조합에 가입한 직원들에게 카카오톡, 면담 등의 방법으로 '노조에 가입하라고 권유받거나 가입한 시점이 언제인가?' 질문하며 노조 설립 준비 시점을 확인하였다. 혹시라도 있을 노조 설립 방해라고 오해할 수 있기 때문에, 카카오톡으로 묻거나, 면담할 때는 녹음을 하거나, 확인서를 받았다.

18명의 정도 질문을 한 결과 가입 권유를 받은 시점은 4월말 1명, 5월 5~6명이고 나머지 10여 명은 대부분 6~7월이라고 답변하였다. 이 같은 답변이 증명하는 것은 3월에 노조설립을 추진 한 적이 없다는 사실이다. 또한 회사에도 노조 설립을 하겠다고 통보한 적도 없다. 따라서 3월에 노조 설립 추진했고, 그로 인해 징계를 받았다는 주장은 완전한 거짓으로 증명되었다. (후략)

— 2017년 12월 12일 ㈜구례클러스터 보도자료

먼저 구례클러스터의 2017년 12월 12일 자 보도자료를 바탕으로 구례자연드림파크 설립 시점을 정리해 볼 수 있다. 박희성 전 이사장은 폭력과 괴롭힘을 당했던 여성 노동자의 제보 이후 당시 관리자가 자신의 비위를 감추기 위해 "노동조합 설립을 방패 삼아 그 뒤에 숨으려"한 것으로 봤다. 박희성 전 이사장의 주장대로라면 노조 설립 준비는 여성 노동자의 제보 날짜인 2017년 5월 11일 이후에 이루어져야 한다.

그러나 구례클러스터는 보도자료에서 여성 노동자의 제보 전에 팀장과 매니저가 노조 설립을 추진한 것으로 밝히고 있다. 구례클러스터는 노조 설립 준비 시기를 확인시켜 주고 있는데, 회사가 노조 조합원들에게 노조 가입 권유 시점을 물어본 결과 "4월 말 1명, 5월 5~6명이고 나머지 10여 명은 대부분 6~7월이라고 답변"했다는 것이다. 회사의 자료에 따르더라도 최소 2017년 4월에 구례자연드림파크에서 노조 설립이 추진되고 있었다.

구례클러스터의 보도자료에서 회사의 설명과 태도는 이상한 부분이 많다. 첫째는 회사가 노조 조합원에게 가입 권유 시점을 조사한 이유를 설명하는 대목이다. 회사의 설명을 요약해 보면, 한영민 팀장이 지방노동위원회(이하 지노위)에 구제신청을 냈고, 구제신청서에 3월부터 노조 설립을 추진했기 때문에 징계를 받았다고 주장한 내용이 있었다. 그래서 회사는 이에 대한 사실관계를 증명하기 위해 조합원들에게 "노조에 가입하라고 권유받거나 가입한 시점이 언제인가?"를 물었다는 것이다. 즉 3월에 노조 설립 준비가 있었는지 확인함으로써 노조 설립을 이유로 징계하지 않았다는 것을 보여주려고 했다는 것이다. 그러나 존재하지 않은 사실을 증명하기도 어렵고 증명할 필요도 없다. 노동조합법의 부당노동행위에 대한 입증책임은 노동자 또는 노동조합에 있기 때문에 회사가 없었던 일을 증명하기 위해 나설 필요가 없다.

둘째는 노동자의 주장을 반박하는 방식이다. 징계받은 노동자는 2017년 3월부터 노조 설립을 준비했다고 했지만, 회사는 18명 정도의 노조 조합원에게 노조 가입 권유 시점을 물어본 결과 3월이라고 대답한 사람은 없었다는 것이다. 그런 후 구례클러스터는 "이 같은 답변이 증명하는 것은 3월에 노조 설립을 추진 한 적이 없다는 사실이다. 또한 회사에도 노조 설립을 하겠다고 통보한 적도 없다. 따라서 3월에 노조 설립을 추진했고, 그로 인해 징계를 받았다는 주장은 완전한 거짓으로 증명되었다"고 주장한다.

이 주장이 온당할 수 없는 이유는 몇 가지가 있다. 첫째, 2017년 7월 12일에 조합원으로 통보된 33명 중 18명의 직원에게만 물은 결과로써 나머지 인원에 대해선 사실을 확인하지 않은 채 결론을 내리고 있다. 존재의 유무를 따지는 문제를 여론조사처럼 샘플을 추출해서 풀 수 없다. 노조 조합원 55%가 2017년 3월에 노조 가입 권유를 받은 적이 없다고 해서 3월에 노조 설립이 추진되지 않았다는 결론은 성급한 일반화이다.

둘째, 노조 설립추진 시점과 가입 권유 시점 간의 차이를 간과했다. 노동조합 설립은 초기에 소수의 인원이 준비하고 회사의 상황에 따라 은밀하게 추진되는 경우도 있다. 소수의 인원이 노조 설립을 본격화할 때 노조 설립 참여 제안(또는 노조 가입 제안)이 이루어지기 때문에, 설립추진 시점과 가입 권유 시점은 차이가 날 수 있다. 회사는 노조 조합원에게 '가입 권유 시점'을 물어보고서 '노조 추진 시점'인 것처럼 말하는 상황이다. 예를 들어, 노동자가 노조 가입 권유를 5월 1일에 받았다고 해서 노조 설립 준비가 5월 1일 이전에 없었다는 것을 증명하지 않는다.

셋째, 노조 설립추진 행위를 매우 제한적으로 해석하고 있다. 노조 설립추진 시점이란 관련 행위를 동반한다. 그리고 노조 설립추진을 무엇으로 볼 것인지에 대한 문제와 관련된다. 몇몇이 모여서 노조 설립이 필요하다고 얘기를 나눴던 상황을 기점으로 할 수도 있고, 한 사람이 다른 사람에게 노조 설립이 필요하다고 설득하는 상황도 기점이 될 수 있다. 노조 설립을 염두하고 행동했다면 노조 설립추진 시점으로 인정될 수 있는데, 회사는 '가입 권유'만을 노조 설립추진 행위로 인식하는 듯하다.

또 구례클러스터의 주장에서 가장 이해되지 않는 부분은 '3월'이라는 시점을 이용하는 방식이다. 노동자가 3월부터 노조 설립을 준비했다고 주장했고, 그래서 회사는 노조 조합원 일부에게 '노조 가입 권유 시점'을 물어봤다. 그 결과 3월에 노조 가입 권유를 받은 직원이 없었기 때문에 노조 설립 준비로 인해 "징계를 받았다는 주장은 완전한 거짓으로 증명되었다"라는 결론을 끌어냈다. 하지만 노조 설립 준비로 인해 징계받았다는 노동자의 주장을 반박하는 데, 3월은 아무런 의미가 없다. 반대로 2017년 3월에 노조 설립을 준비한 증거가 나오면 노조 설립 준비 때문에 징계를 내린 것으로 인정할 것인가? 당연히 그렇게 될 수 없다. 결국 징계를 받은 노동자의 주장에서 핵심은 자신의 징계가 노조 설립과 관련이 있다는 것이다. 때문에 징계 전에 노조 설립 준비가 확인되면 그건 노조 설립과 징계 간의 시간적 배열에 어긋남이 없다는 정도를 보여주는 것이다. 즉 노조 설립 준비로 징계받았다고 주장하려면 최소한 징계 날짜보다 앞서 노조 설립 준비의 흔적이 있어야 한다. 예를 들어, 회사가 내놓은 보도자료나 대표이사 명의의 보고서에서 4월에 노조 가입 권유를 받았다는 면담 결과가 이에 해당한다.

구례자연드림파크지회 설립 시점과 관련한 흥미로운 일화도 발견된다. 회사 측은 노조 조합원 18명 정도와 면담한 결과를 바탕으로 "3월에 노조 설립을 추진한 적이 없다"고 주장했다. 그런데 노조 조합원 중 한 명이 인사담당자와의 면담에서 2017년 3월에 노조 얘기를 들었다는 진술을 한 것으로 알려졌다. 이를 알게 된 노조 간부는 회사 대표이사와 인사담당자에게 카카오톡으로 해당 조합원이 '3월에 노조 얘기를 들었다고 진술'했는데 다른 조합원과 달리 왜 면담 후 서명을 받지 않았는지 물었다. 당시 상황에서 회사는 그런 내용의 진술이 없었다거나, 서명을 받을 필요가 없었던 이유를 말하거나, 아니면 해당 조합원에게 사실관계를 다시 확인한 후 노동조합에 설명하는 게 일반적인 반응일 테지만 아무런 설명은 없었다.

구례클러스터는 '3월'을 중요하게 부각하지만 '3월'은 중요하지 않아 보인다. 중요한 것은 한영민 팀장이 처음 징계받은 5월 1일 이전에, 그리고 비어락하우스 여성 노동자가 비위 제보를 했던 5월 11일 이전에 노조 설립 준비가 있었다는 사실이다. 그리고 이러한 내용은 회사자료를 통해서 확인된다.

그런데 노조 설립 시기가 왜 논란이 됐을까? 여기엔 회사 측의 입장 변화가 영향을 미친 것으로 보인다. 회사 측 관계자는 "사업장에서 노조 결성 움직임이 전혀 없었는데, 비위행위에 대한 회사 측의 징계 및 제재를 기점으로 잘못을 저지른 일부 직원들이 급히 노조를 결성했다"고 〈라이프인〉과 인터뷰했다.[18] 2017년 5월 11일에 퇴사자의 제보가 있었고, 이후에 비위행위가 드러나게 된 직원들이 노조를 만든 걸로 해석될 수 있는 묘사이다. 구례클러스터의 2017년 12월 12일 자 보도자료와 상반된 내용이다.

노조 설립 시기에 대해 구례클러스터가 발표한 내용은 일관되지 않는다. 구례클러스터는 2018년 6월 28일 페이스북에 카드뉴스 형태로 '구례노동자 갈등이야기'를 올렸다.[19] 구례클러스터의 카드뉴스는 'K 노동자의 제보→조사→조사와 징계 절차 과정 중 노조 설립추진→노조 설립' 순서로 상황을 설명하고 있다. 그리고 여성 노동자의 눈물에서 갈등이 시작됐다면서 제보와 노조 설립을 연관 짓고 있다. 이 카드뉴스 역시 2017년 12월에 발표한 회사의 보도자료와 노조 설립추진 시점이 다르다.

2017년 5월 11일, 이 제보가 최초로 접수되자 회사 측은 고민을 하였다. 여성 노동자 K 씨의 제보가 사실이라고 해도, 관련자들이 서로 입을 맞출 경우, 증언 확보가 쉽지 않고, 관리부실 및 비리 혐의로 징계 대상이 많은 상황이었다. 제보자가 이미 퇴사한 상태라 제보를 무시하면 회사는 편하게 넘어갈 수도 있었다. 하지만 자연드림파크 클러스터 조성의 취지와 가치에 비추어 볼 때, 일반 회사보다 비위행위는 좀 더 엄격하게 다루어야만 했으므로, 5월 하순

---

18 〈라이프인〉 2018. 07. 13. 구례노조 오비이락? "노조 빨리 띄웠으면 좋겠다".
19 구례클러스터는 2018년 3월경 상호를 오가닉클러스터로 변경했으나, 본 장에서는 편의상 '구례클러스터'로 표기한다.

부터 본격적인 조사를 시작했다.

(중략)

이에 회사는 관련자들과의 확인 과정 등 조사 결과를 토대로 징계 절차를 밟았다. 조사와 징계 절차가 진행되는 와중에, 한편에서는 노조 설립이 추진되었고, 7월 12일 공공운수노조 광주전남지부 자연드림파크지회(산별노조)가 설립되었다.

(중략)

구례자연드림파크에서 일어난 갈등의 시작은 이렇게 한 여성 노동자의 눈물에서 시작되었다.

― 2018년 6월 28일 구례클러스터 카드뉴스

    회사 측 관계자가 회사자료와 다른 내용을 발표하는 모습도 확인된다. 2018년 6월 남원아이쿱생협 조합원 간담회 자리에서 인사담당자는 '노조 활동을 방해하기 위한 징계'가 아니었다는 점을 강조했다. 2017년 3월과 4월에 점간이동으로 인한 사건이 발생하고 이에 대한 징계가 5월 1일과 6월 11일에 있었던 내용을 자료로 보여주었다. 그리고 노조 설립이 "7월 12일"인데 "최초 권유를 받은 사실"이 6월 중순 이후라고 말하고 있다. 점간이동 정책에 따른 징계였고, 시간 순서 상 노조 설립 전에 징계가 이루어졌기 때문에 노조 활동 방해와 무관하다는 내용의 설명으로 해석할 수 있다. 그러나 노조 가입에 대한 최초 권유 시점을 '6월 중순 이후'에 있었다고 말하는 것은 심각한 문제를 낳는다. 최초로 노조 가입 권유받은 시점을 6월 중순 이후로 설명하게 되면 비위 제보 이후에 노조 설립이 이루어진 것처럼 왜곡될 수 있기 때문이다.

    회사의 카드뉴스, 언론과 인터뷰했던 회사관계자, 아이쿱생협 조합원에게 설명했던 인사담당자 모두 노조 설립추진 또는 노조 가입 권유가 2017년 5월 11일 이후에 이루어진 것처럼 설명하고 있다.

특히 "비위행위에 대한 회사 측의 징계 및 제재를 기점으로 잘못을 저지른 일부 직원들이 급히 노조를 결성했다"는 인터뷰는 노조 설립 동기를 왜곡시킬 수 있는 주장이다. 뒤에서 자세히 살펴보겠지만 비어락하우스 비위행위에 대한 조사는 2017년 5월 말경에 시작되었고, 최초의 인사 조처인 대기발령은 8월에 이루어졌다. 비어락하우스 비위 사건에 대한 제보가 있기 전에 노조 설립이 추진되었기 때문에, 비어락하우스 사건을 노조 설립의 배경으로 이야기하는 것은 의도가 담긴 주장으로 보인다.

3

비어락하우스 비위 사건 관련 논란

구례클러스터가 노동조합을 비판하는 지점 중 하나는 "부정부패"이다. 노조에 대한 부정부패 프레임은 비어락하우스에서 있었던 비위 사건과 관련된다. 무슨 비위였는지, 누구에 관한 것인지에 대해 잘 알려지지 않음에도 노동조합과 연관된 것처럼 퍼져 있다. 회사의 자료를 바탕으로 비어락하우스 비위 사건에 접근해 본다면 노조에 씌여진 부정부패 프레임이 정당한지 판단할 수 있을 것이다.

비어락하우스는 구례자연드림파크 내 식당 중 하나로 맥주와 설렁탕, 돈가스, 피자, 치킨 등 여러 종류의 음식을 판매한다. 회사의 설명대로 비어락하우스 비위행위에 대한 조사는 이곳에서 일했던 K 노동자의 제보로 시작되었다. K 노동자는 2017년 5월 4일에 퇴사를 하고, 5월 11일에 회사에 비위가 있었던 사실을 전화로 제보했다. 구례클러스터는 5월 29일 조사계획을 담당자들에게 알리며 조사를 시작했고, 9월 20일 자로 '비어락하우스 비위행위 1차 조사보고서'를, 9월 28일 자로 '비어락하우스 비위행위 2차 조사보고서'를 작성하였다. 2차 조사보고서를 기준으로 보면,[20] 회사가 제기한 혐의는 "식재료 불법 사취, 시간 외 수당 부당 청구, 현금매출 취소 과다 발생"이다.

식재료 사취 논란

비어락하우스 비위 사건에 대한 논란은 구례자연드림파크지회 노동조합의 입장문을 통해서 일부 확인할 수 있다.

> ① 비어락에서 판매하지 않은 물품을 주문하여 직원들이 나누어 먹은 행위
> ② 마감 근무조가 퇴근할 때 주방에서 요청하여 치킨, 돈까스 등을 만들어 간 행위
> ③ 발주 내역과 납품 내역이 다른 것
>
> – 비어락하우스 원부재료 무식 횡령혐의에 대한 노동조합의 입장문 중

---

[20] 구례클러스터는 '비어락하우스 비위행위 1차 조사보고서'를 관련자들에 열람시키고 소명 기회를 부여하는 절차를 거친 것으로 밝히고 있다. '1차 조사보고서'를 이용하여 혐의 내용 확인과 소명이 이루어졌으나, '2차 조사보고서'가 비어락하우스 사건과 관련된 인사위원회 개최 전날 발간되었기 때문에 징계 결정에 근거가 되는 최신 자료이다.

2017년 9월 5일경 구례자연드림파크지회는 비어락하우스에서 위의 세 가지 일이 있었고, 그중 노조 조합원이자 주방장이었던 A 노동자는 ①번과 ③번에, 제보자 K 노동자는 ②번에 관여했던 것으로 발표했다. 그리고 노동조합은 조사 결과에 근거해 2017년 9월 12일 노조 조합원 A 노동자를 제명했다.

　　노동조합이 언급한 3가지 일이 비어락하우스에서 있었던 것으로 보인다. ③번의 행위는 주방장 A 노동자와 관련된 사안이다. 주방장 A 노동자가 비어락하우스 식재료로 사용할 물품을 지역 축협에 발주할 때 일부를 다른 품목으로 대체했기 때문에 발주 내용과 납품 명세 간에 차이가 났던 점을 인정했다. 이와 달리 ①과 ②번은 여러 이름이 언급되고, 회사와 당사자들의 주장이 엇갈린다.

　　비어락하우스 직원 중 2명은 식자재 사취에 관한 사실확인서를 회사에 제출했다. '주방장 A 노동자와 홀 담당 B 노동자가 다른 직원들이 퇴근할 때 치킨과 돈가스를 새로 튀겨서 나눠주거나 영업 종료 후 함께 먹었고, 회사의 승인이 있었던 것으로 알았으나 A와 B 노동자가 임의로 했다는 사실을 뒤늦게 알았다'는 취지의 내용이다. 이에 반해 비어락하우스 홀을 담당했던 B 노동자와 주방을 담당했던 C와 D 노동자는 퇴근 때 치킨, 돈가스를 새로 튀겨 집에 가져가거나 영업 종료 후 함께 먹은 사실이 없다고 소명했다. 그리고 B 노동자는 당시 비어락하우스 매니저였던 N 노동자㉑의 지시하에 퇴근 후 전체 직원이 한두 번 먹은 적이 있다고 밝혔다.

⟨표 1⟩ 비어락하우스 비위 사건 관련 직원 징계 현황

직원	업무	징계결과	징계사유
A	주방장	해고	세콤 기준 71회 허위 보고, 식자재 사취
B	홀	정직 4개월	세콤 기준 27회 허위 보고, 식자재 사취, 현금결산 대처 미흡
C	주방	정직 1개월	포스 기준 6회 허위 보고, 식자재 사취
D	주방	정직 1개월	3회 허위 보고, 식자재 사취
E	홀	정직 2주	세콤 기준 3회 허위 보고, 식자재 사취, 현금결산 대처 미흡
F	홀	정직 2주	포스 기준 3회 허위 보고, 식자재 사취, 현금결산 대처 미흡
G	홀	견책	세콤 기준 21회 허위 보고
H	홀	경고	세콤 기준 2회 허위 보고

주 : '징계사유'는 징계결정문의 내용을 요약했음.
자료 : 구례클러스터 '징계결정 통지서'

　　　　비어락하우스에서 일했던 직원들에 따르면, 월 1회 열리는 비어락하우스 클럽데이 행사 때 짧은 시간에 몰리는 주문에 대처하기 위해 미리 돈가스를 튀겨 놓는데, 판매하고 남는 돈가스를 다시 튀겨서 가져간 상황이 확인된다. 회사에 사실확인서를 제출하고 비위행위를 인정했던 E와 F 노동자가 행사 후 남은 음식을 가져간 적이 있다고 진술한 걸 고려하면, '행사 후 남은 음식을 일부 직원들이 가져가

21　N 노동자는 2016년 7월부터 2017년 5월까지 비어락하우스를 담당했던 매니저이다. N 매니저가 비어락하우스의 매니저로 있었던 시기에 제보자 K 노동자가 주방장으로부터 상해를 입었던 사건(2016년 9월)과 비어락하우스에서 퇴사했던 일(2017년 5월)이 있었다. 참고로 이순규 매니저는 2015년 3월부터 2016년 6월까지 비어락하우스를 담당했고, 이순규 매니저의 후임이 N 매니저이다.

서 먹었다' 정도가 다수가 인정할 수 있는 사실로 보인다. 그러나 B, C, D 노동자가 "마감 조 퇴근 시 치킨, 돈가스 등을 새로 튀겨서 집에 가져가서 먹거나 영업 종료 후 함께 섭취"했다는 내용은 확인되지 않은 채, E와 F 노동자의 증언만 있다.

한편 E와 F 노동자의 진술에는 주방 담당자들이 비어락하우스에서 사용하지 않은 물품을 이용해 음식을 만들어 주었고, 자신들을 포함하여 비어락하우스 근무자들이 함께 나누어 먹었다는 내용도 포함되어 있었다. 주방장 A 노동자가 준비한 식재료를 이용하여 비어락하우스 근무자들이 함께 식사한 점은 모두 진술이 일치한다. 그럼 비어락하우스에서 통상적으로 사용하지 않는 식재료가 어떻게 들어오게 됐는가의 문제가 남는다. 주방장 A 노동자는 직원들의 식사와 신메뉴 개발을 위해 축협에 발주했던 것으로 설명하고 있다.[22] 더불어 주방장 A 노동자는 축협에 발주한 품목 중 일부를 다른 품목으로 대체하여 받았다는 사실도 인정했다.

비어락하우스에서 사용되지 않은 식재료를 사용하여 식사했다는 사실에 이견은 없지만 고려해 볼 지점은 있다. 비어락하우스 직원의 식사와 관련되어 있기 때문이다. 비어락하우스 직원들은 근무조건 상 식사 시간에 직원식당에 가서 먹을 수 없었다. C와 D 노동자는 노동위원회에서 회사가 비어락하우스 직원들이 내부에서 자체적으로 식사하도록 허용했다고 주장했다. 반면 회사는 '재료를 따로 주문해서 비어락하우스 내에서 식사하라고 한 적이 없고, 비어락하우스 직원들이 바빠서 구내 직원식당에 못 갈 경우, 트레일러로 음식을 가

---

22 회사가 신메뉴 개발을 지시했고, 직원들 식사 용도로 축협발주가 용인되었다는 주방장 A 노동자의 소명 내용은 다른 직원들의 증언을 통해서 확인된다.

져다 먹거나 그것도 힘들면 법인카드를 사용해서 식사하라고 지시한 적이 있다'라는 취지의 주장을 했다.

비어락하우스 직원과 회사의 주장은 상반된다. 최소한 양쪽의 주장에서 비어락하우스 직원들은 식사 시간에 직원식당에 가서 밥을 먹기 어려웠다는 점은 확인된다. 주목할 만한 관리자의 진술이 발견된다. 2016년 7월부터 2017년 5월까지 비어락하우스 매니저였던 N 매니저는 돈가스 등의 내부 재료로 식사할 경우 근거를 남기도록 주방장 A 노동자에게 지시했다고 회사 인사담당자에게 전달했는데, 비어락하우스에서 내부 재료를 이용한 식사는 일정한 조건에서 허용됐던 것으로 짐작해 볼 수 있다.

또한 구례클러스터의 식사 인원 체크 방식에 대한 눈여겨볼 만한 주장이 있다. 비어락하우스 직원들이 직원식당에서 식사하지 못한 경우에도 직원식당의 매출로 잡혔다는 것이다. 만약 이러한 주장이 사실이라면 비어락하우스 직원들에게 지출되어야 할 예산이 잡혀 있었지만 사용되지 않는 것으로 볼 수 있다.

비어락하우스의 식재료 사건은 여러 확인되지 않은 사실과 엇갈리는 주장이 남아 있는 상태에서 "식자재 사취"로 불리고 있다. 결국 "식자재 사취"는 비어락하우스 직원들이 직원식당에서 식사하기 어려웠던 상황을 어느 정도까지 이해할 것인가의 문제로 귀결된다. 비어락하우스 피크 타임과 직원식당 운영시간이 겹치는 상황이 있었고, 비어락하우스에서 상당한 기간 동안 자체적으로 식사를 해 왔던 상황을 관리자들이 전혀 몰랐다고 보기 어렵다. N 매니저는 비어락하우스 내부 재료를 이용해서 식사할 경우 기록을 남기라는 지시를 한 것으로 진술했고, 회사는 부득이할 경우 법인카드를 이용하여 식사할 수 있도록 했다는 내용을 노동위원회에 밝혔다. 비어락하우스 직원들의 근무 현실을 충분히 반영하지 않은 채 직원식당에서 식사하도록 한 점과 비어락하우스 내부 재료를 이용해서 일정 부분 식사를 하도록 허용했던 점이 고려될 필요가 있어 보인다.

　더불어 비어락하우스 '식자재 사취'에 대한 책임 소지를 따지고자 한다면, 시기, 횟수, 수량 등이 구체적으로 확인되어야 한다. 그러나 회사는 "개인별로 비위행위 수준까지는 변별하지" 못했다면서 식재료 사취를 이유로 징계했다. 어떤 근거로 징계한 것일까? 회사는 식자재 사취로 인해 3,400만 원 정도의 피해가 발생했다는 것을 핵심적 근거로 제시하고 있다. 구체적인 금액이 제시된 만큼 명확한 사안처럼 보이지만, 이 역시 논란이 적지 않다.

재고 불일치의 실체

　구례클러스터는 비어락하우스 직원들의 식자재 사취로 3,400만 원 정도의 손해를 입었다고 밝혔고, 근거로 재고 부족을 제시하고 있다.[23] 2015년 3월부터 2017년 6월까지 비어락하우스 식재료 중 치킨, 돈가스, 라면, 음료에 대한 재고 부족을 금액으로 환산한 결과로 보인다.

　그럼 재고 부족 및 재고 부족으로 인한 손해액은 신뢰할 수 있을까? 재고 파악의 기본 구조는 간단하다. 식당에서 최초 구입한 수량(구입량)에서 판매한 수량(판매량)을 빼면 재고가 되고, 한 달을 기준으로 할 때 이전 달에서 넘어온 재고량(이월 재고)에 이번 달 구입량을 더하고 판매량을 빼면 다시 당월 재고량을 얻을 수 있다. 구

23　회사는 2017년 9월 말과 10월 초에 있었던 비어락하우스 비위행위 관련자들의 징계에서 식자재 사취로 1,300만 원 이상의 손해가 발생했다고 밝혔다. 그리고 얼마 후 회사는 재고 차이로 인한 금액이 약 3,400만 원에 이르는 것으로 다시 추산하였다.

레클러스터의 재고 파악 방식도 동일하다. 예를 들어, 비어락하우스의 탄산음료 재고자료를 보면, 2015년 3월에 시작됐기 때문에 3월의 이월 재고는 0개이고, 구입량(240개)에서 판매량(11개)을 빼면 계산상 재고인 추정 재고는 229개가 된다. 그리고 '재고 보고(e)'는 담당자가 실제 재고를 파악하여 기록한 수치이고, '재고 차이'는 추정 재고와 재고 보고의 차이, 즉 계산상 재고와 실제 재고의 차이값을 의미한다.

〈표 2〉 비어락하우스 탄산음료 재고 파악 현황

구분	15년 3월	15년 4월	15년 5월	15년 6월	15년 7월		15년 12월	16년 1월
이월재고(a)	0	229	104	-62	-148		-461	-471
구입량(b)	240		60	200	246		312	312
판매량(c)	11	125	226	286	517	…	346	272
추정재고 (d=a+b-c)	229	104	-62	-148	-419		-495	-431
재고보고(e)	-	-	-	77	45		83	108
재고차이(f=d-e)	229	104	-62	-225	-464		-578	-539

자료 : 구례클러스터 내부 자료 재구성

그런데 비어락하우스 탄산음료 재고자료를 보면 이상한 기록들이 발견된다. 첫 번째는 마이너스(-) 재고량이다. 〈표 2〉와 같이 회사는 2015년 5월 탄산음료 재고를 -62개로 추산했다. 회사는 재고 파악 방식에 따라 산출한 값(추정 재고)이 마이너스가 난 것으로 제시하고 있다. 회사의 재고자료를 풀어서 정리하면, 2015년 5월에 탄산음료 이월 재고가 104개가 있는 상태에서 60개를 구매했는데, 재고보다 많은 226개를 판매했다는 것이다. 현실에서 이루어질 수 없는 상황이다. 회사는 탄산음료 재고자료에서 2015년 5월부터 2016년 5월까지 계산상 재고량(추정 재고)이 마이너스인 것으로 자료를 제시했다. 이러한 현상은 치킨 품목 재고 현황에서도 나타나는데, 2015년 3월 구입량보다 판매량이 많은 것으로 기록되어 있다. 비어락하우스에서 보유한 양보다 판매한 양이 많다는 의미인데, 이것은 회사의 재고자료가 현실을 반영하고 있지 못하다는 점을 보여준다.

두 번째는 손실 재고의 문제이다. 하나의 상품이 소비자에게 전달되기까지 물건은 수시로 이동하게 된다. 창고 내에서 정리되는 과정, 창고에서 판매대로 이동하는 과정, 판매대에서 손님에게 전달되는 과정 등 다양한 상황이 있고, 상황별로 손실이 발생할 수 있다. 음식의 경우 손실이 발생할 수 있는 상황은 더 많다. 음식을 만드는 과정에서 실패할 수도 있고, 조리된 음식이 손님의 불만으로 폐기될 수도 있다. 구례클러스터의 재고관리 전산시스템이 구체적으로 드러나 있지 않지만, 재고는 입출고 이외에 분실, 폐기, 증정 등 다양한 항목으로 관리된다. 그러나 구례클러스터는 "로스율이 없는 것으로 봄"으로 기재하며 피해 금액을 추산하고 있다. 회사가 주장한 피해액은 실제 상황을 외면한 수치임은 분명해 보인다.

결국 재고자료의 신뢰성 문제로 귀결된다. 2015년 3월 계산상 재고인 추정 재고(d)가 229개이고 재고 차이(f)가 229개이면 남아 있는 재고가 없는 것으로 이해할 수 있다. 하지만 2015년 4월에 이월 재고로 229개가 기록되어 있다. 재고자료를 새로 작성하는 과정에서 수치를 잘못 입력한 것으로 보일 만큼 이해하기 어려운 상황이다. 회사의 재고자료를 신뢰하기 어려운 부분은 또 있다. 2016년 1월의 탄산음료 이월재고량은 한 달 전인 2015년 12월의 재고량과 같아야 한다. 그런데 2015년 12월 재고 보고(e)가 83개인데,

2016년 1월 이월 재고는 –471개로 기록되어 있다. 이와 유사한 오류는 치킨 품목에서도 발견되는데, 2016년 12월 추정 재고는 1,355개인데 2017년 1월의 이월 재고는 1,401개로 표기되어 있다. 구례클러스터의 재고 현황 자료를 바탕으로 손실액을 구하는 것은 사실상 불가능해 보인다. 구례클러스터의 재고자료는 노동자들에게 징계를 내리기 위한 근거로 사용하기 부적절하다. 회사가 왜 부정확한 재고 자료를 제시했는지에 대한 의문이 남을 수밖에 없다.

그러나 구례클러스터는 재고자료의 문제를 명확히 설명하지 않은 채 '비어락하우스 비위행위 2차 조사보고서'에서 '제조 과정에서 손실(로스율)이 없는 것으로 확인'했다는 점을 강조했다. 그리고 징계대상자의 징계결정문에 "비어락하우스 내 식재료 사취로 인하여 회사는 1,300만 원 이상의 피해가 발생하였다는 사실"에 대해 객관적인 사실이 확인됐다는 내용이 담겼다. 손실(로스율)이 없으므로 재고 불일치에서 부족분을 피해액으로 잡는 방식이다. 현실에서 손실이 없는 식당을 상상할 수 있을까? 재고 불일치를 직원들의 사취로만 봐야 할까? 이에 대해 비어락하우스 직원들은 재고 차이가 날 수밖에 없는 이유를 다음과 같이 설명하고 있다.

먼저 비어락하우스 재고 불일치 문제는 비어락하우스 운영 측면에서 살펴볼 수 있다. 구례자연드림파크를 관리하는 구례클러스터는 비어락하우스뿐만 아니라 직원식당도 함께 운영했다. 두 식당은 하나의 법인이었기 때문에 직원식당에 사람이 몰릴 때 혹은 일요일 저녁과 같이 직원식당을 운영하지 않을 때에 구례자연드림파크 입주업체 직원들은 비어락하우스에서 식사할 수 있었다. 이러한 운영 방식은 재고 차이를 발생시킬 수 있는 상황 중 하나이다. 예를 들어 구례자연드림파크 직원식당의 매출단가는 8천 원인데, 비어락하우스에서 9천 원짜리 돈가스를 주문하면, 비어락하우스 카운터 담당자는 8천 원짜리 메뉴를 입력하고 돈가스를 제공했다. 음식으로 돈가스가 나갔지만, 주문결제시스템인 포스^{POS} 상에서 8천 원짜리 메뉴가 잡힌다. 또한 구례자연드림파크 내 다른 입주업체 직원이 비어락하우스에서 식사할 경우 식비를 청구하지만, 비어락하우스를 운영하는 구례클러스터의 직원이 식사하면 매출로 잡지 않고 음식을 제공했기 때문에 재고 부족이 발생하는 경우도 있다.

이 밖에도 비어락하우스의 재고 불일치를 만드는 특수한 상황은 여러 가지이다. 구례자연드림파크에서 벌어지는 행사를 지원하기 위해 온 인력에게 무료로 제공되는 음식, 관리자의 지시에 의해 서비스로 나간 음식, 취소된 단체 예약을 전달받지 못해 버려진 음식, 불만을 제기한 손님에게 서비스로 나간 음식 등 주방에서 재료를 사용했으나 매출로 잡히지 않았던 상황도 재고 불일치를 낳는다. 또한 관공서에서 법인카드를 이용하여 설렁탕 같은 식사 메뉴로 일정 금액을 결제하고 나중에 와서 치킨, 돈가스 등을 먹은 경우도 재고 부족의 한 형태라고 직원들은 설명했다.

이와 반대의 상황도 있다. 구례자연드림파크에 방문한 단체 손님이 비어락하우스에서 술을 마신 후 계산서는 음식으로만 나오도록 요청한 경우 카운터 담당자는 술 대신 치킨, 돈가스와 같은 음식을 먹은 것으로 포스에 입력해 영수증을 발행하기도 했다. 치킨이나 돈가스의 재고는 그대로 있지만 음식으로 나간 것처럼 포스시스템에 기록된 형태이다. 포스시스템 데이터를 바탕으로 한 재고 현황을 믿기 어려운 이유이다. 비어락하우스에서 재고 불일치가 있을 수밖에 없는 상황을 외면한 채 재고 차이를 피해액으로 말하는 것은 받아들이기 어렵다.

비어락하우스 식자재 문제를 정리해 보면, 회사는 직원들 식자재 사취로 인해 약 3,400만 원 상당의 손해를 입었고, 손해액 산정

근거는 재고 부족이었다. 그러나 재고 불일치가 나올 수 있는 상황은 너무 많기 때문에 재고 차이만큼을 피해액으로 보기 어렵다. 물론 재고 중 일부는 비어락하우스 직원들이 돈가스, 라면 등의 내부 재료로 식사했다고 인정했지만, 이를 식자재 불법 사취로 볼 것인가는 논란이 있다. 업무 조건상 직원식당에서 식사하기 어려운 상황에서 식사용으로 먹었고, N 매니저의 경우 돈가스 등의 내부 재료로 식사할 경우 근거를 남기도록 주방장 A 노동자에게 지시했다는 기록이 있기 때문이다. 그럼 식자재 논란에서 남아 있는 부분은 비어락하우스에서 사용하지 않은 식자재를 축협에 발주하여 먹은 행위이다.

구례자연드림파크지회 노동조합은 자체 조사를 통해 주장방 A 노동자가 축협에 발주 물품을 임의로 변경시켰던 문제를 확인하고, 2017년 9월 12일에 노조 간부였던 그를 노동조합에서 제명했다. 주방장 A 노동자가 회사 몰래 들어온 물품이 직원들 식사용으로 사용된 점이 고려될 필요가 있어 보이지만, 노동조합은 A 노동자의 행동에 강력한 조처를 했다.

한편 식자재 논란에 있어 구분해서 봐야 할 부분은 주방장 A 노동자가 개인물품을 구입했던 행위이다. 회사는 주방장 A 노동자가 인터넷을 통해 식재료를 구입할 때 법인카드를 이용해 개인물품을 구입한 사실을 추가로 확인했다. 이를 두고 '구례자연드림파크 입주자대표회의'는 2018년 3월경 노동조합이 A 노동자의 법인카드 횡령을 감싸는 것처럼 주장하는 대형현수막을 구례자연드림파크에 걸었다. 노동조합은 축협에 발주 후 납품을 달리 받았던 A 노동자를 제명했고, A 노동자의 또 다른 비위를 옹호할 이유가 없다고 항의했다. 하지만 회사 측은 구례자연드림파크 건물 외벽에 한동안 "도둑질, 횡령 감싸는 게 노조 활동인가? 식자재 횡령뿐만 아니라 법인카드 횡령까지!"라고 적힌 현수막을 걸었다. 결국 구례자연드림파크 입주자

대표회의 관계자는 2019년 4월 명예훼손죄로 유죄판결을 받았다. 구례자연드림파크지회 노동조합이 '비위'와 연관된 것처럼 인식될 이유는 없다.

시간외수당 부당 청구 논란

비어락하우스 비위행위로 제기되는 문제 중 가장 논란이 없어 보이는 사안은 '시간외수당 부당 청구'이다. 시간외수당을 정하는 방식은 다양할 수 있지만, 각 기업이 정한 기준이 있어서 부당한 청구인지 아닌지를 가리는 건 어렵지 않다. 그렇다면 왜 비어락하우스에서 시간외수당이 논란이 되었을까?

먼저 비어락하우스 운영 방식에 대해 살펴볼 필요가 있다. 기본 영업시간은 오전 11시부터 오후 11시까지이다. 2017년 4월 기준으로 매니저, 주방장, 사원 등 12명이 약 12시간을 일해야 하므로 직원들의 출근은 오전과 오후로 나누어져 있다. 영업 마감 시점의 주문은 맥주를 제외한 음식은 밤 10시까지, 맥주는 밤 11시까지 이루어진다. 보통 영업을 마칠 시간이 되면 주문결제시스템인 포스POS를 마감하고, 매장에서 손님이 나가면 청소 및 정리를 한 후 문을 닫는다. 비어락하우스에서 손님이 늦게 나가거나 행사가 있으면 밤 11시를 넘겨 문을 닫기도 한다. 직원들의 퇴근 시간은 당일 상황에 따라 달라질 수 있지만, 퇴근 시간 기록은 카드나 지문인식과 같은 전자 방식이 아니었다. 당시 비어락하우스 직원들이 수기로 출퇴근 일지를 작성하면 담당 매니저는 해당 기록을 전산에 입력했고, 급여 관련 부서가 금액을 계산하여 시간외수당을 지급하였다.

구례클러스터가 시간외수당과 관련하여 비위행위로 보는 유형은 3가지이다. 첫째는 "세콤 경비 마감 설정 이후에 퇴근 기록을 하는 사례", 둘째는 "포스 마감 이후 시간외근로 신청 사례", 셋째는 "출퇴근 기록일지의 외부 반출 및 외부에서의 작성 사례"이다.

그럼 구례클러스터는 "시간외수당 부당 청구"를 어떻게 규정하고 있을까. 비어락하우스 직원들의 퇴근 시간이 포스 마감 이후 또는 세콤 설정 이후로 기록된 경우가 있었는데, 회사는 세콤 경비가 작동된 후 퇴근 시간 기록은 허위로 보았다. 그리고 포스 마감 이후 퇴근 시간 기록에 대해서는 뒷정리 등의 업무상 사유 가능성이 있기에 허위 기록으로 보지 않았다. 예를 들어, A 노동자의 2016년 12월 31일자 기록을 이용해서 회사의 관점을 정리하면 다음과 같다. 결제시스템 포스 마감은 밤 23시 54분이었고, 퇴근 시간은 다음 날 새벽 1시였기 때문에 허위일 가능성이 있지만, 퇴근 시간이 세콤 작동시간과 같았기 때문에 허위는 아닌 것으로 본다(〈표 3〉 참조). 즉 회사가 말하는 '시간외수당 부당 청구'는 세콤 경비가 작동된 이후에 퇴근 시간이 기재된 것을 의미한다.

시간외수당 부당 청구와 관련해 회사의 징계기준에 대한 문제를 먼저 지적할 수 있다. 앞의 〈표 1〉에서 같이 시간외수당 부당 청구 관련 징계가 일부는 세콤 기준을, 다른 일부는 포스 기준을 적용하고 있다. 너무나 중요한 징계기준을 회사는 일관되게 사용하고 있지 않았다. 이와 함께 포스 기준을 적용하여 징계하는 것이 적절한가의 문제도 제기된다. 회사는 '2차 조사보고서'에서 포스 마감 이후 뒷정리 등의 업무가 있을 수 있기 때문에 허위기록이라고 볼 수는 없고, 다만 포스 마감 시간과 퇴근 시간의 차이가 큰 경우 의심이 된다는 입장을 보였다. 그럼에도 불구하고 일부 징계결정문에는 포스 마감 시간을 기준으로 해서 허위 보고를 규정하고 있다. 예를 들어, C 노동자는 퇴근 시간이 포스 마감 시간 이후에 6건이 있었지만 모두 세콤이 설정되기 전이었다. 포스 마감 시간 이후로 기재된 퇴근 시간을 징계사유로 삼는 것은 회사가 2차 조사보고서에서 제시한 기준과도 부합하지 않는다.

그렇다면 '세콤 경비 설정 이후 퇴근 기록에 따른 시간외수당 청구는 100% 허위 사실로 인정될 수밖에 없다'라는 회사의 주장은 그대로 받아들일 수 있을까? 세콤 경비는 영업이 끝난 후에 작동되기 때문에 회사의 주장에 문제가 없어 보인다. 하지만 구례클러스터의 기존 근무 관리방식을 보면 회사의 주장을 그대로 받아들이기 어렵다. D 노동자의 퇴근 기록을 이용하여 확인해 보자. 회사가 "허위 작성"이라고 보는 3건 중 1건은 포스 마감 이후에, 2건은 세콤 경비 설정 이후에 퇴근 시간이 기재되어 있다. 회사의 관점으로 정리해 보면, 2017년 5월 7일 세콤 경비 설정시간이 22시 53분인데 퇴근 시간이 23시로 기재되어 있어 시간외수당 부당 청구에 해당하는 것처럼 볼 수 있다.

그러나 "시간외수당 부당 청구"가 아닐 가능성이 크다. 구례클러스터는 비어락하우스 직원의 근무 시간을 '매 30분 단위로 적용하되 15분 단위 이하 근로 시 절삭, 15분 단위 이상 근로 시 절상하여 계산'해 왔기 때문이다. 비어락하우스 직원이 14분 동안 초과 근로했을 경우 근로 시간에 반영하지 않고, 초과근로가 15분 이상이면 30분 근로로 인정하는 방식으로 해석된다. 회사의 근무 시간 관리방식을 적용하면 D 노동자의 퇴근 시간 기록을 두고 "부당 청구"라는 단어를 쓸 수 없다. '15분 미만 근로는 수당을 지급하지 않는' 규정이 있는 상황에서 초과근로를 14분 했던 D 노동자가 시간외수당을 청구했거나 회사가 D 노동자에게 시간외수당을 지급했을 가능성은 없어 보인다.[24] 구례클러스터의 '2차 조사보고서'와 징계결정문을 종합해 보면, 회사는 허위 기록이라 볼 수 없는 내용을 '허위'라고 규정하

〈표 3〉 비어락하우스 직원 퇴근 기록

직원	순번	일자	퇴근시간 (a)	포스마감 시간 (b)	시간 차이 (a-b)	수당액	세콤작동 시간
A	1	2015. 06. 07	22:30	22:18	0:12	2,800	22:07
	29	2015. 04. 12	1:00	20:02	5:02	70,467	20:05
	81	2015. 08. 27	23:59	23:17	0:42	9,800	11:58
	102	2015. 10. 29	23:30	23:09	0:21	4,900	22:46
	132	2016. 12. 31	1:00	23:54	1:06	15,400	1:00
B	1	2015. 08. 01	23:30	23:16	0:14	3,267	0:53
	7	2016. 02. 08	23:00	22:49	0:11	2,677	23:16
	36	2017. 05. 25	0:00	23:44	0:16	4,160	23:23
	57	2016. 07. 27	1:30	0:26	1:04	15,573	0:45
	65	2017. 06. 28	23:30	22:59	0:31	8,060	23:19
C	1	2016. 08. 31	23:00	22:52	0:08	1,947	0:07
	2	2015. 12. 11	23:00	22:56	0:04	933	23:54
	3	2016. 04 .02	23:30	23:19	0:11	2,677	23:36
	4	2016. 08. 13	23:30	23:22	0:08	1,947	23:39
	5	2016. 07. 24	23:00	22:55	0:05	1,217	23:25
	6	2015. 10. 23	23:59	23:18	0:41	9,567	1:13
D	1	2017. 05. 06	23:00	22:57	0:03	700	23:49
	2	2017. 05. 07	23:00	22:45	0:15	3,500	22:53
	3	2017. 05. 01	23:00	22:52	0:08	1,867	22:59

주 : '수당액'은 포스마감을 기준으로 퇴근시간과의 차이를 이용해 추산한 것으로 보이고, 회사가 실제 지급했는지는 확인되지 않음.
자료 : 구례클러스터의 '비어락하우스 비위행위 2차 조사보고서'

24 이러한 내용은 2017년 4월 3일 아이쿱생협 경영협의회의 안건 중 '근태관리방식 변경의 건'에서도 확인된다. 인사지원팀은 "불법적 근태관리방식(임금꺾기)을 개선하여 노무적(금전적) 리스크 및 사회비난가능성 방지"를 목표로 설정하며, 기존 근무 시간 인정 단위가 30분 혹은 15분이었던 것을 분 단위 기준으로 바꿀 것을 제안하고 있다.

기도 하고 부당 청구가 없는 상황을 '부당 청구'라고 규정하는 모습을 보인다.

'조사 결과'의 위험성

'시간외수당 부당 청구'의 또 다른 문제는 데이터에서 찾을 수 있다. 시간외수당 문제는 시간에 관한 사항이기 때문에 기본적인 데이터는 모두 전산에 입력된 기록을 이용하게 된다. 퇴근 시간은 매니저가 입력한 회사 전산망의 데이터이고, 포스 마감 시간 및 세콤 설정시간 역시 해당 장치나 담당 업체로부터 자료를 얻었을 것이다. 시간외수당 부당 청구 혐의에 대한 조사는 결국 변동될 수 없는 데이터, 즉 기계장치에서 얻은 원자료에 대한 신뢰를 바탕으로 이루어진다고 할 수 있다.

그러나 2차 조사보고서 등 회사의 자료에서 이상한 시간 기록이 발견된다. 회사의 '2차 조사보고서'에서 A 노동자의 1번 시간 기록은 회사의 설명과 다른 시간 배열을 보인다. 2015년 6월 7일 포스 마감 시간은 22시 18분이고, 세콤 설정시간은 22시 7분으로 기록되어 있다(〈표3〉 참조). 시간 기록만을 본다면 세콤 경비 중인 상황에서 포스시스템이 꺼진 것으로 해석할 수 있다. 세콤 경비 작동 후 사람이 근무할 수 없다는 회사의 설명을 떠올리면 이해하기 힘든 시간 기록이다. A 노동자의 2015년 10월 29일 자 기록과 B 노동자의 2017년 5월 25일 자 기록 역시 세콤 작동 이후에 포스 마감이 이루어진 시간 배열을 보이고 있다. 회사의 설명과 배치되는 2차 조사보고서의 시간 기록이 시간외수당을 부당 청구했다는 근거로 사용할 수 있을지에 대한 의문이 제기되는 부분이다.

시간 기록이 변경된 사례도 발견된다. 회사의 2차 조사보고서

상 B 노동자의 2017년 5월 25일 시간 기록에서 포스 마감 시간은 23시 44분이고, 세콤 설정시간은 23시 23분이다. 세콤 경비가 작동된 이후 포스시스템이 꺼진 이상한 시간 배열이지만, 더 심각한 문제가 있다. B 노동자가 노동위원회에 구제신청을 하자, 회사는 B 노동자의 퇴근 기록 일부를 제출하는데 시간 기록이 달라졌다. 회사가 노동위원회에 낸 자료 중 B 노동자의 2017년 5월 25일 자 세콤 시간은 23시 49분으로 기재되어 있다. 이러한 데이터를 어느 정도까지 신뢰해야 할까. 시간 기록에 대한 인위적인 변경으로 의심받을 수 있는 부분이다. 시간기록이 변경된 데이터라면 신뢰성에 치명적일 수밖에 없다.

　　시간외수당 부당 청구의 '날짜 기록'은 조사보고서의 또 다른 모습을 보여준다. '2차 조사보고서'에서 회사는 B 노동자가 퇴근 시간을 허위 기재 했다며 65건의 기록을 제시했는데, 1번으로 기재된 2015년 8월 1일은 다름 아닌 B 노동자가 입사할 날이다. 그리고 법원이 B 노동자의 퇴근 기록 중 징계사유로 인정한 2015년 9월 1일은 입사한 지 고작 한 달째 되는 날이다. 회사가 제기한 허위 사례 65건 중 22건이 B 노동자가 입사한 날로부터 3개월이 안 되는 기간에 포함돼 있다. 과연 신입직원이 입사일에 14분만큼의 수당을 받기 위해 포스 마감 이후로 퇴근 시간을 기록했다고 볼 수 있을까? 입사한 지 한 달째 되는 날 31분만큼의 수당을 얻기 위해 세콤 설정 이후 퇴근 시간을 기록했다고 보는 시각은 자연스러운 걸까?

　　비어락하우스 직원 8명이 시간외수당 부당 청구 혐의로 징계를 받았다. C와 D 노동자는 노동위원회 구제신청에서 시간외수당 부당 청구 혐의가 징계사유로 인정되기 어렵다는 판정을 받았다. 만약 E와 F 노동자가 노동위원회에 구제신청을 했다면 징계사유로 인정되지 않을 가능성이 커 보인다. 회사의 설명과 맞지 않는 시간배열,

세콤설정 시간의 변화 등 회사자료가 불완전한 상황에서 '시간외수당 부당청구'는 온전하게 성립하기 어렵다.

구례클러스터는 세콤이 작동된 이후에 퇴근 시간이 적힌 경우를 부당 청구라고 규정했지만, 회사의 근로 시간 관리방식을 적용하면 부당 청구로 볼 수 없는 사례가 나온다. 세콤 마감 시간보다 퇴근 시간이 늦게 적혀 있다고 모두 수당을 지급한 건 아닌데, 회사는 왜 이를 부당 청구로 규정했을까. 시간외수당 논란에서 가장 의문이 남는 부분이다. 심지어 포스 마감 이후 청소 등의 뒷정리가 있다고 조사보고서에 담고 있으면서도 회사는 왜 포스 마감 시간보다 퇴근 시간이 늦은 경우를 징계사유로 삼았을까.

비어락하우스 시간외수당 논란에서 가장 아쉬운 대목은 오류 가능성에 대한 회사의 태도이다. 회사는 의심되는 상황에 대해 조사할 수 있다. 하지만 직원 중 시간외수당을 더 받기 위해 퇴근 시간을 허위로 기재하지 않았다고 주장한 직원이 있다면 신중해야 한다. 직원들이 시간외수당을 부당 청구할 가능성이 있는 것으로 보고 조사했듯이, 회사는 기계장치의 오류나 조사담당자의 실수가 일어날 가능성도 열어둘 필요가 있다. 충분히 확인되지 않은 시간 기록으로 노동자들을 몰아붙였다는 인상을 지울 수 없다. 오랫동안 유지되었던 근로 시간 관리방식을 덮어둔 채 노동자들에게 "부당 청구"를 적용했다는 의심을 피하기 어려워 보인다.

현금매출 취소 과다 논란

비어락하우스 비위행위 혐의로 제기된 마지막 문제는 '현금매출 취소 과다발생'이다. 다른 사안과 달리 제목만으로 혐의 내용이 드러나지 않는다. 현금매출 취소로 인해 발생한 문제가 무엇인지가 첫 질문이 될 수밖에 없다.

구례클러스터는 현금매출 취소에 대해 "고객이 현금으로 결제한 후 구매 물품에 대하여 반환을 요청한 경우이거나, 다른 결제 수단을 요청할 경우"에 발생할 수 있고, "음식점의 경우에는 주문이 완료되어 조리가 시작될 경우 주문 자체를 취소하는 것은 불가능하며, 현금매출 취소가 나올 경우에는 다른 결제 수단으로서의 결제 기록이 남아야" 하는 것으로 받아들였다. 이러한 관점에서 결제 후 일정 시간이 지난 시점에서 이루어진 현금매출 취소나 영업 종료 시각이 가까운 시점에서 발생한 현금매출 취소에 대해 의심하였다. 충분히 가능한 문제 제기이고 조사를 진행해 볼만 사안으로 보인다.

현금매출 취소 과다 발생과 관련해 징계받은 직원의 입장을 살펴보자. E 노동자는 시재를 맞추는 과정에서 현금매출 취소가 있었으나 부정한 의도는 없었다는 입장을 보였고, 이런 소명을 받아들여 회사는 징계사유를 '현금결산 대처 미흡'으로 정리했다. F 노동자에 대해 회사는 시재를 맞추는 과정에서 발생할 수 있는 가능성과 고객 집중 시간에 결산 과정의 누락 가능성이 있었던 것으로 보고, E 노동자와 동일하게 '현금 결산 대처 미흡'을 징계사유로 적용했다. 한편 직원 B 노동자는 현금매출 취소를 한 적이 있지만, 결산을 맞추기 위해 현금매출 결재를 취소한 적은 없다고 진술했다.

2017년 10월 11일 인사위원회가 개최되기 전 B 노동자는 회사에 소명서를 제출했다. 현금매출 취소는 음식이 입맛에 맞지 않다거나 늦게 나와 손님이 항의한 경우, 쿠폰 할인 이벤트 진행으로 재결제하는 경우, 현금결제를 했으나 나중에 카드 결제 등의 결제 수단을 변경하는 경우, 주문한 음식의 메뉴를 변경한 경우 등에서 발생했다고 설명했다. 하지만 회사는 '최소한의 소명조차 하지 않았고, 했더라도 설명이 충분치 않다'라는 난해한 표현을 쓰며 B 노동자의 소명 내용을 받아들이지 않았다.

B 님은 해당 취소 건에 대하여 최종 인사위원회까지 최소한의 소명조차 하지 않고 있습니다. 소명한 내용이 있다고 하여도 현금매출 취소를 전혀 설명하지 못하고 있습니다. 회사는 이와 같이 타 포스 담당자와 현저히 다른 태도 및 소명 내용에 대하여 문제가 있다고 판단하고 있습니다.

— 2017년 10월 12일 B 노동자 징계결정문

구례클러스터는 B 노동자에 대해 "타 포스 담당자와 현저히 다른 태도 및 소명 내용에 대하여 문제가 있다고 판단"했다. 현금매출 취소에 대한 회사의 질문에 대해 직원들은 각자의 현금매출 취소 경험을 말했다. 그런데 한 직원의 소명 내용이 다른 직원과 같지 않은 것에 대해, 즉 시재를 맞추기 위해 결재를 취소한 사례가 없다고 진술한 직원에게 소명이 부족하다고 회사는 주장했다.

구례클러스터가 내린 판단의 근거는 무엇일까. '2차 조사보고서'에서 현금매출 취소 과다 발생과 관련해서 회사가 내놓은 조사 결과는 오히려 조사 목적을 의심케 만든다. 사실 회사가 제시한 현금매출 취소 현황 자료로 어떠한 결론을 내리기 어려워 보인다. 가장 큰 이유는 역시 데이터의 신뢰성 문제이다. 간단히 살펴보면 현금매출 취소 현황에서 수치가 불일치하는 경우가 발견된다. 예를 들어 〈표 4〉에서 10월의 현금결제 취소는 총 5건이지만 세부내역은 1건에 불과하다. 또한 현금결제 취소 월별 기준에서 '5분 이내'가 29건인데, 직원별 기준에서 '5분 이내' 항목이 없다.

〈표 4〉 2016년 7월-12월 현금매출 취소 현황

취소건수	결재취소건수	결제 후 취소된 시간					직원	5분 이상	10분 이상	1일 후	합계
		5분 이내	5분 이상	10분 이상	1일 후	합계					
12월	3	2	0	1		3	E	1	11	2	14
11월	5	3	0	0	2	5	B	2	12		14
10월	5	1	0	0		1	N	2	8	2	12
9월	11	7	0	4		11	F		3		3
8월	14	13	1	0		14	X		6		6
7월	11	3	1	7		11	합계	5	40	4	49
총계	49	29	2	12	2	45					

주 : 〈표1〉과 동일인이 있을 경우, 같은 이니셜을 사용함
자료 : 구례클러스터의 '비어락하우스 비위행위 2차 조사보고서'

　　　현금매출 취소에 대한 조사 신뢰성은 조사 방식에서부터 제기되었다. 노동조합은 현금매출 취소 건수를 직원별로 분류한 방식에 대해 문제를 지적했다. 비어락하우스의 계산대는 한 사람이 전담하는 구조가 아니었기 때문이다. 대형마트 계산대의 경우 한 사람이 담당하기 때문에 개인별 정산을 할 수 있는 방식이지만, 비어락하우스는 하나의 포스 기계를 여러 사람이 다룰 수 있기 때문에 현금 취소를 개인별로 분류하는 것이 불가능하다는 지적이다. 이에 대해 회사는 출퇴근 일자 및 근무 시간대와 포스 기록을 대조하여 작성한 것으로 설명했는데, 홀 담당자가 한 명일 때는 가능할 수 있지만 두 명 이상일 때 어떤 방식으로 산정했는지 불분명하다.
　　　처음 질문으로 돌아가서 현금매출 취소로 인해 발생한 문제가 무엇인지 확인할 필요가 있다. 구례클러스터는 2차 조사보고서나 징

계결정문에서 '피해액' 같은 단어를 전혀 사용하지 않고 있다. 2차 조사보고서에는 현금매출 취소와 관련한 금액도 나와 있지 않다. 회사는 2차 조사보고서와 징계결정문 모두에서 현금매출 취소를 개인적 사용 가능성에 대해 판단할 근거가 없다는 취지의 내용을 담았다. "비위행위 혐의"에 대해 조사했지만, '현금매출 취소 건에서 비위행위는 확인되지 않았다' 정도가 확인된 사실이다.

구례클러스터는 비어락하우스의 현금매출 취소가 비위라는 결론은 내리지 않았다. 그러나 '현금매출 취소'를 비위행위 중 하나로 언급하는 모습이 계속되고 있다. '현금매출 취소'가 주는 이미지를 이용하여 사건을 부각하려는 인상을 준다. 예를 들어 2018년 8월 "(주)구례클러스터 대표" 명의의 유인물에서 현금매출 취소 건에 대해 "현금 절도 혐의 건"이란 제목이 달렸다. 회사는 이미 2017년에 개인유용의 가능성을 판단할 근거가 없다는 결론을 내렸음에도 절도나 혐의와 같은 단어들을 사용하고 있다. 또 다른 예로, 2018년 6월 회사 인사담당자는 남원아이쿱생협 조합원 간담회에서 비위 사실 중 하나로 '현금매출 취소'를 들었다. 2018년 8월 28일 자연드림 공식 블로그 역시 구례자연드림파크 내 분쟁을 다루면서 "구체적인 비위 사유는 (중략) 현금매출 취소 등 이었습니다"로 적고 있다. 구례클러스터가 현금매출 취소 문제를 결산 미흡이라는 '직무상 과오'로 정리한 결과와 다른 내용들이 퍼져나가는 모습이다.

4

관리자 책임 논란

비어락하우스 비위 문제와 관련해 징계받았던 직원은 비어락하우스 현장 근무자 이외에 관리자 2명이 더 있다. 구례클러스터는 한영민 팀장과 이순규 매니저에게 '비어락하우스 비위행위 발생에 대한 회사 손실 및 관리자 과실 책임'을 징계사유로 적용했다. 그리고 이순규 매니저에게 징계사유로 '축협 입고 명세서 등 회사 서류의 임의적 폐기에 따른 업무상 장애 발생 책임'을 추가했다. 조직 내 문제에 대해 관리자의 책임을 어디까지 물을 것인지는 논란거리이다. 직접 관련되지 않더라도 일반적 관리책임을 이유로 징계하기도 하는데, 그때에도 다양한 조건이 고려된다. 앞에서 살펴본 비어락하우스 사건에 대해 한영민 팀장과 이순규 매니저가 징계받아야 하는지, 징계를 받는다면 어느 정도가 적정한지에 대한 판단은 개인별로 다를 수 있다.

한영민 팀장은 2017년 1월 17일에 입사하여 식자재 점간이동 대처 미흡을 이유로 5월 1일 자로 팀장 직위에서 해제되었다. 결국 비어락하우스 사건과 관련한 한영민 팀장에 대한 징계는 입사 후 근무 기간이 4개월에 미치지 못한 팀장의 책임을 어디까지로 볼 것인가의 문제로 귀결된다. 구례클러스터에 입사하여 약 4개월 정도 근무했던 팀장에게 주로 과거에 있었던 문제를 이유로 '직위 해제'의 징계가 정당한가의 문제로 정리해 볼 수 있다.

또 다른 두 명의 매니저

이순규 매니저의 경우 구례클러스터에서 근무했던 기간이 길고, 업무를 맡았던 구역에 변경이 있었기 때문에 세밀하게 따져볼 필요가 있다. 이순규 매니저의 경우 2014년 1월에 입사하여 2017년 6월 9일까지 관리자로 근무했는데, 문제가 되는 비어락하우스에서 2015년 3월부터 2016년 6월까지 있었다. 그리고 2016년 7월부터 비어락하우스는 N 매니저와 J 매니저가 담당했다.

구례클러스터는 2차 조사보고서에서 '이순규 전 매니저의 책임'이란 제목을 달며 다른 비위 혐의 조사 결과와 동등한 수준으로 이순규 매니저에 대한 책임을 다루었다.[25] 그런데 다른 매니저가 담당했던 기간에 발생한 문제를 이순규 매니저에 대한 문제로 기재한 경우가 있다. 예를 들어, 식자재 문제와 관련하여 비어락하우스에서 사용되지 않은 식재료를 사용했던 문제는 중요했다. 이와 관련하여 2차 조사보고서에 "이순규 매니저가 근무한 당시에 비어락하우스에서 사용되지 않는 물품의 입고가 집중되어 있음"으로 적혀 있지만, 해당 보고서에 실린 자료는 N 매니저가 담당하던 시기에 해당된다. 구체적으로 보면, '제보 물품인 양상추 사용 비율 조사 결과'는 2016년 7월부터 2017년 5월까지의 현황이고, '판매되지 않은 품목의 발주 확인' 자료는 2016년 12월부터 2017년 6월까지의 내용이다.

'비어락하우스 비위 사건 2차 조사보고서'에서 이순규 매니저의 책임을 강조하는 내용은 계속된다. 예를 들어 시간외수당 문제에 대

---

[25] '비어락하우스 비위행위 2차 조사보고서'는 △조사의 배경 및 목적 △식재료 불법 사취 관련 조사 결과 △시간외수당 부당 청구 조사 결과 △현금매출 취소 과다 발생 조사 결과 △이순규 전 매니저의 책임으로 구성되어 있다.

해 허위 및 의심 사례 횟수를 이순규 매니저가 담당했던 기간만 적고 있을 뿐 N 매니저와 J 매니저가 맡았던 기간에 관한 결과는 정리하고 있지 않다. 만약 관리자의 책임 소지를 명확히 하고자 했다면 문제가 되는 사항들을 매니저가 담당한 기간별로 일관되게 정리하는 방식을 택할 것이다. 그러나 N 매니저와 J 매니저가 담당했던 시기에 있었던 현금매출 취소의 경우 조사 결과를 매니저별로 분류하고 있지 않다. '2차 조사보고서'의 조사 결과 정리 방식은 매니저별로 책임 소지를 따지기보다 이순규 매니저가 담당했던 시기의 문제를 부각하려 했다는 인상을 준다.

모든 사건 조사는 책임 소지를 가리기에 앞서 실체 파악을 일차적 목적으로 한다. 사실 비어락하우스 사건의 '현금매출 취소 과다 발생'과 관련하여 N 매니저와 J 매니저는 사건의 실체를 알려줄 수 있는 핵심 관계자이다. 회사는 결제 후 10분이 지나서 현금매출 취소가 이루어지기는 사실상 어렵다고 보았고, 특히 결제 후 1일 후에 취소된 경우는 더욱 이해하기 어려운 상황으로 여겼다. 그런데 '2차 조사보고서'의 기록을 보면, N 매니저는 2016년 7월부터 재직 시까지 현금매출 취소를 총 19차례 발생시켰고, 그 중 '10분 이상'의 경우는 13차례, '1일 후'의 경우는 3차례가 있었다. J 매니저 역시 결제 후 '10분 이상'과 '1일 후'의 현금 취소를 발생시켰다. 구레클러스터의 조사 기간 J 매니저는 재직 중일 가능성이 높고, N 매니저가 2017년 5월경 퇴사했더라도 9월 초까지 구레클러스터 인사담당자와 면담을 지속했다. 비어락하우스 사건에 대한 조사가 관리자 책임을 다루기에 앞서 실체 파악을 중요하게 여겼다면 '2차 조사보고서'에 N 매니저에 관한 내용이 많이 담겼을 것이다.

회사 서류 폐기 책임 논란

이순규 매니저가 비어락하우스 사건과 관련하여 징계받은 사유 중 하나는 '회사 서류의 임의적 폐기'이다. 회사 서류란 비어락하우스 사건과 관련한 축협의 일일 명세서[26]와 직원들의 출퇴근 기록일지다. "회사 서류 폐기"에 대한 징계 배경 및 근거를 정리하면 쟁점은 크게 두 가지로 요약된다.

첫째는 비어락하우스 사건 조사에서 일일 명세서와 출퇴근일지의 활용 가치이다. 회사는 비위행위를 조사하기 위해 두 자료가 필요했고, 특히 일일 명세서가 폐기되어 구체적인 손해를 확인하기 어렵다는 입장을 보였다. 여기에서 '일일 명세서'는 지역축협이 비어락하우스에 물품을 납품하면서 전달하는 종이 '납품서'를 의미한다. 지역축협은 매달 초가 되면 한 달 동안 공급한 물품에 대해 결산하는 내용을 비어락하우스 매니저에게 전자메일로 보낸다. 결산을 위해 축협이 보낸 자료는 계산서 및 세금계산서 이외에도 납품 일자별 금액, 주간 단위별 명세(품목, 규격, 수량, 단가, 금액), 당월 명세(주간 단위별 명세와 동일한 항목)를 포함하고 있다. 그리고 매니저는 축협이 보내온 자료를 확인한 후 비용 집행이 이루어질 수 있도록 비용 기안을 올린다.

이러한 운영체계에서 일일 명세서(종이 납품서)는 물품이 입고

---

26 '일일 명세서'는 축협이 구례클러스터에 납품할 때 주는 '입고 명세서'를 의미하는데, 구례클러스터는 주로 '일일 명세서'로 불렸다. 간혹 회사 측 관계자가 '일일 영수증'으로 이라고 지칭하는 경우가 있는데, 축협은 월 단위로 계산서 및 세금계산서를 발행하여 비용을 청구하기 때문에 '영수증'으로 지칭하는 것은 부적절하다. 축협의 자료 중 주간 단위 납품서, 당월 납품서가 있기 때문에, 구분하는 차원에서 입고 명세서를 일일 명세서로 사용한다.

될 때 검수를 위한 자료로 활용된다. 다시 말해 축협이 식자재를 납품할 때 비어락하우스 담당자가 받는 '종이 납품서'는 검수 확인용이다. 종이 납품서가 있다고 하더라도 회사가 조사하고자 했던 '식자재 사취'의 실태 파악에 활용될 수 있을지는 뚜렷하지 않다. 일일 명세서는 물품 검수용이기 때문에 입고 때 한번 활용되고, 결산 때 다시 한번 활용된다. 축협이 비용 청구를 위해 보내온 자료, 즉 일자별 금액, 주간 단위로 합산된 명세, 월간 단위로 종합된 명세가 맞는지 확인할 때 일일 명세서가 사용될 수 있다. 물품 입고와 비용결산이 끝난 시점의 일일 명세서는 효용가치는 사실상 없다. '식자재 사취'의 진상을 파악하는 데 일일 명세서가 중요한 자료라고 생각되면 축협에서 받아 조사를 진행할 수도 있다.

　　출퇴근일지 역시 조사에서의 활용 가치는 커 보이지 않는다. 비어락하우스의 근태관리 방식을 보면, 출퇴근일지는 직원들이 수기로 작성한 종이일지이다. 매니저가 종이일지에 있는 내용을 전산에 입력하고, 총무 부서는 전산 자료를 바탕으로 급여를 지급한다. 출퇴근일지의 내용이 전산에 입력되면 출퇴근일지의 목적은 다하게 된다. 앞에서 언급한 것처럼 출퇴근일지가 제대로 작성된 건지 확인하기 위해서는 CCTV 기록이 함께 있어야 한다. 결국 출퇴근일지가 폐기되었기 때문에 시간외수당 부당 청구 혐의를 확인하기 어렵다는 주장은 이해하기 어렵다.

　　둘째는 일일 명세서와 출퇴근일지 폐기의 고의성 여부이다. '2차 조사보고서'에서 회사는 "일일 명세서에 대한 관리자의 고의가 의심되는 폐기로 인하여 보다 더 구체적인 회사 물품의 사취 수준 파악은" 어렵다는 결론을 내렸다. 시간이 지나면서 서류 폐기 고의성에 대한 회사의 판단은 단정적으로 바뀐다. 한영민 팀장의 징계결정문에서 회사는 "비어락하우스 비위행위 조사에 있어 주요 증거물에 대하여 이순규와 더불어 고의적인 은폐 움직임을 보임"으로 적고 있다.

이순규 매니저는 직원 식당, 비어락하우스, 카페의 매니저를 담당하면서 일일 명세서와 출퇴근일지를 1년 동안 보관하다 폐기했고, 2017년부터 해당 서류를 2~3개월 정도 보관 후 폐기한 것으로 소명했다. 이러한 내용을 바탕으로 시기별 서류의 상태를 짐작해 보면, 3개 식음료 매장의 2015년 일일 명세서와 출퇴근일지는 2016년에 폐기됐을 것이다. 2016년 자료는 이순규 매니저의 담당구역과 보직이 변동되기 때문에 구분해서 봐야 한다. 문제가 되는 비어락하우스에서 이순규 매니저는 2016년 6월까지 맡았는데, 1년 동안 보관했던 관례에 비춰보면 이순규 매니저가 2016년 6월까지의 자료를 폐기했을 가능성은 낮다. 또한 2016년 7월부터 비어락하우스는 N 매니저가 담당했기 때문에 최소한 2016년 7월부터의 비어락하우스 일일 명세서와 출퇴근일지는 N 매니저에게 확인할 수 있는 상황이다.

해당 서류를 고의로 폐기했다고 보는 시각은 조사를 방해하려는 의도가 있다는 관점과 맞닿아 있다. 회사가 밝힌 조사 경과를 대략적으로 보면, 비어락하우스 비위행위에 대한 제보는 2017년 5월 11일에 있었고, 회사는 5월 29일에 식재료에 대한 기초조사를 위해 담당자들에게 조사계획을 통보했다. 그리고 회사는 8월 1일부터 비어락하우스 전현직 직원들에 대한 면담을 본격적으로 진행하였고, A 노동자와 B 노동자에게 각각 8월 11일과 8월 18일에 대기발령의 명령을 내린다. 비어락하우스 사건에 대한 조사를 방해할 목적이 있었다면, 제보 또는 조사를 인지한 후 일일 명세서와 출퇴근일지 폐기가 이루어지는 게 자연스러운 순서이다. 그러나 앞서 살펴본 바와 같이 2015년 자료는 2016년도에 폐기했고, 2016년 상반기 비어락하우스의 자료는 이순규 매니저가 폐기했는지 불분명할 뿐만 아니라 비위 제보 이전이다. 이순규 매니저는 비어락하우스에 대한 조사와 무관하게 비어락하우스의 입고 명세서와 출퇴근일지를 처리했던 것으로 볼 수 있다.

구례클러스터가 비어락하우스 일일 명세서를 찾고자 했던 이유는 식자재 문제를 밝히고자 했기 때문일 것이다. 그럼 N 매니저가 담당했던 기간은 어땠을까. N 매니저는 이순규 매니저 후임으로서 2016년 하반기부터 2017년 상반기의 서류는 N 매니저에게 보관의 책임 있다. 특히 N 매니저는 법원에 확인서를 제출했는데, 회사의 이전 대표로부터 '입고 명세서는 특이 사항이 없으면 무조건 보관하고, 폐기할 경우 전산상으로 그 자료가 남아 있는지 확인하라는 지시를 받았다'라는 취지의 내용으로 알려진다. N 매니저의 사실확인서는 노동조합과 회사 간 소송이 제기된 후에 작성됐기 때문에 신뢰성을 문제 삼을 수 있다. 그럼에도 N 매니저의 확인서 내용을 받아들인다면 N 매니저가 맡았던 기간의 비어락하우스의 입고 명세서는 보관이 되어 있어야 하고, 해당 기간 식자재 문제는 명확히 밝혀졌을 것이다. 그러나 회사는 N 매니저가 담당했던 기간에 대한 조사에서 일일 명세서로 어떤 문제를 밝혀냈는지를 조사보고서에서 담고 있지 않다. N 매니저가 담당한 기간에 비어락하우스의 일일 명세서가 남아 있는지에 대한 언급도 찾을 수 없다.

이순규 매니저는 축협이 일간 금액, 주간 단위 세부 명세 등의 한 달 치의 자료를 보내오면, 그것을 일정 기간 보관하고 있던 일일 명세서와 함께 검토했다. 비용정산을 위해 기안 문서를 작성하는 과정에서 축협에서 착오를 일으킨 사항을 발견하여 수정을 요구하기도 했다. 이순규 매니저가 '통으로 보내는 영수증'만으로 결산업무 및 서류보관을 했던 것처럼 묘사하는 것은 부적절하다. 2018년 6월 중앙노동위원회는 이순규 매니저의 "거래명세표 자의 폐기"를 징계사유로 삼을 수 없다고 봤고, 2019년 5월 행정법원 역시 "거래명세표를

자의적으로 폐기하였다는 것은 인정되지 않는" 것으로 판결했다.[27]

얼마 전 경찰청 국가수사본부장은 사퇴 입장문에 "수사의 최종 목표는 유죄판결"이라는 글을 남기면서 사람들을 한 번 더 놀라게 했다. 수사든 조사든 실체적 진실을 확인하지 않고 다음 단계로 갈 수는 없다. 비어락하우스 사건에서 관리자에게 책임을 묻는 과정을 되돌아보면 진정으로 실체를 파악하기 위한 조사였나라는 의문이 든다.

이순규 매니저의 징계결정문을 다시 한번 보자. 회사는 현금매출 취소가 과도하게 발생한 사안을 관리자 책임으로 지적하고 있다. 그러나 앞에서 살펴본 바와 같이 '2차 조사보고서'에서 현금매출 취소에 대한 조사 대상 기간은 2016년 7월부터 2017년 8월까지로 이순규 매니저가 담당했던 기간이 아니다.[28]

---

27 서류 폐기와 관련하여 이순규 매니저에 대한 회사의 책임 추궁은 한 번에 그치지 않았다. 구례클러스터는 비어락하우스의 일일 명세서 이외에도 직원 식당의 거래명세표 폐기를 문제 삼았다. 이순규 매니저가 2017년 6월 징계를 받고 청소팀으로 발령을 받으면서 사무실에 남겨 놓은 서류에서 직원 식당의 2017년 2월과 3월의 일일 명세서 일부가 없는 게 확인되었다. 그리고 회사는 2017년 12월 "거래명세표를 자의로 폐기 및 분실"했다며 징계사유로 삼았다. 2018년 6월 남원아이쿱생협 조합원 간담회 자리에서 회사측 인사담당자는 '서류 폐기' 문제를 여러 차례 거론하면서 이순규 매니저가 "일일 영수증"을 폐기했고 축협이 '한 달 후에 통으로 보내는 영수증만 가지고 있었다'라는 점을 강조했다. 그러나 축협이 비용결산을 위해 구례클러스터에 한 달에 한 번 보내는 서류는 한 장짜리 '통으로 보내는 영수증'이 아니고, 이순규 매니저는 해당 결재와 관련하여 영수증 한 장으로 처리하지 않았음을 밝히고 있다.

28 이순규 매니저의 징계결정문에서 발견되는 오류는 더 있다. 예를 들어, 비어락하우스 매니저로 재직한 기간을 2015년 4월부터 2017년 6월까지로 기재해 놓고 있다. 실제로 담당했던 기간은 2016년 6월까지인데, 단순 오기로 볼 수도 있지만 피해액 문제와 연관 지어 생각해 볼 수 있다. 회사는 비어락하우스 문제와 관련한 징계결정문에서 식재료 문제와 관련된 피해액이 1,300만 원이라고 밝혔는데, 이 금액은 2016년 7월부터 2017년 6월까지 2개 품목에 바탕으로 집계한 결과이다. 즉 징계결정문에서 재고 손실로 인한 1,300만 원은 이순규 매니저가 비어락하우스를 맡지 않았던 기간에 발생한 피해액이다. 그러나 징계결정문에서 재직기간이 잘못 명시되어 있기 때문에 1,300만 원의 피해액이 이순규 매니저와 연관 되어 있는 것처럼 보이는 문제가 발생하게 된다.

나아가, 출퇴근 기록 허위 보고에 있어서는 세콤 경비 설정 이후에 발생한 명백한 오차에 대하여서는 입증이 되고 있는 점과 현금매출 취소가 과도한 점에 있어서도 관리책임이 있다고 판단합니다.

— 2017년 10월 12일 이순규 징계결정문

한영민 팀장의 징계결정문에서도 유사한 문제가 발견된다. 회사는 비어락하우스 사건과 관련된 2017년 10월 12일 징계결정문에서 과거 다른 사건에 관한 내용을 담았다. "잘못 결재 상신된 자료"는 직원 식당의 2017년 2월과 3월 축협 비용 기안 중 금액이 잘못 기재됐다고 총무 부서에서 제기한 내용인데, 5월 초에 한영민 팀장은 비용 기안 금액에 오류가 없다는 점을 사유서 제출을 통해 설명했다. 한영민 팀장의 소명에 어떤 문제가 있었는지 설명하지 않은 채 "잘못 결재 상신된 자료"로 규정하는 모습이다. "비용 기안"에 대한 내용도 비어락하우스 사건과 동떨어진 문제이다. 징계결정문에서 '점간이동 대처 미흡'을 언급하고 있지만, 이 역시 비어락하우스 비위행위 문제와 무관한 사안이다. 특히 회사는 2017년 6월 9일에 인사위원회를 열어 이미 한영민 팀장을 징계한 바가 있기 때문에, 10월 12일 징계결정문에 점간이동 대처 미흡을 언급하는 것은 중복의 소지가 있어 보인다.

비어락하우스 사건과 관련한 관리자 책임 문제에 있어 구례클러스터는 이례적인 모습도 보여주고 있다. 회사는 "비어락하우스의 정상화와 식음료 파트의 개선을 위해서는 현재 비위행위의 관리책임자들에게 일정한 책임이 부여되어야 하며, 대표이사와 더불어 팀장의 교체도 고려되어야 할 것"이라고 징계결정문에 적고 있다. 구례클러스터에서 인사위원회는 경영진 또는 경영진이 지명하는 3인 이상으로 구성되는데, 인사위원회가 판단하고 최종적으로 대표이사가 결재했을 징계결정문에 '대표이사 교체'가 언급되는 것은 일반적이지 않다. 대표이사가 본인의 의지를 보여주기 위해 해당 문구를 넣은 것이 아니라면 대표이사보다 더 막강한 권한을 가진 경영진의 존재도 상상해 볼 수 있다.

5

다양한 형태의 분쟁

구례클러스터 노사는 점간이동 정책, 노조 설립 시기 등을 두고 치열하게 싸웠다. 노동위원회와 법원에서 다투기도 하고, 대중들 앞에서 여론전을 펼치기도 한다. 관련 협동조합 및 노동조합은 각각의 상대를 비판하는 집회도 열었다. 구례자연드림파크 노동분쟁은 여러 주체가 여러 사안을 두고 동시에 다툼을 벌였기 때문에 사안을 구분하기 어려울 때가 많다. 일부 사안은 법적 결론이 났음에도 분쟁이 장기화하면서 일방의 주장이 사실인 것처럼 굳어지고 있다.

법적 분쟁

구례클러스터가 노동자들에게 내린 징계가 법정으로 간 것은 3건이다. 가장 먼저 점간이동과 관련된 징계가 있었고, 가장 많이 알려진 비어락하우스 사건과 관련된 징계가 있었으며, 마지막으로 노동조합 활동과 관련해 "허위사실 유포"를 이유로 한 징계가 있었다.

식자재 점간이동 관련 징계

2017년 3월에 시작된 식자재 점간이동 정책은 구례자연드림파크 노사분쟁의 시작이었다. 구례자연드림파크 직원 식당 관리자가 식자재 점간이동 정책을 제대로 대처하지 못해 회사에 손해를 끼쳤다는 게 징계사유가 됐다. 한영민 팀장은 2017년 5월 1일로 팀장 직책이 해제된 상태에서 6월 9일 점간이동 대처 미흡 등을 이유로 징계(감봉, 전환 배치)를 받았다. 이순규 매니저 역시 6월 9일 점간이동 대처 미흡을 핵심으로 한 징계(정직 2주, 직위 해제)를 받았다. 점간이동 관련 분쟁은 이로부터 2년 동안 이어진다.

    한영민 팀장은 2017년 5월 1일과 6월 9일에 있었던 회사의 결정에 반발해 노동위원회에 구제신청을 했고 전남지노위로부터 징계가 부당했다는 판정을 받았다. 이순규 매니저 역시 6월 9일 징계가 부당했다는 결과를 전남지노위로부터 받았다. 회사는 다시 두 명의 관리자에게 2017년 12월에 직위 해제라는 징계를 내렸다. 2017년 12월의 징계사유는 정교화되었다. 기존 '점간이동 대처 미흡으로 인한 손해 발생'에서 점간이동 정책 시행 중 축협에서 구입하는 식자재를 줄이지 않았다는 내용의 '업무지시 불이행'과 '업무지시 불이행으로 인한 금전적 손해'로 변경되었다.

    한영민 팀장과 이순규 매니저는 2017년 12월 징계에 대해 구제신청을 했고, 2018년 3월 전남지노위로부터 징계가 부당하다는 판정을 받았다. 회사는 2018년 4월에 중앙노동위원회에 재심을 신청했고, 2018년 5월 중앙노동위원회는 전남지위노와 동일하게 부당한 징계로 결론 내렸다. 구례클러스터는 중앙노동위원회의 재심 판정에 불복해 2018년 7월 서울행정법원에 소송을 제기했다. 그리고 2019년 5월 서울행정법원은 "직위 해제의 사유가 상당 부분 인정되지 않고 그 양정도 적정하지 않다'라며 구례클러스터의 청구를 기각했다.

법원은 한영민 팀장에 대한 핵심적 징계사유, 즉 '축협매입 비율을 줄이는 것에 관한 업무지시 불이행'과 '업무지시 불이행으로 인한 금전적 손해'를 인정하지 않았다. 다만 법원은 '점간이동 정책 관련 업무 미점검으로 인한 손실'과 '구내식당 매입 매출 관련 미점검'을 징계사유로 인정했다. 이순규 매니저의 경우도 동일하게 '축협매입 비율을 줄이는 것에 대한 업무지시 불이행'과 '업무지시 불이행으로 인한 금전적 손해'는 징계사유로 인정되지 않았다. '거래명세표 자의 폐기 및 분실' 중 자의적 폐기는 징계사유로 인정되지 않았고, '거래명세표 일부 분실'만 인정되었다. 회사가 이순규 매니저에게 제시한 6개 징계사유 중 법원에서 온전하게 인정된 건 1개, '점간이동 관련 회의자료 미제출'이다.

특별한 법리적 해석이 필요해 보이지 않는다. 회사가 여러 가지 이유로 징계를 내렸지만, 대부분은 징계사유로 적절하지 않았고 징계 수위 역시 과도했다는 판결이다. 과연 회사가 징계를 통해서 얻고자 했던 것은 무엇이었나라는 질문이 드는 결론이다. 식자재 점간이동 정책을 실행하는 과정에서 발생했던 문제가 과연 2년 동안 법적 분쟁을 치를만한 일이었을까.

비어락하우스 비위행위 관련 징계

구례자연드림파크 노동분쟁을 비어락하우스 비위행위와 관련된 다툼으로 인식할 만큼 비어락하우스 사건은 외부에 많이 알려졌다. 이순규 매니저의 경우 2017년 10월 12일 징계를 받은 후 약 4년 2개월이 지나서야 법적 분쟁이 종료되었다.

비어락하우스 사건과 관련해서 현장 근무자 8명과 관리자 2명이 징계를 받았다. 이 중 E와 F 노동자는 노조 설립 당시 조합원이었지만 비어락하우스 비위 사건에 대한 조사가 본격화된 시점에서 노동조합 소속 여부는 불분명하다. 두 사람은 회사의 비어락하우스 조사 기간에 식자재 사취를 인정하는 사실확인서를 제출하였고, 자신들의 징계에 대해 구제신청을 하지 않은 공통점이 있다.

노동조합 조합원이었던 C와 D 노동자는 2017년 10월 2일 정직 1개월의 징계를 받은 후 10월 12일에 노동위원회에 구제신청을 했다. 전남지노위는 2018년 1월 5일 C와 D 노동자에 대한 회사의 징계가 부당하다고 판정을 내리며 동시에 회사가 제시한 징계사유를 인정하지 않았다. 회사의 재심 신청에 따라 사건은 다시 중앙노동위원회로 올라갔다. 2018년 4월 중앙노동위원회는 지노위와 동일한 결론의 판정을 내렸다. C와 D 노동자에게 적용된 식자재 사취와 시간외수당 부당 청구는 모두 징계사유로 인정되지 않았다. 회사가 C와 D 노동자에 대한 중앙노동위원회 판정에 이의를 제기한 소송은 확인되지 않는다.

2017년 10월 12일 회사는 한영민 팀장에게 직위 해제, 이순규 매니저와 노조 조합원 B 노동자에게 정직 4개월의 징계를 내렸다. 노동자 3명의 구제신청에 대해 전남지노위는 2018년 1월 4일 3명에 대한 회사의 징계는 부당하다고 판정하였다. 회사의 재심 신청에서 중앙노동위원회는 전남지노위와 동일한 판정을 내렸다. 구체적으로 살펴보면 B 노동자의 징계사유인 식자재 사취, 시간외수당 부당 청구, 현금매출 취소는 모두 인정되지 않았다. 이순규 매니저의 경우 비어락하우스 비위 사실을 예방하지 못하거나 재고를 제대로 관리하지 못한 책임은 징계사유로 인정되었고, '직원 출퇴근 내역 및 축협 명세서 임의 폐기'는 징계사유로 인정되지 않았다. 한영민 팀장의 경우 관리자로서 책임을 소홀히 한 점이 징계사유로 인정되었다. 노동위원회는 B 노동자의 경우 징계사유가 없고, 관리자 2명은 일부 책임을 질 수 있으나 징계사유에 비해 징계양정이 과도해 부당한 징계로 결론지었다.

비어락하우스 비위 사건에 대한 법적 분쟁은 노동위원회에서 법원으로까지 이어졌다. 서울행정법원은 회사의 징계가 부당하다는 결론을 노동위원회와 동일하게 내렸지만, B 노동자의 징계사유에 관한 판단은 달리했다. 식자재 사취 및 재고관리 미흡에 대한 징계사유를 인정했고, 출퇴근 허위 부분은 회사가 제시한 27건 중 7건을 징계사유로 인정했다. 그리고 한영민 팀장과 이순규 매니저에게 비어락하우스 비위행위에 대한 관리책임을 인정했지만, 각각의 징계는 과도한 것으로 보았다. 2021년 10월 21일에 선고된 서울행정법원의 판결 이후 회사는 다시 서울고등법원에 항소했고, 12월 13일 회사가 항소를 취하하며 비어락하우스 사건은 매듭지어졌다.

허위사실 유포 관련 징계

2018년 1월 20일 구례클러스터는 회사에 관해 허위 사실을 유포했다는 이유로 한영민 팀장에게 정직 2개월, 이순규 매니저에게 정직 4개월의 징계를 내렸다. 2018년 1월 20일 징계는 노동조합 활동과 관련된 사안으로 노조 설립 시기 논란과 연결된다. 한영민 팀장의 경우 '노동조합을 만들려고 하다가 회사로부터 징계를 받았다'라거나 '노조 조합원들이 회사의 면담 및 회유에 의해 퇴사 또는 탈퇴했다'는 내용을 유포했다는 게 징계사유이다. 이순규 매니저의 징계사유는 한영민 팀장이 주장한 내용을 SNS상에 유포하고, 해당 내용을 유포하도록 노조 조합원에게 지시했다는 것이다.

2018년 3월 전남지노위는 한영민 팀장에 대한 징계는 정당한 것으로, 이순규 매니저에 대한 징계는 부당한 것으로 판정하였다. 2018년 4월 회사는 지노위 판정에 따라 이순규 매니저의 징계 수위를 정직 4개월에서 정직 2개월 2주로 낮추는 징계를 내렸다. 이순규 매니저는 다시 노동위원회에 구제신청을 하여 2018년 7월 전남지노위로부터 정직 2개월 2주 징계는 부당하다는 판정을 받았다. 한편 한영민 팀장은 2018년 8월에 중앙노동위원회에서 2018년 1월 20일 징계가 부당하다는 판정을 받게 되었다.

　그러자 회사는 2018년 8월 한영민 팀장에게 정직 1개월, 2018년 10월에 이순규 매니저에게 정직 1개월의 징계를 내렸다. 허위사실 유포를 이유로 회사가 내렸던 기존 징계가 부당하다는 판정이 난 후 징계양정을 낮춰 진행한 것이다. 두 명의 노동자는 다시 노동위원회에 구제신청을 했고, 허위사실 유포를 이유로 한영민 팀장과 이순규 매니저가 받은 정직 1개월 대해 전남지노위는 징계가 정당하다는 판정을, 중앙노동위원회는 징계가 부당하다는 판정을 내렸다.[29] 그리고 2019년 5월 28일 회사는 이순규 매니저에게 허위사실 유포를 이유로 "견책"의 징계를 내렸다. 구례클러스터는 '허위사실 유포'를 이유로 노동조합 활동을 하던 2명의 조합원에게 6번의 징계(한영민 2회, 이순규 4회)를 내렸고, 그에 대한 판단은 5번의 노동위원회 판정을 거치고 나서야 마무리되었다.

29　중앙노동위원회에서 노동자 2명의 징계가 부당한 것으로 판정 난 후, 노동조합은 회사의 징계가 부당노동행위에 해당한다며 서울행정법원에 항소했다. 허위사실 유포와 관련된 징계는 서울행정법원과 서울고등법원에서 모두 부당노동행위로 인정되지 않았다.

여론전

2017년 3월에 시작된 노동자들과 회사의 갈등, 그리고 노사분쟁이 다른 조직과의 분쟁으로 확대되면서 구례자연드림파크 노동분쟁은 장기화됐다. 회사의 되풀이 되는 징계와 이로 인한 법적 분쟁 역시 노동분쟁이 장기화되는 배경이다. 이와 함께 구례클러스터의 노사분쟁은 여론전이 폭넓게 진행되었다. 여론전은 정당성 획득을 핵심으로 하기 때문에 상대방의 도덕성이나 신뢰성에 타격을 주는 전략이 구사되는데, 그 과정에서 사실관계가 불분명한 경우가 있다.

노조 설립 준비 시기와 비위행위 징계 시기

구례클러스터는 페이스북을 통해 노사분쟁에 관한 많은 소식을 전달했다. 2018년 6월 28일 '구례 노동자 갈등 이야기' 시리즈를 실었고, "이 여성 노동자의 눈물은 누가 닦아줄 것인가?"의 제목으로 1편을 시작했다.[30] 직장 내에서 상당한 어려움을 겪었을 제보자에 관한 이야기로 시작하여 제보 내용이 실제 있었다는 점을 확인시켜 주고 있다. 그리고 노조 설립과 관련한 내용을 다음과 같이 적고 있다.

---

30 구례클러스터는 2018년 6월 28일 자 카드뉴스에서 제보자 K 노동자의 피해 사진과 병원 통원 확인서를 첨부했다. 이와 함께 "안타깝게도 처음 제보 시에는 폭력 행위에 관한 내용은 없어 당시 조사는 비리 행위만 대상이 되었다"라고 서술하고 있다. 그러나 폭력 행위에 관한 내용은 최초 제보에서부터 있었고, 관련 내용에 대한 언급은 한 번에 그치지 않았다. 회사의 '2차 조사보고서'에 담긴 2017년 5월 11일 K 노동자의 민원 내용에는 '셰프가 뜨거운 기름을 뿌려 화상을 입었다'라는 내용과 당시의 관리자였던 'N 매니저 면담 후 부서 이동을 요구했으나 받아들여지지 않았다'라는 내용이 포함되어 있다. 또한 2017년 8월 K 노동자가 구례클러스터 인사담당자에게 폭력 행위에 관한 내용을 전달했다. 구례클러스터가 K 노동자의 최초 제보에서 폭력 행위에 관한 내용이 있었음에도 나중에 알게 된 것처럼 설명하는 이유를 밝힐 필요가 있다.

자연드림파크 클러스터 조성의 취지와 가치에 비추어 볼 때, 일반 회사보다 비위행위는 좀 더 엄격하게 다루어야만 했으므로, 5월 하순부터 본격적인 조사를 시작했다. (중략) 이에 회사는 관련자들과의 확인 과정 등 조사 결과를 토대로 징계 절차를 밟았다. 조사와 징계 절차가 진행되는 와중에, 한편에서는 노조설립이 추진되었고, 7월 12일 공공운수노조 광주전남지부 자연드림파크 지회가 설립되었다.

— 2018년 6월 28일 구례클러스터 카드뉴스

구례클러스터는 카드뉴스에서 징계 절차가 진행되는 중에 노조 설립이 추진된 것으로 적고 있다. 즉 비위 제보가 있었고 징계가 진행되자 노조 설립이 추진된 것으로 사건의 순서를 열거하면서, 노조 설립이 비위 사건에 대응하기 위한 수단이었다는 인상을 주고 있다. 2021년 2월 4일 자 카드뉴스에서도 "여성 노동자의 제보로 비리가 드러나 회사가 관련자들을 징계하자, 이들은 자신의 비리를 덮기 위해 노동조합 지회 설립에 참여"했다고 적고 있다. 구례자연드림파크 입주자대표회의 역시 유사한 방식으로 사건을 기술하고 있다. 2018년 3월 23일 자 유인물에서 "회사는 8명에게 징계를 내렸습니다. 이들은 자기의 잘못을 인정하는 것이 아니라, 노조를 설립하며 대응하기 시작했습니다"라며 노조 설립이 비위 징계와 관련된 것처럼 주장했다.

이러한 주장은 여러 사실과 섞여 오해를 낳는다. 주요 사건에 대한 날짜를 정리해 보면 일단 회사는 5월 11일 비위 제보를 받고, 약 3개월 동안 조사를 한 후 8월 11일 주방장 A 노동자에게 대기발령을 명령한다. 그리고 비위행위에 대한 인사위원회는 9월 29일에 열리고 10월 2일 징계가 내려진다. 정리하면 노조 설립 이후에 비어락하우스 사건에 대한 인사 조처 및 징계가 있었다. '회사가 관련자들을 징계하자 자신들의 비리를 덮기 위해 노조 설립에 참여했다'라는 주장은 수정될 필요가 있다. 더욱 중요한 사실은 회사가 확인한 바로 노동조합 설립 준비가 최소한 2017년 4월에 있었다는 점이다. 비위 제보가 있기 전에 노조 설립이 추진되었던 상황을 회사는 파악하고 있었다. 따라서 구례클러스터가 "8명에게 징계를 내렸습니다. 이들은 자기의 잘못을 인정하는 것이 아니라, 노조를 설립하며 대응하기 시작했습니다"와 같은 표현은 사용하기 부적합해 보인다.

식자재 사취에 대한 노조 입장

구례자연드림파크지회 노동조합은 2017년 9월 5일경 '비어락하우스 원 부재료 부식 횡령 혐의에 대한 입장'을 발표했다. 회사가 제기한 혐의에 대해 자체 조사를 한 후 일부 사실임을 확인하고 유감을 표명했다. 노동조합이 발표한 입장은 이후 '노조도 인정했다'라는 문장으로 압축되어 노조의 의도와 다르게 사용되었다. 노조가 인정한 내용, 회사가 밝혀낸 내용, 직원이 소명한 내용을 명확히 구분하지 않은 채 '직원이 인정했고, 노조가 인정했고, 축협 관계자가 인정했다'라는 표현으로 비어락하우스 사건의 실체가 가려지고 있다.

    회사가 노조의 입장문을 이용하며 여론전을 펼치는 경우가 대표적이다. 예를 들어, '구례 노동자 갈등 이야기' 3편에서 회사는 2018년 3월 22일 검찰에서 무혐의 처분이 난 이후 노조의 태도가 돌변했다고 주장하고 있다. 즉 노동조합은 사건 초기 소식지를 통해 비위행위를 인정했지만, 검찰의 무혐의 처분 후 입장을 바꿨다는 것이다. 그러나 2017년 9월 5일 노조의 입장문을 자세히 보면 논란은 해소된다. 노조는 조합원의 비위행위 연루에 대해 유감을 표명한 후 사건 원인에 대해 "실제 직원들의 끼니는 회사가 책임지지 못하는 노동 조건"을 문제로 지적했다. 검찰의 판단이 나오기 이전에 노조는 비어락하우스 직원들이 제때 식사하기 어려웠던 상황에 관해 이야기했었다. 또한 노동조합은 비어락하우스 직원들이 직원 식당에 가기 어려웠던 상황에서 주방장이 준비한 재료를 이용하여 식사했다는 점을 노동위원회에서 밝혔는데, 이 역시 검찰의 무혐의 처분이 내려진 2018년 3월 22일 이전에 있었던 일이다.

한편 회사는 페이스북을 통해 "노동조합운동을 옹호하는 사람들이 비리 행위에 대해 외면하고" 있다거나 노조가 "비리 노조 간부를 보호"하는 행위가 있었던 것으로 선전했다. 회사는 카드뉴스에서 비어락하우스 주방장 A 노동자의 재판 결과를 소개하며 다음과 같은 내용을 전하고 있다.

> 그동안 직원의 횡령·배임 행위에 대한 회사의 정당한 인사권 행사에 대하여 노조와 그 상급단체는 노조 탄압의 불순한 목적이 있는 것처럼 왜곡·비방해 왔습니다. 애초에 노조 스스로 인정했던 노조원의 비리 행위를 검찰이 무혐의 처분하자, 스스로 인정했던 사실조차 일체 부정하기도 했습니다. (중략)
> 구례 노사갈등의 시작이었던 전 노조 간부의 비리 사건에 대한 법원의 판결로 비리 행위가 사실이었음이 명백히 밝혀졌습니다. 이로써 그동안 노조 행위는 비리 노조 간부를 보호하기 위해 자체 진상조사에서 드러났던 진실에도 눈을 감고, 허위 사실을 만들고, 회사를 악의적으로 공격했던 행위가 파렴치한 행위였다는 점이 사실로 확정된 것이라 하겠습니다.
>
> ― 2021년 2월 4일 오가닉클러스터 카드뉴스

회사는 노동조합이 비리가 있는 노조 간부를 보호하고 자체 조사 결과를 외면한 것처럼 표현했다. 하지만 공공운수노조 광주전남지부는 자체 조사 후 2017년 9월 12일 노조 간부 A 노동자를 제명했다. 이후 A 노동자가 법인카드를 개인적으로 사용했던 문제가 추가로 발견되자 구례자연드림파크 입주자대표회의는 노조가 A 노동자의 법인카드 횡령을 감싸는 것처럼 주장하는 현수막을 걸었다. 이에 노동조합은 고소로 대응했고, 입주자대표회의 관계자는 현수막 내용과 관련하여 허위 사실 적시에 의한 명예훼손죄로 2019년 4월 11일에 벌금형 선고를 받았다. 하지만 2021년 1월 법원에서 A 노동자가 유죄판결을 받은 후 회사는 과거와 비슷한 주장을 반복했다.

회사의 주장 중 상당히 눈길을 끄는 부분도 있다. 2019년 2월 1일 카드뉴스에서 회사는 "민주노총은 비리로 제명 시킨 노조 간부의 노무 및 법률 지원을 2018년까지 계속해 왔습니다"라고 단정하면서 노조가 비리를 감싸는 것처럼 주장했다. A 노동자는 노조에서 제명되기 전인 2017년 8월 29일에 노조 조합원 B 노동자와 함께 전환 배치에 대해 구제신청을 했기 때문에 해당 사건이 종결될 때까지 노조와 연계된 행동이 있었을 가능성이 있다. 그러나 전남지노위가 2017년 11월 21일에 판정 결과를 통보한 이후, 특히 2018년에 노조가 A 노동자에게 법률 지원을 했다는 회사의 주장에는 분명한 근거가 필요해 보인다.

노조 설립에 대한 회사의 인지

구례자연드림파크 노동분쟁에서 노사의 가장 첨예한 대립 지점은 노동조합 활동에 대한 인식이다. 노동조합은 회사에 의해 노조 활동이 침해받은 것으로 주장했던 반면 회사는 노동조합 활동에 개입할 이유가 없다는 입장이었다. 그리고 구례클러스터는 2017년 7월 12일

노동조합의 '조합가입 통보' 공문을 받고서야 구례사운드림파크 내 노조 설립 사실을 알게 됐다고 주장했다.

회사의 노조 설립 준비에 대한 인지 시점이 중요한 이유는 2017년 6월 30일에 있었던 한영민 팀장의 해고 배경에 영향을 줄 수 있기 때문이다. 노동조합 설립을 추진하였다는 이유로 해고됐다는 한영민 팀장의 주장에 대해 회사는 노조에서 보낸 공문을 받고서야 노조 설립 사실을 알았다고 답했다. 구례클러스터는 노동조합 설립을 방해하지 않았고 부당노동행위를 하지 않았다는 입장을 일관되게 보였다. 노동조합이 회사의 몇몇 조치를 부당노동행위로 봐야 한다고 구제신청을 했지만, 노동위원회가 부당노동행위로 판정을 한 적은 없다. 노동조합이 상황을 왜곡한 건지 아니면 입증하지 못한 건지 단정하기 어렵지만, 일반적으로 사용자의 부당노동행위를 노동자가 입증하기 어려운 건 분명하다.

구례클러스터의 부당노동행위 여부를 따지는 건 접어두더라도 회사가 노조의 공문을 받기 전에 노조 설립 준비를 알지 못했다는 주장에 의문을 가져볼 만한 정황이 있다. 2017년 6월 30일에 한영민 팀장은 해고통지서를 받은 후 대표이사를 찾아가 해고가 "노조 때문이냐?"고 질문했다. 해고가 노조 설립과 연관성이 있는지에 대한 논란은 차치하더라도 당시 대표가 노조 설립 준비를 인지했을 가능성은 확인된다.

한편 노동조합이 회사에 조합원 가입통지 공문을 보내기 전에 이루어진 노조 조합원들 간의 카카오톡 대화 내용도 흥미롭다. 노동조합 조합원들은 사측 직원이 노조 가입 사실을 묻고 다닌다거나, 어느 주방장은 관리자에게 노조 가입 사실을 말했다거나, 노조 조합원의 이야기가 회사 측에 전달되는 것으로 의심하는 대화를 나눴다. 회사 측 관계자 등 여러 명의 실명을 언급할 만큼 구체적으로 상황을 묘사하고 있다. 노조 조합원들의 카카오톡 대화는 회사가 노조 설립 준비를 인지하고 상황을 주시하고 있었다는 생각을 갖게 만든다. 노동조합 조합원들이 나중에 회사와 분쟁이 일어날 걸 예상하여 2017년 6월 23일 오전 8시 30분경 의도적으로 카카오톡 대화방에 기록을 남겼다고 생각해야 할까. 그렇지 않다면 2017년 7월 12일 노조가 회사에 설립 통보를 하기 이전에 회사가 노조 설립 상황을 인지했을 가능성을 배제할 필요는 없어 보인다.

[그림 1] 노조 설립 통보 이전 조합원들 간의 대화

2017년 6월 23일 금요일

 아이쿱△△△

어제 그분들은 군청직원들이었고, 행사관계로
○○○하고 얘기 중인 걸루 알고 있어요~

□□□ 주방장한테 물어봤다는 얘기는
들었어요~ ☆☆☆이 노조 가입 누구누구
했냐고... 본인은 가입했고 다른 사람은
모르겠다 했어요

오전 8:30

제 생각이긴 하지만~ 노조 가입자 중에
스파이가 있는 거 같아요~

오전 8:33

아~ 그렇군요~ 맞네요. 남자는 가끔 오는
군청 직원이 맞아요~ 주방장님은 본인이
가입했다는 ~ 그런 말은 아직 할 필요없다고
~ 누차 그랬건만 ~ 주방장님 강하시네요.^^
어제 ◇◇ ◇◇◇한테도 ○○○가 전화해서
현재 노조가입 30명 정도한 게 맞느냐?고
물어서·그런 것 같다고 했데요· 그럴 때는
모르겠다~그건 왜 묻냐? 그런데 ▽▽▽이는
노조 가입자 찾느라고 은근히 협박, 위협조로
묻고 다니던데 ~지시했냐?라고 물으면서
녹취하라고 했어요~ (후략)

오전 8:38

저는 가입자는 아닌 것 같고(그럴 이익이
없으니까)~ 권유했지만 가입하지 않은
사람으로~추정합니다만~

오전 8:39

협동조합은 노동을 존중하는가

분쟁 과정에서 회사가 보였던 태도는
노동에 대한 협동조합의 실제 모습을 담고 있다.
이것이 구례클러스터에서 무슨 일이 있었는지를
구체적으로 살펴봐야 하는 이유이다.

3장

아이쿱생협과 노동조합의 분쟁

구례자연드림파크 노동분쟁은 구례클러스터의 노사분쟁 이외에 아이쿱생협연합회와 노동조합과의 분쟁을 포함한다. 구례자연드림파크지회 노동자들은 노조 결성 전후 회사의 여러 조치를 탄압으로 여겼고, 상황이 악화하는 책임이 아이쿱생협연합회에 있다고 생각해 아이쿱생협을 비판했다. 반면 아이쿱생협연합회는 노동조합 및 노동자들이 구례클러스터의 노사문제를 '아이쿱'과 연관된 것처럼 주장하여 명예가 훼손됐다며 2018년 9월 소송을 제기했다.

아이쿱생협연합회는 '오가닉클러스터[31]와 아무런 법률관계를 가지고 있지 않으며, 각자 독립된 의사결정 구조로 되어 있다'는 입장이다. 그리고 비방금지 가처분소송과 명예훼손 민사소송에서 법원은 아이쿱생협연합회가 오가닉클러스터를 실질적으로 지배하고 있는 것으로 보기 어렵다고 판단했다.[32] 법원 판결의 논거는 아이쿱생협연합회가 오가닉클러스터의 주주가 아니고 다른 조직을 통해 지배한

---

31 아이쿱생협연합회와 노동조합과의 법적 분쟁은 구례클러스터가 오가닉클러스터로 기업명을 변경한 이후에 이루어졌기 때문에 구례클러스터를 오가닉클러스터로 표기한다.
32 아이쿱생협연합회와 구례자연드림파크지회 노동조합 사이에 있었거나 진행 중인 소송은 2023년 9월 기준 총 3건이다. 2018년 9월 아이쿱생협연합회가 (주)구례클러스터의 노사분쟁에서 '아이쿱생협'의 이름을 사용하지 못하도록 요구하며 소송이 시작됐다(첫 번째 소송: 비방금지가처분). 첫 번째 소송에서 '아이쿱생협연합회는 (주)구례클러스터 노동자의 사용자가 아니고 구례클러스터를 지배하고 있지 않다'라는 내용으로 판결이 났다. 첫 번째 소송의 1심 결과가 나오고 약 4달 후인 2019년 8월 아이쿱생협연합회는 2명의 조합원에게 다시 소송을 걸었다(두 번째 소송: 명예훼손 민사소송). 두 번째 소송에서 아이쿱생협연합회는 명예훼손 사유로 '아이쿱생협에 실세가 있다'라고 언급된 내용을 추가했고, 명예훼손에 대한 배상액으로 두 명의 노동자에게 3천만 원과 2천만 원을 요구했다. 두 번째 소송도 아이쿱생협연합회가 (주)구례클러스터 노동자의 실질적인 사용자로 볼 수 있는지가 쟁점이었고, 첫 번째 소송과 거의 유사한 판결이 났다. 한편, 두 번째 소송의 1심 결과가 있고 두 달 후인 2021년 7월에 아이쿱생협연합회는 2명의 노조 조합원을 추가로 고소했고, 그중 한 명이 기소되어 2022년 말부터 형사재판을 받고 있다(세 번째 소송: 명예훼손 형사소송). 2024년 2월 말 전주지법 남원지원은 기존 판결과 다른 결론을 내렸는데, "아이쿱생협연합회와 구례자연드림파크 입주업체의 관계가 무관하다고 보기 어렵다"고 판결했다.

다고 보기 어렵다는 점, 오가닉클러스터의 단기차입금 중 아이쿱생협연합회로부터의 금액은 미미한 점, 아이쿱생협연합회의 임직원 중 오가닉클러스터의 임직원을 겸임하는 사람이 없는 점, 오가닉클러스터의 노동분쟁 해결에 아이쿱생협연합회의 참여는 위임에 따른 과정이었다는 점이다.[33]

그러나 적지 않은 아이쿱생협 조합원들과 아이쿱생협 관련 기업의 노동자들은 아이쿱생협과 일부 아이쿱생협 관련 사업체를 하나처럼 인식하고 있다. 구례자연드림파크지회 노동자들은 왜 고용관계가 없는 아이쿱생협연합회에 자신들의 사업장 문제를 해결하라고 요구했던 걸까?

협동조합이 노동조합에 소송을 걸었던 사실만으로 노동에 대한 협동조합의 태도를 적대적인 것으로 규정할 수는 없다. 아이쿱생협의 노동에 대한 태도를 관찰하고자 한다면 쟁점이 됐던 사안을 먼저 살피는 게 순서이다. 그리고 구례자연드림파크지회 노동자들이 자신들의 사업장을 아이쿱생협의 기업으로 인식할 만한 여지가 있었는지를 판단하는 게 필요하다.

한편 아이쿱생협과 관련 기업의 관계는 협동조합의 운영 방식을 보여준다는 점에서도 의미가 있다. 협동조합 및 협동조합기업의 관계는 협동조합이 처한 환경과 그에 대한 대응 방식을 이해할 수 있도록 돕는다. 또한 협동조합 및 협동조합기업의 관계는 사업적 측면에만 국한되지 않고 조합원의 통제 범위와 관련되어 있다는 점에서 협동조합의 운영 원리를 평가할 기회를 가질 수 있게 해준다.

---

33 해당 내용은 명예훼손 민사소송의 1심 재판결과를 요약한 것이다.

1
아이쿱생협의 범주

구례자연드림파크 노동분쟁이 한창이던 시기 '아이쿱'이라고 잘못 말하면 고소당한다'라는 말이 나올 정도로 '아이쿱'의 범주는 혼란스러웠다. '쿱라면', '자연드림 매장', '구례자연드림파크'과 같은 단어들에서 '아이쿱생협'을 떠올렸던 사람들은 '아이쿱'이 무엇인지에 대해 다시 묻기 시작했다.

아이쿱생협연합회는 '아이쿱생협'이라고 지칭할 수 있는 범위를 "소비자 조합원의 아이쿱생협과 연합회, 공동사업법인 등"으로 규정한다.[34] 아이쿱생협의 범위를 가장 협소하게 보면, 소비자생활협동조합법에 근거하여 설립된 협동조합(생협)과 이들의 연합조직인 아이쿱생협연합회가 될 것이다. 개별 생협이 만들어진 후 연합회가 만들어지므로 1차 조직인 지역 생협과 2차 조직인 연합회가 아이쿱생협을 구성한다.

아이쿱생협의 범주에서 논란이 되는 부분은 협동조합기업과 관련된다. 아이쿱생협 그룹에 포함되는 기준은 명확히 드러나지 않지만, 아이쿱생협연합회의 주장대로면 아이쿱생협 그룹에 포함된 기업까지만 '아이쿱생협'이라고 부를 수 있다. 이는 반대로 아이쿱생협 그룹에 포함되지 않는 기업을 "아이쿱생협"으로 지칭하면 안 된다는 의미이다.

---

34 2018년 연차 보고서에서 아이쿱생협 그룹은 ㈜쿱생활건강, ㈜쿱로지스틱스, ㈜쿱도우, ㈜해피푸르츠, 순천우리밀제과㈜, 아이쿱친환경급식㈜, ㈜씨엘씨, ㈜쿱에코하우징, ㈜농업법인쿱스토어(13개 전국 지역법인), 아이쿱생협연합회 및 99개 회원 조합으로 규정하고 있다.

세이프넷의 경계

'아이쿱생협'의 범주는 아이쿱생협을 구성하거나 이를 둘러싸고 있는 조직들과의 관계를 통해 파악해 볼 수 있다. 가장 먼저 살펴봐야 할 단어는 '세이프넷'SAPENet이다. 아이쿱생협은 2018년 11월 '20주년 심포지엄'에서 '세이프넷'이라는 개념을 제시했다. 세이프넷은 하나의 네트워크를 지칭하는 용어로서, '지속가능한 사회와 사람중심경제를 위한 모임'이라는 의미를 담고 있다.

2021년도 연차 보고서를 기준으로 세이프넷은 83개의 조직을 포함하는데, 이들은 아이쿱생협그룹, 파머스그룹, 세이프넷협동기업협의회, 사회적경제기업·비영리조직으로 분류된다.[35] 이중 '아이쿱생협 그룹'만 '아이쿱생협'이라고 부를 수 있다는 게 아이쿱생협연합회의 설명이다.

하지만 세이프넷의 경계는 불분명하고, 명확한 분류 기준을 찾기 힘들다.[36] 예를 들어, 아이쿱생협 '회원 관리 및 민원 관리를 지원하는 상담 전문 법인'인 '(주)가치이음'은 주식회사이지만, 어떤 이유에서 '사회적경제기업/비영리조직' 부문에 포함되어 있는지 불분명하다. 세이프넷의 안과 밖을 구분 짓는 경계 역시 명확하지 않아 보인

---

35 아이쿱생협의 연차 보고서를 기준으로 보면, 아이쿱생협연합회는 2016년까지 아이쿱을 지칭하는 용어로 'iCOOP'을 사용하였고, 2017년에 협력 네트워크의 개념인 '아이쿱넷'을 사용하다가 2018년부터 사용된 '세이프넷' 개념을 이용했다. 아이쿱생협은 세이프넷이라는 틀을 이용하여 조직체계에 상당한 변화를 도모한 것으로 보인다.

36 아이쿱생협연합회의 2021년 연차 보고서상 세이프넷 구성에 대한 설명은 다음과 같다.
 - 아이쿱생협그룹: 소비자조합원의 아이쿱생협과 연합회, 공동사업법인
 - 파머스그룹: 농민 조합원의 생산자협동조합과 농업회사법인, 농민투자법인
 - 세이프넷협동기업협의회: 구례, 괴산자연드림파크 입주기업들의 협의회
 - 사회적경제기업/비영리조직: 협동조합, 사회적기업, 재단법인, 사단법인, 인증기관 등

다. 아이쿱생협 2018년 연차 보고서에서 세이프넷 개념과 소속 조직이 공개된 이후 새로운 기업이나 조직들이 추가되고 있지만, 모집공고나 가입 조건 같은 것은 발견되지 않고 있다. 세이프넷의 취지나 비전에 공감하면 모두 세이프넷 구성원이 될 수 있는 걸까? 그렇지는 않아 보인다.

 세이프넷에 속하지 않는 기업을 통해 세이프넷의 경계를 생각해 볼 수 있다. 아이쿱생협 자연드림에 오랫동안 떡을 공급하고 있는 기업으로 (주)청복이 있다. 청복은 아이쿱생협 활동가나 직원에게 익숙한 기업이다. 청복의 대표이사는 "아이쿱자연드림 생산자로 25년, 아이쿱생협 직원으로 8년"이란 경력을 가지고 있고, 세이프넷 여러 사업체의 대표이사, 사내이사, 감사로 있기 때문이다. 하지만 세이프넷 개념이 사용된 후 연차 보고서에서 청복이 세이프넷의 구성원으로 소개된 적은 없다. 아이쿱생협의 2013년과 2014년 연차 보고서에 '관계(출자) 계열'로 소개됐었지만, 이후 아이쿱생협 또는 세이프넷에 포함되어 있지 않다. 아이쿱생협 조직이 청복에 출자했다가 지분 변동 등으로 관계 변화가 생겼을 가능성도 있다. 하지만 세이프넷의 파머스그룹에 속해 있는 (주)쿱농산이 최소 2011년부터 청복의 지분 약 25%를 계속해서 가지고 있었다. 또한 청복은 아이쿱생협연합회 전직 임원 등이 사내이사를 역임했을 만큼 아이쿱생협과 인적 고리도 있다. 충분히 세이프넷에 포함될 만한 기업으로 보이지만 세이프넷에서 빠져있다.

 반대로 세이프넷 내에 있는 기업을 통해서도 세이프넷의 경계에 대해 생각해 볼 수 있다. (주)남도수산은 아이쿱생협에 수산물을 공급하는 회사로서, 2014년 3월에 (주)쿱수산으로 설립되어 2016년 11월에 현재의 상호로 변경했다. 2014년 말 기준 남도수산의 지분 90% 이상을 아이쿱생협사업연합회가 가지고 있었고 나머지는 지역

생협 3곳이 소유했다. 설립 초기 "아이쿱생협 수산물 전문회사"로 소개될 만한 지분 구조였고, 이사회 역시 아이쿱생협 관계자로 구성되었다. 남도수산은 지분 구조에 큰 변화를 보이는데, 2021년 12월 기준 아이쿱생협 기업이 차지하는 지분은 약 28%에 불과하다. 이에 반해 남도수산의 대표이사 및 직원들의 지분은 50%를 넘어서고 있다. 남도수산은 대표이사가 회사에 대한 지배권과 경영권을 가질 수 있는 지분 구조를 나타내고 있지만, 세이프넷에 속해 있다. 특정 기업에 대한 세이프넷 조직의 지분율만으로 세이프넷 네트워크에 포함 여부가 결정되는 것은 아닌 것으로 짐작된다.

세이프넷의 범주에 대한 접근은 라이프인 사회적협동조합(이하 라이프인)을 통해서 할 수도 있다. 라이프인은 "사회적경제 분야 전문 온라인 언론사"로 2017년 3월에 주식회사로 출발하여 2018년 8월 사회적협동조합으로 변경되었다. 여기까지 라이프인은 아이쿱생협과 아무 관계가 없어 보인다. 물론 세이프넷 소속도 아니다. 그러나 대부분의 라이프인 임원은 아이쿱생협과 관계에 있었던 이들로 구성되었다. 사회적협동조합으로 전환 후 이사장은 모두 아이쿱생협 관계자였고, 이사 및 감사 역시 대부분 아이쿱생협 관계자들이다.

라이프인의 운영 재원에서도 세이프넷과의 연관성을 찾을 수 있다. 라이프인은 거의 후원금으로 운영되는 조직인데, 2018년부터 2021년까지 사회적협동조합 상태에서 전체 매출액의 0.94%만이 광고 수입과 출판 수입이었고, 나머지는 후원금이었다.[37] 라이프인은 2018년 4개월간 약 5,200만 원, 2019년 약 2억 5,200만 원, 2020년 약 2억 4,700만 원, 2021년 약 1억 8,900만 원을 후원금으로 받았다.

---

37 라이프인의 후원금액은 사회적협동조합 사업결산 보고서를 기준으로 하였다.

인지도가 높지 않은 인터넷 언론사가 설립된 지 얼마 되지 않아 상당한 금액의 후원 수입을 확보한 걸 보면, 단체 및 기업 후원일 가능성이 높다. 아이쿱 일부 지역생협이 라이프인에 후원하는 상황을 고려하면 라이프인의 후원금 상당 부분은 세이프넷 조직들에서 나왔을 가능성이 있다. 아이쿱생협 관계자가 주요 임원을 맡는 상황에서 만약 아이쿱 지역생협을 비롯한 세이프넷 조직의 후원이 라이프인 수입액의 대부분을 차지한다면, 라이프인은 세이프넷에 포함시켜야 될까 아니면 세이프넷과 아무 관계가 없는 조직으로 봐야 할까.

지금까지 살펴본 바로 내릴 수 있는 결론은 세이프넷의 경계, 즉 세이프넷 안과 밖을 구분 짓는 경계와 세이프넷의 각 부문의 경계가 불분명하다는 것이다. 세이프넷 가입을 위한 자격 및 조건은 드러나지 않지만, 세이프넷 소속 기업은 꾸준히 늘어나고 있다. 그렇다면 세이프넷은 일정 범위 내에 있는 기존 조직 또는 기존 조직에 기반해서 만들어진 조직들의 편제로 평가할 수 있다.

'아이쿱소비자생활협동조합'에 대한 사례연구를 보면, "아이쿱생협"을 세이프넷 내 4개 부문은 물론 세이프넷 전체를 포괄하는 방식으로 정의되기도 한다(장종익 2019).[38] 이러한 방식으로 아이쿱생협을 정의한 이유에 대해 밝히고 있지 않지만, 조직의 "뿌리"와 "조직전략"에 대한 분석을 통해 내린 결론으로 보인다. 즉 조직의 역사를 추적하면 1998년 '21세기 생협 연대'에서 출발하게 되고, 조직의 운

---

38 장종익(2019)의 아이쿱생협에 대한 정의는 다음과 같다. "아이쿱생협은 2018년 말 기준 전국 99개 지역 생협, 조합들이 공동 출자한 아이쿱생협연합회 및 관련 10개 자회사가 있으며, 10개 비사업지원조직, 파머스쿱 및 관련 9개 자회사, 파머스쿱의 1차 농축산물을 가공하여 친환경유기식품을 제조하는 가공생산들 중심으로 24개 식품 중소기업 등이 입주한 구례 및 괴산 식품클러스터, 그리고 이를 연계하고 있는 세이프넷(SAPENet)을 포괄하는 그룹이라고 할 수 있다"

영 방식을 검토하면 "사업 규모가 확장됨에 따라 위계적 구조를 지닌 단일 조직의 확대 전략을 채택하는 대신에 자회사를 설립하고 이러한 자회사들의 네트워크 방식으로 의사결정 구조를 형성하는 조직 전략"을 발견했기 때문일 것이다.

아이쿱생협연합회는 '아이쿱생협'을 지역 생협, 연합회, 그리고 그들의 자회사로 규정하고 있지만, 사회적으로 '아이쿱생협'은 더욱 폭넓게 인식된다. 아이쿱생협이 그동안 보였던 자기규정, 아이쿱생협과 관련하여 작성된 언론 기사, 연구 등의 기록에 비춰보면, '아이쿱생협'이란 단어를 아이쿱생협연합회의 기준으로 사용하는 것은 매우 어색하다.

2

아이쿱생협의 조직과 사업

아이쿱생협연합회는 세이프넷을 하나의 네트워크 생태계로 표현한다. 세이프넷 내 여러 조직은 독립적이고, 평등한 관계 속에서 지속가능한 사회와 사람중심경제를 위해 협력한다는 게 아이쿱생협연합회의 설명이다. 세이프넷을 어떻게 정의하든 세이프넷은 어떠한 울타리를 갖게 된다. 그리고 울타리와 관련된 여러 결정을 하게 된다. 어느 조직까지 세이프넷에 포함시킬지, 세이프넷에 속해 있는 조직들을 재분류할 것인지, 세이프넷 내 조직들을 서로 연결하는 동인은 무엇으로 할 것인지와 같은 쟁점이 끊임없이 발생하기 때문이다. 특히 점간이동 정책과 같이 여러 법인 간의 이해관계가 다를 경우 이를 조율하거나 결정하는 단위가 필요하다. 이러한 쟁점은 세이프넷 사업체 소속 노동자들이 아이쿱생협연합회의 영향력이 크다고 생각한 이유와 관련된 문제이기도 하다.

세이프넷 사업체 소속 노동자들이 일터에서 아이쿱생협연합회의 영향력을 느낄 만한 상황들은 곳곳에서 발견된다. 먼저 세이프넷 소속 사업체에 대한 아이쿱생협연합회의 개입 정황이다. 아이쿱생협연합회 감사팀은 사고에 대한 조사, 업무매뉴얼 제작, 재고에 대한 관리 감독을 주요 업무로 하는데, 세이프넷 사업체를 대상으로 하고 있었다. 2016년의 감사 대상을 보면 자회사, 자공방, 상조회, 인증센터 등을 감사 대상에 포함하고 있다. 특히 재고관리에 있어 실사를 진행했거나 '미비 사항 개선 시킴'과 같은 지시 감독의 정황이 드러난다. 또한 2017년 4월 아이쿱생협연합회 감사팀은 "아이쿱 소유 건물"을 관리 점검하는데[39] 구례자연드림파크의 비어락하우스, 레스토랑 등 입주업체 시설을 대상으로 했다. 아이쿱생협연합회와 여러 '협력업체'의 관계가 상호 독립적이라고 주장한 내용과 상반된 모습이다. 세이프넷 소속 노동자들은 자신이 속한 업체의 재고관리 담당자나 건물관리 실무자가 아이쿱생협연합회 감사팀에 점검 결과를 제출하는 모습을 보며 아이쿱생협연합회가 자신들의 회사를 통제할 수 있는 존재로 인식할 수 있다.

다음은 세이프넷 내 인적교류이다. 아이쿱생협연합회와 오가닉클러스터 두 조직 간의 임직원 겸직은 없었다. 그러나 아이쿱생협연합회와 오가닉클러스터의 관계를 넘어 세이프넷 전체 차원에서 확

---

39 아이쿱생협연합회 감사팀이 업무 제목을 "아이쿱 소유 건물"로 뽑은 것도 주목해야 할 부분이다. 세이프넷 특정 업체 건물에 대해 "아이쿱 소유"라고 지칭한 이유가 밝혀진다면 이 역시 아이쿱생협연합회와 세이프넷 사업체 간의 관계를 파악하는 데 도움이 될 것이다.

장해서 보면 새로운 모습이 발견된다. 오가닉클러스터 전현직 대표이사들은 세이프넷의 여러 업체에서 겸직하고 있다. 또한 아이쿱생협연합회 경영진이 세이프넷 소속 조직의 임원을 맡기도 했다. 이러한 현상을 보면서 세이프넷 소속 업체의 노동자들은 강력한 권한을 가진 집단이나 조직을 떠올리게 되고, 그중 하나로 아이쿱생협연합회를 상정했을 수 있다.

마지막으로 세이프넷 사업체 경영진 선임에 관한 문제이다. 아이쿱생협연합회의 주장처럼 세이프넷 내 조직들이 독립적으로 운영된다면 한 기업의 인사는 내부 의사결정 구조에서 결정되어야 한다. 그러나 아이쿱생협의 '경영협의회'의 결정 사항을 보면, 세이프넷 소속 개별기업의 임원선임이 외부의 영향을 받는 것처럼 보인다. 2017년 4월 4주 차 경영협의회 회의록을 보면, 논의 안건으로 쿱로지스틱스 상무이사와 홍보마케팅 부서장에 대한 인사 발령이 안건으로 제출되고, '논의 및 결정'에서 "안대로 발령함"으로 적고 있다. 경영협의회 회의록을 본 노동자라면 세이프넷 사업체의 임원을 선임하는 단위가 별도로 있다는 생각을 충분히 가질 수 있다.

경영협의회

아이쿱생협의 경영협의회는 세이프넷 조직 간의 관계를 드러내는 회의체 중 하나이다. 아이쿱생협은 "소비자 생협과 생산자단체의 새로운 사업 영역과 경영전략 및 정보를 공유, 협의함으로써 원활한 경영활동을 위해서" 2009년 7월「경영협의회 설치를 위한 협약」을 제정하였다. 경영협의회의 설치 배경은 "정책 개발과 집행 조정 및 업무 점검을 통일적으로 수행하는 것"으로 보인다.

경영협의회 협약의 전제는 조직의 독립성이다. 협약에는 이미 사업체들이 독립적으로 운영되고 있고, 이후에도 독립적 운영을 보장하는 내용이 담겨있다. 즉 "중요한 협력 사항은 해당 단체의 이사회의 의결을 거쳐 집행한다"라고 명시함으로써 개별 법인의 독립성을 명확히 하고 있다. 어찌 보면 당연한 절차이다. 경영전략 및 정보를 공유하고 협의하는 경영협의회가 개별 법인의 사항을 결정할 권한을 가질 수 없기 때문이다. 그리고 "중요한 협력 사항"이든 아니든 개별 법인의 이사회는 정관 및 법률이 정하는 바대로 의결 사항을 처리하면 된다. 그렇다면 논란이 될 수 있는 상황은 개별 법인의 이사회 의결 사항이 경영협의회에서 먼저 결정되고 이를 따라야 하는 경우일 것이다. 이러한 논란이 될 만한 상황이 실제 일어났는지 알 수 없다. 다만 아이쿱생협 경영협의회의 역할이 조직 간의 정보공유 및 업무조정에 국한되지 않는 것으로 보인다.

아이쿱생협 경영협의회는 아이쿱 조직들의 경영에 관한 중요한 사항을 결정한 것으로 보인다. 임직원 선임에 관한 결정뿐만 아니라 직원 직급조정 심의, '자공장 경영'에 대한 감사 결정이 있었고, 개별 법인의 예산 변경안을 검토하기도 했다. 경영협의회는 개별 법인의 세무조사 결과 또는 자본금 변동에 관한 사항을 보고 받은 후 '총무부'에 후속 조치할 것을 결정했다. 이러한 아이쿱생협 경영협의회의 권한은 논란이 될 수밖에 없다. 예를 들어, 2017년 5월 8일 경영협의회의 검토 사항 중 한국노동연구원이 발간한 보고서에 대한 대처방안이 논의되었다. 보고서 내용에서 아이쿱생협을 '대유통자본'으로 표현한 것은 왜곡이자 폄하라는 의견이 경영협의회에 제출됐고, 경영협의회는 항의 및 내용수정 요청을 담은 공문을 어떤 조직의 명의로 발송할 것인지를 결정했다. 아이쿱생협 경영협의회가 세이프넷 내 특정 조직에 공문을 보내도록 지시할 수 있는 권한이 있을 정도라면 경영전략이나 정보를 공유하는 회의체로만 보기 어렵다.

만약 아이쿱생협연합회의 주장과 달리 아이쿱생협 내 조직들이 상당히 긴밀히 연결된 '기업집단'으로서 성격을 갖는다면, 전체를 관리하고 통제하는 단위가 필요할 것이다. 일반 대기업집단에서 기획조정실, 전략기획실과 같은 조직이 그룹의 방향성뿐만 아니라 그룹 내 조직 간 상충하는 이익을 조정하는 역할을 하는 것으로 인식된다. 이처럼 막강한 권한을 가지는 컨트롤 타워가 아이쿱생협 내에 존재하는지는 알 수 없다. 다만 2017년 4월 경영협의회가 "1, 2 섹터와 3 섹터의 회계 세무 컨트롤 타워를 별도로 세워 해당 단위의 하중을 줄이기로" 결정하는 모습을 통해 컨트롤 타워의 존재를 의심해 볼 수 있다.

점간이동 정책의 또 다른 의미

앞에서 살펴본 점간이동 정책은 오가닉클러스터에서 노사분쟁을 일으킨 원인이지만 시야를 돌려보면 아이쿱생협 내 조직 간의 연계성을 보여주는 상징적 정책이기도 하다. 구례자연드림파크에서 일했던 노동자들은 점간이동 정책을 세이프넷 소속 사업체들을 하나의 조직으로 생각하게 만들었던 사업으로 기억한다. 점간이동 정책은 자연드림 매장을 운영하는 회사, 즉 쿱스토어 및 권역별 쿱스토어[40]가 단독으로 추진할 수 없고 물류, 식당, 생산공장 등과 연결된 사업이다. 상호 이득만 있는 게 아니라 주체별로 서로 다른 이해관계가

---

40 '아이쿱생협그룹'에 포함된 기업 중 '주식회사 농업법인 쿱스토어'와 12개의 권역별 '주식회사 쿱스토어'(예시, 주식회사 쿱스토어경남)가 있다.

형성될 수 있는 사업이다. 실제 점간이동 정책 초기 "신설매장 활성화를 위한 점간 이동 관련 유관부서 회의"에서 남은 상품과 하자가 있는 상품으로 발생하는 손실은 누가 부담할 것인가가 논의되기도 했다. 2017년 3월 실무자 회의에서 물류 쪽 담당자는 식당으로 출고되는 물품 중 품질에 하자가 있는 경우에 대해 "현재까지 발생한 폐기는 정확하게 지역별 구분이 어려우니, 균등하게 분담할 것을 요청"했다. 또한 반품 리스트 없이 식당출고용으로 반품되는 물품에 대해 "책임은 보내는 매장에서 져야 하는 게 맞다"라는 의견이 제시되기도 했다.

점간이동 정책은 '그룹 전체' 차원에서 시작된 것으로 볼 수 있다. 주체별로 손해와 이익이 발생하지만, "그룹 전체적으로 얻는 효용을 감안하여" 손실 비용이 처리되도록 방향을 잡는 모습을 보이기 때문이다. 앞서 살펴봤듯이 점간이동 정책 과정에서 여러 문제와 변수가 발생하자 경영협의회에서 정책 미션을 새로 정립하고 극복하고자 했다. 점간이동 정책의 문제를 해결하기 위한 실무자 회의는 "유관부서" 회의라는 이름으로 여러 차례 진행되었다. 서로 다른 업체가 협상하기 위해 모인 자리라고 하기보다 하나의 조직이 사업을 성공시키기 위한 전략회의와 같은 인상을 준다. "유관부서 회의"라는 명칭도 세이프넷 조직 간의 관계를 반영하는 흔적일 수 있다. 서로 다른 기업의 담당자들이 만나서 회의의 명칭을 "유관부서 회의"로 지칭할 이유가 없어 보인다.

점간이동 정책에 대한 오가닉클러스터 관계자의 발언도 흥미롭다. 2018년 6월 남원아이쿱생협은 구례자연드림파크 분쟁에 대해 회사 측의 설명을 듣는 자리를 마련했다. 질의응답 과정에서 오가닉클러스터 관계자는 점간이동 정책은 서로 다른 법인이 협의한 사업이라면서 정책적 결정은 사업연합회에서 진행한 것이라는 취지의 답변을 내놓았다. 점간이동 정책은 사람들이 아이쿱생협 관련 일부 기업을 하나의 조직으로 인식하게 할 만큼의 협력, 조정, 권한이 작동했던 사업으로 평가된다.

3

기업집단의 가능성

아이쿱생협연합회가 노동조합 및 노동자를 상대로 낸 비방금지가처분 소송과 명예훼손 민사소송에서 법원은 '아이쿱생협연합회가 오가닉클러스터 근로자들의 실질적인 사용자라고 보기 어렵다'라고 판결했다. 소송에서 쟁점은 아이쿱생협연합회가 오가닉클러스터를 실질적으로 지배하는가였다.

    아이쿱생협연합회와 관련 기업의 관계를 규명하는 것은 어렵다.[41] 해당 사업체들의 자료제공이나 제3자의 제보가 아니면 관계를 파악하기 위한 자료 확보는 사실상 불가능하다. 정보공개 의무가 없는 기업의 경우 내부 상황은 더욱 파악하기 어렵다. 이런 가운데 아이쿱생협연합회 감사팀의 내부감사 및 자산조사, 경영협의회의 인사 발령과 같은 회의 결과, 점간이동 정책 과정에서의 조정 등을 비춰볼 때, 세이프넷 내 조직들이 상호 독립적이다라는 주장에 의문을

---

41   이전 재판과 달리 명예훼손 형사소송에서 전주지법 남원지원은 "아이쿱생협연합회와 구례자연드림파크 입주업체의 관계가 무관하다고 보기 어렵다"고 판결했다.

제기할 여지는 크다. 그렇다면 아이쿱생협연합회와 오가닉클러스터의 관계는 세이프넷 소속 조직들의 관계 속에서 드러날 수도 있다.

첫 번째 연결고리: 주식양도 제한 조항

아이쿱생협연합회가 2021년 연차 보고서에서 밝힌 세이프넷 내 조직 83개 중 67개가 주식회사이다.[42] 세이프넷 소속 주식회사의 가장 큰 특징은 법인 등기부등본에 '주식양도 제한 조항'을 두고 있다는 점이다. 2022년 9월 기준으로 세이프넷 소속 주식회사 중 (주)건강한 한우를 제외한 66개 주식회사가 "주식은 이사회의 승인을 받아, 양도하여야 한다"라는 조항을 두고 있다. 이러한 주식양도 제한 조항은 통상적으로 경영권 방어, 인적 폐쇄성 유지 등을 목적으로 하는데, 주식양도 제한 조항이 어떻게 작용할 수 있는지는 실제 기업에 적용해 보면 알 수 있다.

세이프넷의 협동기업협의회 부문에 속해 있는 (주)우당탕은 곰탕, 갈비탕 등을 생산하는 기업이다. 아이쿱생협 조합원에게 많이 알려진 '우향우 사건[43]을 계기로 만들어진 회사로서 2017년 7월 28일에 설립되어 2018년 4월경부터 괴산자연드림파크에서 생산을 시작했다. 우당탕은 아이쿱생협 차원에서 설립이 추진된 사업체로서,[44]

---

42 아이쿱생협 2021년도 연차 보고서에서 세이프넷 조직은 조직목록을 기준으로 85개, 현황표를 기준으로 하면 83개이다. 세이프넷 조직 83개는 조직목록에 있는 영통한의원과 신통한의원을 제외한 수치이다. 83개 조직을 기준으로 조직 형태를 구분하면 소비자생활협동조합연합회 1개(100개 지역 생협), 일반협동조합 및 사회적협동조합 8개, 재단법인 2개, 사단법인 3개, 주식회사 67개, 기타 2개이다.

설립 당시 대표이사, 사내이사 2명, 감사 1명으로 구성되었다. 대표이사는 자신의 지분을 대표하는 자로 생각할 수 있고,[45] 사내이사 2명은 다른 주주를 대리하는 자로 짐작해 볼 수 있다.

'주식양도 제한 조항'은 단순히 지분 처분에 관한 내용에 그치지 않고 이사 선임과 같은 기업 운영과 연관된다. 예를 들어, 만약 우당탕의 지분이 대표이사 49%, 아이쿱생협연합회 40%, 쿱축산(주) 11%로 구성되어 있다면, 어느 한 주체가 이사 선임을 밀어붙이기 어려운 구조이다. 우당탕의 대표이사는 최대 주주이지만 전체 지분의 50%를 넘지 않기 때문에 주주총회에서 과반 이상의 의결권을 확보할 수 없고, 이사회에서 다른 주주들이 연합할 경우 최대 주주는 자신의 의사를 관철시킬 수 없다. 달리 말하면 의사결정 구조상 다른 이사들의 동의가 없다면, 대표이사는 자신이 경영에 필요하다고 생각하는 이사를 추가할 수도 없고 정관을 변경할 수도 없다. 대표이사는 우당탕의 최대 지분 보유자이지만, 총회 및 이사회에서의 권한은 '세이프넷 조직'이 갖는 구조이다. 이와 같은 권한 구조가 유지될 수 있는 배경을 주식양도 제한 조항에서 찾을 수 있다. 보통의 경우 주주가 자신의 지분 일부를 제삼자에게 양도하고, 새로운 주주가 이사회 참여를 원하는 경우 이사회 구성이 달라질 수 있다. 하지만 주식

---

43 2016년 11월경 아이쿱생협 자연드림매장에 무항생제 곰탕을 공급하던 업체가 일반 한우 소뼈를 사용해 만든 제품을 무항생제로 허위 표기한 사건이다.

44 아이쿱 자연드림 공식블로그 기사에 따르면, 2016년 '우향우 사건'이 생기면서 "2017년 2월 탕류를 직접 제조, 생산하기 위한 TF팀이 구성되고 첫 회의를 열면서 축산물 2차 가공 전문업체 '(주)우당탕'"이 설립되었다.

45 아이쿱 자연드림 공식 블로그 기사에 따르면, 우당탕 대표이사는 설립 당시 '8억 원을 출자'했을 뿐만 아니라 "일종의 사명감을 갖고 (주)우당탕을 시작"한 것으로 전해진다. 하지만 대표이사는 우당탕을 설립하고 거의 5년이 되는 2022년 7월 13일자로 대표이사직을 사임하였고, 등기부등본상 임원으로 등재되어 있지 않다.

양도 제한 규정으로 인해 다른 이사들의 동의 없이 제삼자에게 주식을 양도할 수 없기 때문에 기존 구조가 변경될 가능성은 크지 않다.

우당탕은 세이프넷의 다른 사업체들에 둘러싸여 있는 모습이다. 우당탕은 기본적으로 제품의 생산과 판매 과정에서 세이프넷 다른 사업체들과 영업 관계를 갖게 된다. 그런데 우당탕의 자금거래를 볼 때 영업 관계 이상의 연결이 있는 것으로 보인다. 우당탕은 2017년 설립한 해부터 2021년 사이 거의 매년 세이프넷 소속 업체들과 자금거래를 하고 있다. 세이프넷 소속 업체들로부터 자금을 빌리기도 하고, 반대로 자금을 빌려주기도 한다. 한 해에 자금을 빌렸다가 다시 갚는 형태가 빈번하게 나타나기도 한다.

자금거래의 특이한 모습은 우당탕의 연혁과 함께 보면 더욱 선명해진다. 2017년 7월에 설립 등기를 마친 우당탕은 설립 당해 연도에 5억 6천만 원을 (주)애간장에 빌려줬다가 받았다. 여전히 회사설립 초기였던 2019년에 우당탕은 쿱농산이 농협으로부터 빌린 차입금 60억 원에 대해 담보를 제공하기도 했다.[46] 자본금 15억 원 규모의 회사가 설립 당해 연도에 5억 6천만 원을 대여해 주고, 설립한 지 3년이 되지 않아 다른 회사 차입금 60억 원에 대해 담보를 제공해 주는 상황이다.

우당탕이 자금거래를 했던 기업과 채무보증을 제공했던 기업은 특수관계자로 분류되는 '관계회사'들이다.[47] 우당탕은 세이프넷 사업체들과 영업, 자금거래, 인적교류를 통해 긴밀한 관계가 유지되

---

[46] 2019년 감사 보고서상 쿱농산은 우당탕에서 60억 원 차입금 담보를 제공받은 것으로 기재되어 있는데, 우당탕, 에코푸드, 아이쿱생협연합회 3곳이 공동으로 담보를 제공한 것을 보인다. 2020년 감사보고서(2021.04.06)에서 쿱농산은 우당탕, 에코푸드, 아이쿱생협연합회, (주)순수유 4곳으로부터 공동 담보를 제공받은 것으로 기재되어 있다.

[그림 2] 우당탕의 관계회사와 자금거래 및 채무보증

(단위: 천원)

[우당탕이 자금을 차입한 업체]

쿱푸드시스템(주)

	증가	감소
2018	100,000	100,000

(주)건강한한우

	증가	감소
2019	-	510,000

(주)오가닉클러스터

	증가	감소
2019	290,000	290,000

쿱축산(주)

	증가	감소
2019	370,000	370,000

(주)자연라이프

	증가	감소
2019	490,000	490,000

[우당탕이 자금을 빌려준 업체]

쿱푸드시스템(주)

	증가	감소
2021	140,000	-

(주)건강한한우

	증가	감소
2021	979,000	960,000

(주)애간장

	증가	감소
2017	560,000	560,000

(주)우당탕

(주)쿱농산

2019년 (주)쿱농산의 농협으로부터 차입금 60억원에 대해 (주)우당탕이 차입금남보세웅(ㅂ농)

자료 : 각 회사 감사보고서

는 것으로 보이고, 이를 지탱하는 토대는 주식양도 제한 조항으로 평가된다.

두 번째 연결고리: 지분 관계

비방금지가처분 소송과 명예훼손 민사소송에서 법원은 아이쿱생협연합회가 오가닉클러스터를 실질적으로 지배하고 있지 않다고 판단했다. 그 이유 중 하나로 아이쿱생협연합회가 오가닉클러스터 주식을 모두 매각하였다는 점을 들었다. 주식을 매개로 아이쿱생협연합회와 오가닉클러스터의 관계를 다룬 것으로 보인다. 그렇다면 세이프넷 소속 기업들의 지분 관계 혹은 아이쿱생협연합회와 다른 세이프넷 소속 기업들의 지분 관계는 어떠할까? 아이쿱생협연합회와 오가닉클러스터 사이의 관계는 다양한 형태로 연결될 수 있기 때문에 세이프넷 사업체들의 지분 관계로 넓혀서 살펴볼 필요가 있다.

오가닉클러스터는 2014년부터 2019년 사이 두 번의 큰 지분 변동을 보인다. 첫 번째는 아이쿱생협연합회가 오가닉클러스터의 지분 98%를 매각한 2016년이다. 두 번째는 우리농업지킴이상조회가 오가닉클러스터의 지분 35.6%를 매각한 2019년이다. 지분 변동이 컸던

---

47 각 기업의 감사보고서는 우당탕을 '관계회사'로 지칭하고 있다. 외부감사법상 관계회사는 "해당 회사의 주식 또는 지분을 일정 비율 이상 소유하고 있는 등 대통령령으로 정하는 관계에 있는 회사"를 의미한다. 그리고 그 대상은 1. 제3조 제1항에 따른 지배·종속의 관계에 있는 종속회사, 2. 회계 처리 기준에 따른 관계기업(종속회사는 아니지만 투자자가 일정한 영향력을 보유하는 기업), 3. 회계 처리 기준에 따른 공동기업(둘 이상의 투자자가 공동으로 지배하는 기업), 4. 그 밖에 해당 회사와 이해관계가 있는 것으로 금융위원회가 정하는 회사로 규정하고 있다.

시기 오가닉클러스터에는 새로운 주주가 생겨났다. 첫 번째 시기는 아이쿱생협연합회 대신 우리농업지킴이상조회, 쿱축산 등이 새로운 주주가 되었고, 두 번째 시기는 우리농업지킴이상조회 대신 남도수산, (주)쿱도우, 김태경우리밀베이커리(주) 등이 주주로 참여했다.

　2019년 기준 오가닉클러스터의 주주는 쿱축산, 남도수산, 쿱도우, 김태경우리밀베이커리와 같은 세이프넷 소속 조직들이다. 또한 '기타'로 표시된 42.7%의 지분 중 최소 절반 정도는 세이프넷 소속 조직이 차지한다. 정리해 보면, 2019년 기준 세이프넷 사업체 11개가 오가닉클러스터의 지분 78.5% 이상을 소유하고 있다.[48] 구체적으로 지분 참여는 쿱축산 27.1%, 남도수산 9.0%, 쿱도우 10.6%, 김태경우리밀베이커리 10.6%, 쿱푸드시스템(주) 8.6%, (주)쿱청과 5%, 쿱농산 5%, (주)쿱로지스틱스 2%, (주)쿱양곡 0.6%이다. 이들 기업은 아이쿱생협연합회 또는 사회적협동조합 파머스쿱[49]이 중심이 되어 설립된 사업체이다.

---

[48] 금융감독원 감사보고서를 통해서 확인된 최소한의 수치로서, 실제는 이보다 더 많은 것으로 짐작할 수 있다. 예를 들어, (주)올곧은과 (주)밀크쿱이 오가닉클러스터의 주주인 것은 확인되지만 지분율은 드러나지 않고 있기 때문이다.

[49] 사회적협동조합 파머스쿱은 (사)아이쿱생산자회에서 조직형태 및 명칭이 변경된 것이고, 현재는 사회적협동조합 탄소치유농업연구소로 명칭이 변경되었다.

〈표 5〉 오가닉클러스터 지분 변동

(단위: %)

구분	2014년	2015년	2016년	2017년	2018년	2019년
아이쿱생협사업연합회	98	98	-	-	-	-
우리농업지킴이상조회	-	-	40	39	35.6	-
쿱축산㈜	-	-	39	38	32.1	27.1
㈜남도수산	-	-	-	-	-	9
㈜쿱도우	-	-	-	-	-	10.6
김태경우리밀베이커리㈜	-	-	-	-	-	10.6
기타	2	2	21	23	32.3	42.7
합계	100	100	100	100	100	100

주 : 1. 우리농업지킴이상조회는 2017년과 2018년 감사보고서에서 협동지기상조회로 표기되어 있음.
    2. 2019년 감사보고서에서 '기타'의 지분은 40.9%로 기재되어 있으나 주식수와 금액을 이용하여 지분율을 계산하면 42.7%임.
자료 : 오가닉클러스터의 각 년도 감사보고서

    오가닉클러스터는 세이프넷 소속 조직들이 소유한 사업체로 불릴 만하다. 물론 아이쿱생협연합회가 오가닉클러스터를 지배한다는 근거는 될 수 없다. 다만 아이쿱생협연합회가 오가닉클러스터의 주식을 팔았기 때문에 관계가 없다고 보는 것은 표면적인 해석일 수 있다. 앞에서 살펴봤듯이 아이쿱생협연합회가 오가닉클러스터의 주식을 매각한 이후에도 아이쿱생협연합회 감사팀이 오가닉클러스터를 내부감사 및 자산조사 대상에 포함시켰던 점을 고려하면, 일정 시점까지 아이쿱생협연합회는 오가닉클러스터를 관리했을 것이란 추정도 가능하다. 아이쿱생협연합회와 오가닉클러스터의 관계가 주식 처분으로 끝난 것이 아니라 또 다른 고리로 연결될 가능성을 생각해 볼 수 있는 지점이다.

아이쿱생협연합회와 오가닉클러스터는 다른 세이프넷 조직을 매개로 이어질 수 있다. 아래의 지분 관계도는 금융감독원의 전자공시시스템DART에 공개된 감사보고서를 이용하여 살펴본 2019년 기준의 세이프넷 조직의 연결망이다. 아이쿱생협연합회는 쿱도우 또는 쿱로지스틱스를 거쳐 오가닉클러스터로 이어지고, 아이쿱생협연합회는 농업법인 (주)쿱스토어를 거쳐 쿱도우로 이어지고 다시 오가닉클러스터로 연결되기도 한다. 동시에 쿱양곡, 쿱청과, 쿱축산, 쿱농산, 김태경우리밀베이커리, 쿱도우 등 파머스쿱이 출자한 기업들이 오가닉클러스터의 주주이기도 하다. 오가닉클러스터는 아이쿱생협연합회와 파머스쿱을 중심으로 형성된 그물망에서 벗어나기 어려운 구조이다.

세이프넷 소속 일부 기업의 감사보고서만으로도 복잡한 지분 관계가 그려진다. 세이프넷 소속 사업체의 일부 사례를 보면, 세이프넷 소속 여러 기업이 출자하여 기업을 설립한다. 오가닉클러스터의 지분 변동에서 봤듯이 사업 과정에서 세이프넷 소속 조직 사이에서 주식이 거래되기도 한다. 신규 사업체가 설립될수록 세이프넷 조직들이 주주로 참여하면서 세이프넷 조직의 연결망은 더욱 강화될 것으로 예상된다. 세이프넷 전체 사업체의 주주현황 자료가 공개된다면 자본금의 출발 지점과 사업체 간의 연결 상태는 명확해질 것이다.

[그림 3] 오가닉클러스터를 중심으로 본 세이프넷 사업체 간 지분 관계(2019년 말)

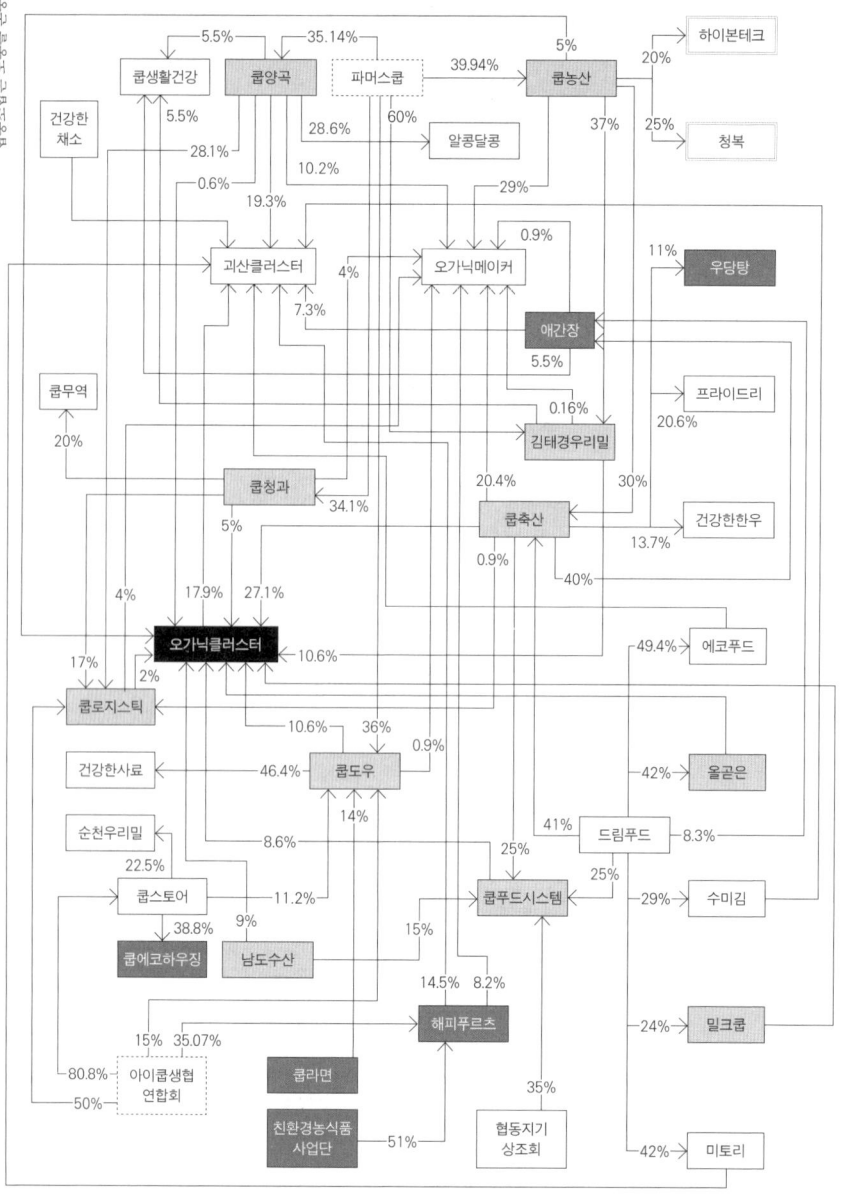

주 : 1. 청복, 하이본테크, 친환경농식품사업단은 출자관계에 있지만, 세이프넷 소속이 아님.
    2. 지분율이 확인되지 않은 경우는 기재하지 않고 관계만 표시함(ex. 밀크쿱이 오가닉클러스터에 출자한 경우).
    3. 오가닉클러스터의 주주인 기업 : ▢ / 오가닉클러스터 임원이 겸직하고 있는 기업 : ■
자료: 각 회사 감사보고서

세 번째 연결고리: 임원 겸직

특정한 두 기업이 직접적인 지분 관계가 없더라도 다른 방식으로 연결될 수 있다. 그래서 아이쿱생협연합회와 오가닉클러스터의 관계를 판단하는 데 임직원 겸직 여부는 중요하다. 아이쿱생협연합회와 오가닉클러스터 간의 직접적인 임원 겸직은 없었다. 하지만 세이프넷 소속 사업체 임원들의 겸직 상태를 보면 아이쿱생협연합회와 오가닉클러스터는 이어질 수 있다.

2019년 말 기준 오가닉클러스터의 등기임원은 대표이사, 사내이사 3명, 감사 1명이다. 오가닉클러스터 임원 5명 중 4명이 세이프넷 소속 다른 사업체의 임원을 겸직하고 있다. 2019년 말 기준 오가닉클러스터의 대표이사는 (주)쿱에코하우징의 사내이사였다. 쿱에코하우징은 세이프넷의 '아이쿱생협그룹'에 속해 있는 기업으로서, 아이쿱생협연합회와 쿱스토어가 쿱에코하우징의 주식 대부분을 가진 것으로 알려져 있다. (주)쿱스토어는 농업법인쿱스토어는 아이쿱생협연합회가 지분 80.8%를 갖는 연합회의 자회사이다. 이처럼 아이쿱생협연합회가 통제력을 가질 수 있는 기업에서 아이쿱생협연합회의 승인 없이 사내이사로 선임되는 것은 상상하기 어렵다. 그렇다면 오가닉클러스터 대표이사가 아이쿱생협연합회와의 연결고리가 될 수 있다.

오가닉클러스터와 아이쿱생협연합회를 이어줄 수 있는 또 다른 임원도 있다. 아이쿱생협연합회가 출자한 기업이나 자회사에서 임원을 맡았던 박철형(가명)이다. 아이쿱생협연합회는 자회사인 쿱로지스틱스, 아이쿱친환경급식(주), 자연드림키즈푸드(주)에 이사나 감사 선임에 영향력을 가질 것으로 예상할 수 있다. 또한 아이쿱생협연합회는 자신들이 출자한 해피푸르츠나 쿱도우의 이사회 구성에도 영향력을 행사할 수 있다. 아이쿱생협연합회에서 이사를 역임했던 박철형은 한 시점에 해피푸르츠, (주)미토리, (주)건강한 채소, 애간장에서 사내이사였고, 쿱도우와 (주)지구야고마워에서 대표이사였고, 남도수산과 아이쿱친환경급식의 감사였다. 박철형이 임원으로 있는 기업 중 일부는 오가닉클러스터의 주주이기 때문에, 아이쿱생협연합회는 박철형을 매개로 오가닉클러스터와 이어질 수 있다.

임원 겸직에서 가장 눈에 띄는 인물은 박희원(가명)이다. 2019년 말 기준 박희원은 세이프넷 소속 사업체 11개에서 대표이사 및 사내이사를 맡고 있다. 박희원 대표이사는 오가닉클러스터의 지분을 가진 6개 기업에서 임원이었기 때문에 오가닉클러스터에 영향력을 행사할 수 있는 위치로 볼 수 있다. 그런데 박희원 대표이사 개인의 이력을 보면 아이쿱생협연합회와 긴밀했던 점을 확인할 수 있다. 2019년 9월 2일 박희원 대표이사는 한 인터뷰에서 2000년 5월 아이쿱생협에 입사한 후 상담팀장, 협력업체 관리 등을 담당해 왔고, 구례자연드림파크 공방에서 근무하다가 조직에서 대표를 제안받아 대표이사를 맡았던 것으로 자신을 소개했다. 그런데 세이프넷 소속 조직 중 하나였던 세이프넷지원센터는 박희원 대표이사를 "아이쿱생협에서 19년 넘게 직원으로 함께하고" 있다고 설명했다. 만약 세이프넷지원센터의 표현처럼 박희원 대표이사가 '아이쿱생협의 직원'이라면, 아이쿱생협연합회가 직원을 통해서 오가닉클러스터에 영향력을 행사할 수 있는 구조가 만들어지게 된다. 박희원이 대표이사로 있는 회사의 자금 운용에서도 아이쿱생협연합회와의 관계가 확인되는데, 아이쿱생협연합회는 해당 기업이 자금을 차입할 때 담보를 제공하기도 했다.

정리하면, 오가닉클러스와 아이쿱생협연합회 간의 임원 겸직은 없지만 두 조직을 연결할 수 있는 임원들은 있었다. 오가닉클러스터 대표이사는 아이쿱생협연합회의 이사를 9년 동안 역임하기도 했고, 아이쿱생협연합회가 출자한 기업의 임원을 맡기도 했다. 박희원 대표이사는 오가닉클러스터에 출자한 주주 기업에서 임원을 맡고 있는 가운데 아이쿱생협연합회와의 관계도 깊어 보인다. 박철형 대표이사 역시 오가닉클러스터와 아이쿱생협연합회를 잇는 매개로 볼 만하다.

네 번째 연결고리: 채무보증

공정거래법에서 기업집단을 규정할 때 실질적인 지배적 영향력을 확인한다. 그중 기업 간 거래 및 채무보증은 두 조직의 관계를 규정하는 하나의 기준으로 이용된다. 지급 보증 또는 담보 제공은 기업 경영에 큰 위험 요소로 작용할 수 있으므로 경영진이 손쉽게 결정할 수 있는 사안은 아니다. 이러한 점을 고려하여 우당탕 및 우당탕에 출자한 사업체의 채무보증을 살펴보면 세이프넷 소속 기업의 관계가 드러난다.

세이프넷 사업체 간 담보 제공에서 두 가지 특이한 모습을 보인다. 첫째는 사업적 연관성이 없어 보이는 기업 간의 담보 제공이다. 쿱청과는 (주)수미김과 (주)밀크쿱으로부터 각각 70억 8천만 원과 36억 원의 담보를 제공받고 있다. 김을 생산하는 수미김과 우유를 생산하는 밀크쿱은 쿱청과와 영업 관계가 형성되기 어려운 업종이다. 감사보고서 상 매입 매출 명세에서 쿱청과가 수미김이나 밀크쿱과 거래한 내용은 확인되지 않고 있다.

둘째는 공동담보 제공에서 공통으로 아이쿱생협연합회가 포함된 것이다. 수미김, 오가닉메이커협동조합, 아이쿱생협연합회가 공동으로 쿱청과의 차입금 70억 8천만 원에 담보를 제공했다. 또한 밀크쿱과 아이쿱생협연합회는 쿱청과의 차입금 36억 원에 대해 공동담보를 제공하였다. 이와 함께 아이쿱생협연합회는 우당탕 및 에코푸드와 공동으로 쿱농산에 60억 원의 담보를 제공하였다. 우당탕이 사업적 연관성이 없어 보이는 쿱농산에 제공했던 담보는 아이쿱생협연합회가 연계됐을 가능성이 있다.

기업 간의 지급 보증 및 담보 제공은 사업체들의 긴밀한 관계를 상징한다. 김태경우리밀베이커리는 아이쿱생협연합회와 지분 관계가 없지만, 2019년 아이쿱생협연합회로부터 담보를 제공받았다. 이 외에도 아이쿱생협그룹 내 기업이 협동기업협의회 부문의 기업에 담보를 제공하거나 협동기업협의회 부문의 기업이 파머스그룹 또는 아이쿱생협그룹의 기업에 담보를 제공하기도 한다. 세이프넷 내 주식회사들은 주식양도 제한 조항으로 인적 폐쇄성을 갖는 가운데 출자와 임원 겸직을 통해서 이미 상당 부분 연결되어 있다. 이러한 관계 속에서 채무보증이 추진됐을 가능성이 높고, 채무보증은 사업체 간의 관계를 강화하는 효과로 이어질 수 있다.

[그림 4] 우당탕을 중심으로 한 사업체 간 지급 보증 및 담보 제공(2019년 말)

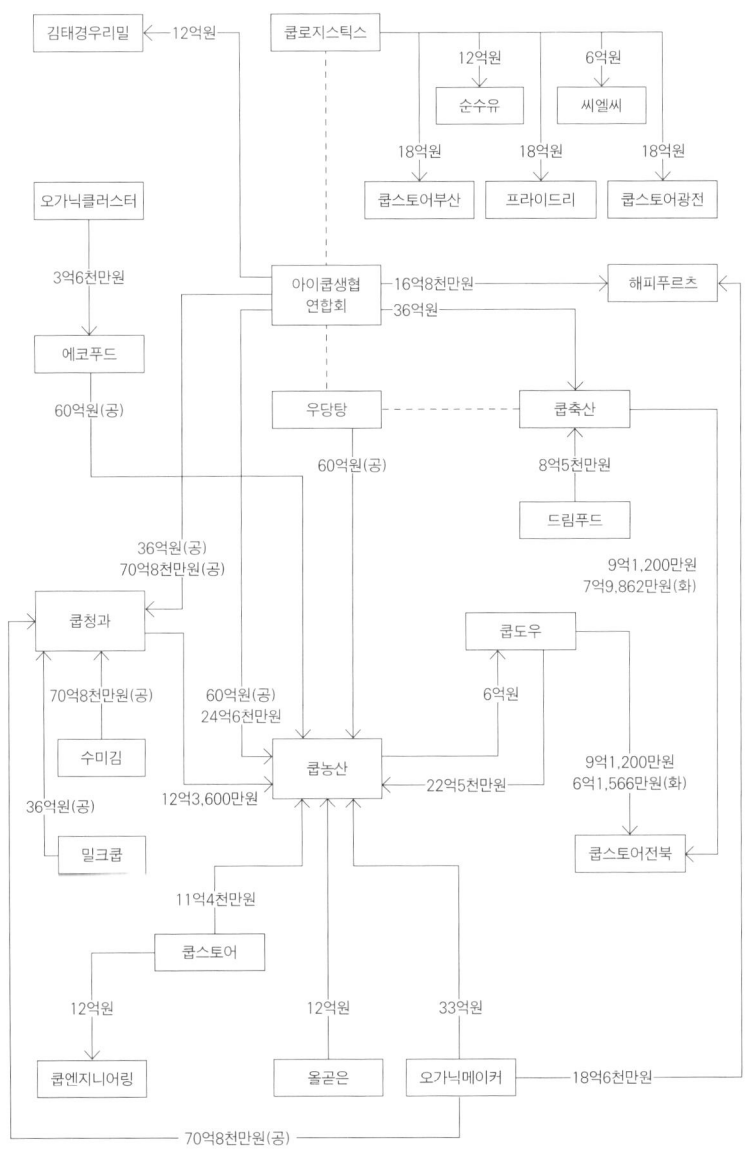

주 : 1. 점선은 주주 관계이고, 실선의 화살표는 채무보증 관계로서 화살표 방향으로 지급 보증 및 담보가 제공됨.
　　 2. 괄호에서 공은 공동담보 제공이고, 화는 화재보험질권 제공임.
자료 : 각 회사 감사보고서

4

특정 지점으로의 집중

주식회사 이사의 역할을 거수기에 빗대는 경우를 본다. 한해 사업을 결정하는 이사회의 회의 시간이 오전 10시에 잡힌 후 점심 식사 시간에 맞춰 끝난 것을 목격한 사람들이라면 충분히 공감할 것이다. 이사회가 형식적으로 운영되는 경우는 많다. 그럼, 세이프넷 소속 주식회사의 이사회는 어떨까? 실제 상황은 알 수 없지만 세이프넷 사업체의 등기임원 현황을 보면 대표이사 및 사내이사가 제대로 역할을 수행할 수 있을지 의문을 가질 만하다.

2022년 9월 기준으로 세이프넷 소속 기업 임원들의 겸직 상태를 보면,[50] 9개 사업체에서 겸직 중인 임원이 2명, 8개 사업체에서 겸직 중인 임원이 3명, 6개 사업체에서 겸직 중인 임원이 3명, 5개 사업체에서 겸직 중인 임원이 1명, 4개 사업체에서 겸직 중인 임원이 6명, 3개 사업체에서 겸직 중인 임원이 15명, 2개 사업체에서 겸직 중인 임원은 54명이다. 세이프넷 내 사업체에서 임원 겸직은 상당히 집중되어 있다. 예를 들어, 2021년 10월경 '아이쿱생협 본부장'으로 소개되는 박영광(가명)은 쿱축산(주) 등 8개 사업체에서 사내이사를 맡고 있다. 8개에 이르는 사내이사의 직책을 충실히 수행할 수 있을지에 대한 질문은 피할 수 없다.

---

[50] 2021년 연차 보고서의 세이프넷 조직목록 85개 중 1차적으로 법인등기부 등본으로 확인되지 않은 영통의원, 아이쿱인증센터, 자연드림커뮤니티상조회, 신통한의원을 제외하였고, 다음으로 조직 형태가 재단법인과 사단법인인 경우를 제외하고 집계하였다.

임원 겸직의 집중

아이쿱생협 역사와 함께했던 사람으로 소개되는 인물들이 있다. 아이쿱생협연합회에서 임원을 맡았던 박민철(가명)도 그중 한 명이다. 박민철은 아이쿱생협에서 중요한 직책들을 맡으면서 조직 운영에 주도적인 역할을 했던 것으로 평가받는다.

2022년 9월 기준 박민철은 세이프넷 소속 사업체 2개에서 대표이사를, 또 다른 사업체 2개에서 사내이사를 맡고 있다. 4개 기업에서 대표이사 및 사내이사를 맡는 것이 수행 가능한 범위인지에 대해서 의견이 분분할 수 있다. 기업 운영 방식에 따라 대표이사나 이사의 역할이 크지 않을 수 있기 때문이다. 그렇다면 세이프넷 여러 기업에서 최고경영자를 동시에 맡는 경우는 어떨까?[51]

2017년경 박민철은 오가닉클러스터, 자연드림키즈푸드, (주)클러스터지원그룹, 쿱라면, 쿱푸드시스템, 지구야고마워, 쿱로지스틱스에서 최고경영자를 맡았던 것으로 알려진다. 한 개인의 전문성이 다양한 사업 분야에서 발휘될 수 있다고 하더라도 동시에 약 7개 기업에서 최고경영자의 역할을 수행하는 게 가능할까. 세이프넷 소속 기업들이 경영의 전문성을 높이기 위해 법적 책임을 지는 대표이사와 별도로 최고경영자를 뒀던 상황을 감안하면, 최고경영자로서 겸직하는 숫자는 상당히 많아 보인다. 만약 최고경영자가 상근하지 않고 매우 제한적으로 업무를 수행했다면, 여러 기업은 왜 특정인에게

---

51 일반적으로 기업의 대표이사는 최고경영자로 지칭되지만, 세이프넷 소속 기업에서 대표이사와 최고경영자가 다른 경우가 있다. 세이프넷 일부 기업에서 대표이사는 법적으로 최고 책임자의 지위를 갖고 기업의 실질적인 운영은 최고경영자가 맡는 것으로 알려져 있다. 또한 최고경영자는 법인 등기부등본에 등재되지 않은 미등기 임원인 경우도 있다.

최고경영자를 맡기는지에 대한 질문이 뒤따를 수밖에 없다.

　　세이프넷 내에서 특정인에게 역할이 집중되는 현상은 박민철을 통해서 잘 드러난다. 박민철 대표이사는 세이프넷 23개 사업체에서 대표이사 또는 사내이사를 맡았고, 최고경영자를 맡았던 업체까지 포함하면 약 28개 사업체에 관여했다. 2014년 1월 기준으로 쿱에코하우징, 해피푸르츠, 쿱농산, 쿱라면, 쿱청과, 쿱도우, 쿱푸드시스템 등에서 사내이사를 겸직하였고, 2018년 1월 시점에도 7개의 사업체에서 사내이사를 맡고 있었다.

　　세이프넷 내에서 특정인에게 역할이 집중되는 현상에 대해 몇 가지 질문이 가능하다. 세이프넷 소속 개별기업은 특정인이 여러 사업체에서 대표이사나 사내이사를 수행하는지 모르고 선임하는 걸까? 반대로 한 개인은 여러 기업으로부터 이사직을 수락하는 이유는 무엇일까? 세이프넷 소속 사업체들에서의 임원 겸직은 우연히 일어난 걸까. 아이쿱생협의 경영협의회와 같은 회의체에서 정보가 교류되고 결정이 이루어지는 것을 고려하면, 세이프넷 차원에서 임원선임이 이루어질 가능성도 생각해 볼 수 있다. 아이쿱생협 경영협의회에서 다른 법인의 임원 인사가 다루어졌던 것을 떠올려 보면, 겸직의 집중은 우연히 일어난 현상으로만 보기 어렵다.

특정 사업체의 영향력

　　세이프넷 소속 기업들 사이에서 벌어지는 임원 겸직은 기업들이 긴밀히 연결되어 있음을 시사하면서 동시에 컨트롤 타워의 존재에 대해 상상하게 만든다. 이는 세이프넷 사업체들이 일상적으로 독립적인 경영을 하더라도 세이프넷 차원의 결정이 개별기업에 어떠한 영향력을 행사할 가능성이기도 하다. 세이프넷을 하나의 기업집단으로 볼 수 있을지는 종합적으로 검토되어야 할 문제다. 다만 세이프넷 기업의 운영 실태를 보면 개별기업 차원에서 실현되기 어려운 사례가 발견된다. 예를 들어, 세이프넷 소속 기업 중 하나인 ㈜사회적경제연구소의 자금 운용이다.

사회적경제연구소는 사회적경제 영역 연구, 자문 등을 목적으로 2019년 6월 26일 설립된 회사로서, 2022년 9월 기준 임원으로 대표이사, 사내이사 2명이 등재되어 있다. 세이프넷의 사회적경제 분야 연구소로 (재)아이쿱협동조합연구소는 유명하지만, 사회적경제연구소는 거의 알려지지 않았다. 웹사이트 등에서 조직을 알리기 위한 사회적경제연구소의 활동은 찾을 수 없고, 세이프넷 소속 사업체를 소개해 왔던 아이쿱생협의 블로그에도 나타나지 않는다. 사회적경제연구소 명의로 발간된 연구 업적의 흔적을 발견할 수 없다. 대외 인지도나 활동이 없어 보이지만 사회적경제연구소는 세이프넷 소속 기업들과 활발한 자금거래를 하고 있다.

사회적경제연구소는 2019년 6월경에 설립되어 첫해부터 관계회사에서 자금을 빌리거나 관계회사에 자금을 빌려주고 있다. 2019년도에 관계회사인 쿱축산(현 돈구라)으로부터 20억 5천만 원을 차입한 후 같은 해에 상환하고, 관계회사인 쿱청과로부터 20억 원을 차입한 후 같은 해에 상환한다. 또한 2019년도에 지구야고마워(구 괴산클러스터)에 7억 8천만 원을 대여해 주고, 자연라이프에 5억 5천만 원을 대여해 준 후 같은 해에 2억 원을 상환받았다. 사회적경제연구소는 특수관계에 있는 관계회사와 2020년과 2021년도에 자금거래를 지속하고 있고, 자금거래를 하는 관계회사의 숫자도 증가하였다.

[그림 5] 사회적경제연구소의 관계회사와 자금거래

(단위: 천원)

[연구소가 자금을 차입한 업체]

쿱축산(주)

	증가	감소
2019	2,050,000	2,050,000
2020	1,850,000	1,850,000

(주)쿱청과

	증가	감소
2019	2,000,000	2,000,000

(주)쿱양곡

	증가	감소
2020	450,000	450,000

(주)쿱로지스틱스

	증가	감소
2020	1,520,000	–

(주)자연라이프

	증가	감소
2020	1,790,000	640,000
2021	470,000	470,000

[연구소가 자금을 빌려준 업체]

(주)지구야고마워

	증가	감소
2019	780,000	–
2020	260,000	1,040,000

(주)자연라이프

	증가	감소
2019	550,000	200,000
2020	40,000	390,000

(주)애간장

	증가	감소
2019	350,000	–

(주)사회적경제연구소

자료 : 각 회사 감사보고서

한편 자연드림솔트로드의 2022년 감사보고서에 따르면, 사회적경제연구소는 자연드림솔트로드에 약 85억 9천만 원을 출자했다. 사회적경제연구소의 자금 운용은 사회적경제 영역의 연구와 자문이라는 설립 목적과 동떨어진 모습이다. 설립된 지 얼마 되지 않은 작은 규모의 연구소가 어떻게 거대한 규모의 자금을 움직일 수 있었던 걸까. 사회적경제연구소의 통상적이지 않은 자금거래는 세이프넷 전체 차원에서 결정된 사안을 사회적경제연구소가 이행하거나 세이프넷에서 사회적경제연구소가 세이프넷 내 자금을 순환시킬 수 있는 권한이 있을 것이란 추정도 가능케 한다.

5

소송과 그 함의

2019년 6월 4일 노사가 합의서를 체결하면서 구례자연드림파크 노동분쟁은 일단락된 것처럼 보였지만, 다른 한편에서 법적 분쟁은 계속되고 있었다. 노동조합 및 노동자는 아이쿱생협연합회와도 법적 분쟁 중이었고, 2019년 6월 이후에도 아이쿱생협연합회로부터 2건의 고소를 당했다.

구례자연드림파크지회 노동조합과 아이쿱생협연합회 간의 첫 번째 법적 분쟁은 비방금지가처분 소송이다. 2018년 9월 아이쿱생협연합회는 공공운수노동조합, 이순규 등이 허위 사실을 유포하고 있어 명예훼손을 당했다면서 허위사실 유포 행위를 금지하는 신청서를 법원에 제출했다. 아이쿱생협연합회는 이순규 등 구례자연드림파크지회 조합원의 사용자가 아이쿱생협연합회인 것처럼 표현했던 부분을 허위 사실로 제기했다. 2019년 4월 4일 서울남부지방법원은 '아이쿱생협연합회가 오가닉클러스터 노동자들의 실질적인 사용자라고 보기 어렵다'라며 가처분신청을 일부 인용했다. 2019년 5월 17일 서울남부지법의 가처분 결정을 인가하는 판결이 있고 나서, 이순규 매니저 등은 항고했다. 2020년 1월 8일 서울고등법원 역시 1심 결정과 거의 동일한 취지로 판결했다. 비방금지 가처분으로 시작된 재판은 2020년 4월 6일 대법원이 이순규 매니저 등의 재항고를 기각하면서 종결되었다.

아이쿱생협연합회는 비방금지 가처분 결정을 인가하는 1심 판결이 나온 후 얼마 되지 않아 2019년 8월 이순규 매니저 등을 상대로 손해배상 청구 소송을 제기했다. 이순규 매니저 등에 대해 명예훼손 행위를 금지하고 명예훼손에 따른 위자료 지급을 요구하는 소송이다. 2021년 5월 14일 수원지방법원 안양지원은 이전 가처분 판결과 유사한 논리로 '아이쿱생협연합회가 오가닉클러스터 근로자들의 실질적인 사용자라고 보기 어렵다'라고 판결했다. 이순규 매니저 등은 항소했지만, 2022년 2월 16일 수원고등법원은 항소를 기각했고, 2022년 6월경 대법원에서 심리불속행 기각으로 손해배상청구소송은 종결되었다. 공공운수노조 광주전남지부는 2022년 7월부터 약 5개월간 6,482만 원의 모금 활동을 벌였고 손해배상금과 변호사비용을 지급했다.

이순규 매니저 등에 대한 손해배상 소송이 끝나지 않은 2021년 7월, 아이쿱생협연합회는 다시 이순규 매니저 등을 명예훼손으로 형사 고소했고, 전주지방검찰청 남원지청은 이순규 매니저를 명예훼손죄로 재판에 넘겼다. 아이쿱생협연합회는 구례자연드림파크 입주 기업을 지배하지 않고 아이쿱생협에 실세가 있지 않음에도 그러한 내용을 이순규 매니저가 SNS상에 게재했다는 이유이다. 기본적으로 아이쿱생협연합회와 관련 기업의 관계에 대한 문제이지만, 아이쿱생협이 오가닉클러스터 소속 노동자의 실질적 사용자인지를 판단했던 이전 소송과 쟁점이 달라졌고, 무엇보다 기존 재판에서 다루어지지 않았던 증거들이 나오면서 새로운 상황을 맞게 됐다. 2024년 2월 29일 전주지법 남원지원은 아이쿱생협연합회와 구례자연드림파크 입주업체의 관계가 무관하다고 보기 어렵다고 판단하면서 이순규 매니저에게 무죄를 선고하였다.

아이쿱생협연합회와 관련 기업의 관계

지금까지 주식양도 제한 조항, 지분 관계, 임원 겸직, 채무보증이라는 연결고리로 세이프넷의 많은 사업체가 긴밀한 관계에 있다는 점을 확인했다. 특히 통상적이지 않은 사회적경제연구소의 자금거래는 세이프넷 차원에서 수행될 가능성도 남겼다. 세이프넷 사업체들이 긴밀히 연결됐다는 사실이 아이쿱생협연합회가 세이프넷 소속 사업체를 지배한다는 의미는 아니다. 아이쿱생협연합회와 관련 기업의 관계에 있어 문제가 되는 것은 연합회가 지배력을 행사할 수 없는 기업에 영향력을 행사하는 것이다. 이와 관련한 아이쿱생협연합회 정기이사회 안건 내용은 의미심장하다. 2022년 5월 아이쿱생협연합회 정기이사회의 1호부터 4호 안건은 은행 대출을 받고자 하는 세이프넷 소속 기업 4곳에 대해 아이쿱생협연합회가 연대보증을 결정하는 내용이다. 이는 아이쿱생협연합회가 세이프넷 각 사업체를 지원하기 위한 안건으로 생각할 수 있다. 그러나 1호부터 4호까지의 안건설명에서 제시된 사용 목적은 사업체 이름만 바뀔 뿐 다음과 같이 동일하다.

> "(주)삼우 대출의 경우 SAPENet 전체적으로 투자가 활발하게 이루어지고 있는 상황이기 때문에 은행 대출을 받아 SAPENet 자금에 활용하고자 합니다."[52]

특정 기업의 자금 대출 목적을 "SAPENet 자금에 활용"하기 위한 것으로 적고 있다. 아이쿱생협연합회 상무는 안건설명에서 '1년에 7,500만 원 정도의 이자 비용 절감을 예상한다'라고 보고하는데, 대출을 받는 개별기업의 입장에서 이루어진 설명으로 보이지 않는다. 그럼 더 많은 질문이 가능하다. 해당 기업은 은행 대출을 스스로 결정한 것인지, 해당 기업이 결정했다면 자신이 받은 대출금을 "SAPENet 자금에 활용"할 수 있는지, 아이쿱생협연합회는 왜 세이프넷 기업의 대출을 "SAPENet 자금에 활용"하기 위한 것으로 적고 있는지, 그리고 아이쿱생협연합회 이사회 안건대로 대출이 이루어졌다면 자금은 실제 어디에 사용됐는지 등에 대해 아이쿱생협연합회와 해당 기업은 설명할 수 있어야 한다. 위와 같은 안건에 대한 목적과 설명이 어떻게 가능한지가 밝혀진다면 아이쿱생협연합회와 세이프넷 기업 간의 관계가 명확해질 것이다.

아이쿱생협연합회 정기이사회의 또 다른 안건에서도 그동안 아이쿱생협연합회가 주장했던 바와 다른 상황이 확인된다. 2022년 11월 아이쿱생협연합회 정기이사회는 제5호 안건으로 '☆☆은행 대

---

[52] 2022년 5월 정기이사회 1호 안건의 제목에서 기업은 세이프넷 소속으로서 가명을 사용하였다.

출 변경의 건'을 다루었다.[53] 아이쿱생협연합회는 "기존 대출법인의 갱신 시 예상 이자율이 상승으로 신용평가가 좋은 다른 법인으로 대출을 변경하여 이자율을 낮춰 이자 비용을 절감하고자" 한다고 설명했다. 구체적으로 보면, (주)군무의 대출을 (주)선강으로 옮기면서 대출금이 "약 2억 정도 축소되지만, 예상 이자율이 2% 저렴해지므로 변경하여 대출 진행"한다는 것이다. 낮은 이자율의 대출을 이용하는 것은 합리적인 선택이지만, 자세히 보면 논란이 되는 내용을 담고 있다.

가장 먼저 눈에 띄는 것은 안건 제목이다. 정기이사회 제5호 안건 [대출A]의 경우 아이쿱생협연합회 입장에서의 안건 내용은 담보 제공이고, 담보를 제공받는 기업만 바뀌는 상황이다. 그럼 안건 제목은 '대출 변경의 건'이 아니라 '담보 제공의 건'이 되어야 하지만 아이쿱생협연합회는 "변경"이란 단어를 사용하고 있다. (주)군무는 은행 대출을 연장하지 않는 상황이고, (주)선강은 새롭게 대출받는 상황이기 때문에 "대출 변경"은 두 기업이 사용할 수 있는 단어가 아니다.

그럼, 대출의 주체가 누구인가라는 질문이 이어질 수밖에 없다. 아이쿱생협연합회 상무는 "기존 대출의 만기가 도래함에 따라 갱신 시 이자율이 상승하는 상황으로, 신용평가가 좋은 다른 법인으로의 대출을 변경하여 이자율을 낮추고자" 한다는 설명을 한다. 그러나 대출을 연장하지 않는 기업과 새로 대출받는 기업이 각각 다른 상황에서 이자율이 낮춰지거나 이자 비용을 절감하게 되는 경우는 없다. 아이쿱생협연합회 이사회의 안건설명과 같이 "대출 변경"으로 이자 비

---

53 2022년 11월 정기이사회 제5호 안건에서 대출은 두 부문으로 이루어져 있는데, 이를 구분하고자 편의상 [대출 A]과 [대출 B]로 나누었다. 또한 해당 안건에서 기재된 사업체는 아이쿱생협연합회와 오가닉클러스터를 제외하고 가명을 사용하였다.

용을 절감할 수 있는 경우는 무엇일까? 가정해 볼 수 있는 상황은 기존에 대출받았던 기업과 신규로 대출받는 기업이 하나의 조직처럼 운영되는 경우나 아이쿱생협연합회와 해당 기업들이 하나처럼 운영되는 경우이다.

한편 2022년 11월 아이쿱생협연합회 정기이사회 제5호 안건은 연합회의 지배력에 관한 논란을 일으킨다. 해당 안건 [대출B]에 아이쿱생협연합회와 관련이 없는 사항을 포함하고 있기 때문이다. [대출B]에서 첫 번째 대출은 (주)오성의 '전남센터'를 담보로 (주)민무가 대출을 받았던 상황인데, 새로운 대출 계획에서 (주)민무는 대출을 연장하지 않고 (주)오성이 대출을 받는다. (주)오성의 소유자산을 담보로 이루어진 대출에서 아이쿱생협연합회가 관여할 여지는 없어 보인다.

같은 안건에서 아이쿱생협연합회와 오가닉클러스터의 관계를 드러내는 부분도 있다. (주)영무와 (주)한무는 아이쿱생협연합회와 오가닉클러스터의 '중부센터'를 담보로 대출을 받고 있었다. 해당 대출의 담보로 사용된 '중부센터'는 오가닉클러스터 소유의 건물 2개가 포함되어 있는데, 오가닉클러스터의 자산을 은행 대출 담보로 제공한다는 내용이 아이쿱생협연합회 이사회에서 다루어지는 상황이다.

아이쿱생협연합회 이사회에서 (주)오성의 전남센터와 오가닉클러스터의 중부센터를 은행 대출 담보로 승인하는 결정이 어떻게 가능할까? 아이쿱생협연합회는 (주)오성에게 다른 기업을 위해 대출을 받도록 할 만큼의 지배력을 행사하는 걸까? 만약 (주)선강과 (주)오성이 대출을 받았다면 자금은 누가 사용하는 걸까? 세이프넷 사업체들이 독립적으로 운영된다는 아이쿱생협연합회의 주장은 '☆☆은행 대출 변경의 건'을 설명하기 어려워 보인다.

아이쿱생협연합회와 세이프넷 사업체의 관계에 있어 근본적인

〈표 6〉 2022년 11월 아이쿱생협연합회 이사회의 은행 대출 변경 안건

[대출A] 변경 전

채무자	예상 이자율	대출종류	대출금액	소유법인	건물명
(주)군무	6.21%	운영자금	10억	아이쿱생협연합회	홍성센터
(주)군무	6.21%	운영자금	2.47억		
합계			12.47억		

[대출A] 변경 후

채무자	예상 이자율	대출금액	대출종류	건물명
(주)선강	4.21%	10억	운영자금	홍성센터
합계		10억		

[대출B] 변경 전

채무자	예상 이자율	대출종류	대출금액	소유법인	건물명
(주)민무	7.14%	마이너스	10억	(주)오성	전남센터
(주)영무	5.89%	운영자금	7.4억	아이쿱생협연합회 오가닉클러스터	중부센터
(주)한무	6.94%	마이너스	6억	아이쿱생협연합회 오가닉클러스터	중부센터
합계			23.4억		

[대출B] 변경 후

채무자	예상 이자율	대출금액	대출종류	건물명
(주)오성	4.39%	21억	운영자금	전남센터
				중부센터
				중부센터
합계		21억		

자료 : 아이쿱생협연합회 정기이사회 의사록

질문을 던지게 만드는 사례도 있다. 2018년 아이쿱생협연합회 이사회에 '연합회의 직접 사업이었던 부문을 (중략) 리스크를 감안해 별도 분리해서 사업체를 설립 운영한다'라는 취지의 보고가 올라왔다. 아울러 설립 예정인 사업체의 대표는 해당 사업의 팀장이 맡고, 세이프넷 일부 기업을 통해 설립자금을 마련하도록 한다는 계획까지 함께 보고됐다. 그리고 얼마 후 한 기업이 설립됐고, 세이프넷의 협동기업협의회 부문에 배치되었다. 아이쿱생협연합회와 해당 기업의 관계는 어떻게 평가할 수 있을까? 만약 아이쿱생협연합회와 해당 기업 사이에 출자 관계가 없고 임직원 겸직이 없고 채무보증이 없다면, 두 사업체는 각각 세이프넷의 일원으로서 '단순 협력관계에 있다'라는 주장을 과연 수용할 수 있을지 의문이다.

    아이쿱생협 조합원은 아이쿱생협연합회와 세이프넷 소속 기업의 관계를 어떻게 볼까? 이는 아이쿱생협연합회가 구례자연드림파크지회 노동자들과의 소송에서 했던 주장이 적절한가에 대한 질문이기도 하다. 아이쿱생협연합회와 세이프넷 소속 기업이 단순 협력관계라면, 특정 업체의 대출금 사용 목적이 어떻게 'SAPENet 자금 활용'으로 표현될 수 있는지, 세이프넷 기업 소유 부동산이 은행 담보로 사용되는데 어떻게 아이쿱생협연합회 이사회 안건이 될 수 있는지에 대해 설명할 필요가 있다.

4장

아이쿱생협 기업의
노동 상황

구례자연드림파크 노동분쟁에 대해 사람들은 협동조합에서의 노동분쟁 또는 협동조합과 노동조합 간의 분쟁으로 인식했다. 분쟁이 시작된 오가닉클러스터는 주식회사였고 당시 아이쿱생협과 지분 관계가 없었지만 협동조합의 문제로 인식했다. 오가닉클러스터는 아이쿱생협이 만들었고, 오랫동안 아이쿱생협의 조직으로 소개됐기 때문에 아이쿱의 일부로 받아들였다. 그러나 구례자연드림파크 노동분쟁이 진행되면서 사람들은 그동안 아이쿱생협으로 인식됐던 기업이 더 이상 아이쿱이 아니라는 주장을 접하게 되었다.

아이쿱생협연합회의 주장대로면 오가닉클러스터는 아이쿱생협 기업으로 부르기 어렵다. 세이프넷 네트워크에서 아이쿱생협그룹 안에 있는 사업체만을 '아이쿱생협 기업'으로 칭할 수 있기 때문이다. 예를 들어 아이쿱생협의 물류를 맡고 있는 쿱로지스틱스나 자연드림 매장을 운영하고 있는 쿱스토어는 '아이쿱'이다. 이런 점에 비춰보면, 아이쿱생협연합회는 아이쿱생협그룹 밖에 있는 기업의 운영 실태는 아이쿱의 모습이 아니라고 주장할 수 있다. 그렇다면 아이쿱생협그룹에 속해 있는 기업, 즉 쿱스토어경남이나 쿱로지스틱스와 같은 기업의 운영 실태는 온전히 아이쿱생협의 모습이 될 것이다.

아이쿱생협 기업에 관한 사례는 협동조합의 운영 원리를 구체적으로 살펴볼 수 있다는 점에서 중요한 의미가 있다. 협동조합의 민주적 운영, 조합원의 조직통제 등 협동조합의 특징으로 묘사되는 운영 원리가 어떻게 적용되는지 볼 수 있기 때문이다. 아울러 협동조합 기업과 협동조합 조합원의 관계를 검토할 수 있는 계기이자 조합원 조직으로서의 협동조합의 모습을 되돌아보게 할 것이다. 무엇보다도 아이쿱생협은 노동 존중을 표방하고 있기 때문에 협동조합의 지향과 실제의 간극이 있는지, 간극이 있다면 어떤 요소가 영향을 미치는지를 탐색하는 데 유용할 수 있다.

1

아이쿱의 노동정책과 노조 설립

구례자연드림파크에서 노사분쟁이 한창이던 2018년 2월 (주)쿱스토어경남의 노사 간 임금 및 단체협약 체결 소식이 전해졌다. 인터넷 언론 〈라이프인〉은 "자연드림, 민주적 노사관계 발전 협약"이라는 제목으로 2018년 자연드림의 시급이 "정부가 정한 최저시급(7,530원)보다 약 23.5% 높은 9,300원으로 체결"된 소식을 전했다.[54] 비슷한 시기 〈경남도민일보〉는 약간 다른 강조점을 보였다. "'쿱스토어경남' 노사 6개월 만에 단체협약 체결"의 제목으로 "노동시간 단축, 매장 전환 배치 등의 문제가 남아 있다"라는 점을 부각했다.[55] 한 사업장에서 노동조합이 결성된 후 단체협약이 체결되기까지 상당한 진통을 겪기도 하고, 첨예한 사안을 뒤로 미룬 채 단체협약을 체결하는 것은 흔한 일이다. 쿱스토어경남 노사관계에 관한 기사는 이러한 경우로 생각하기 쉽다. 단체협약 체결 이후 대외적으로 쿱스토어경남의 노동문제는 언론에 잘 등장하지 않았기에 더욱 그럴 수 있다. 이처럼 아이쿱생협 기업의 노동 상황은 제대로 드러나지 않았다.

먼저 아이쿱생협이 말하는 아이쿱의 노동에 대해 살펴보자. 아이쿱생협은 2017년에 '아이쿱 사명 선언문'을 발표했다. '함께 만드는 미래, 아이쿱'이라는 사명 아래 3개의 비전을 제시했는데, 그중 하나는 '사람중심경제'이다. 사람중심경제는 '노동을 존중하고 성과를 공

---

54 〈라이프인〉 2018.02.28. "자연드림, 민주적 노사관계 발전 협약".
55 〈경남도민일보〉 2018.03.02. "'쿱스토어경남' 노사 6개월 만에 단체협약 체결".

유', '일하고 싶은 협동조합 기업', '이익을 공유하는 윤리경영의 확산'
과 같은 내용을 포함하고 있다(아이쿱생협사업연합회 2018). 이러한
비전과 목표가 갑작스레 등장한 건 아니다. 아이쿱생협은 이미 2008
년 '윤리적 소비와 생산'에 '사람과 노동'을 포함하면서, "저임금 노동
착취로부터 노동자를 보호하고, 보다 인간다운 삶을 영위할 수 있는
노동조건을 만들어 가는 것을 목표"로 삼았다(한국생협연대 2008).
그리고 2017년 '아이쿱 사명 선언문' 제정 과정에서 '일과 삶의 균형
파괴', '장시간 노동과 불안전한 일자리', '고용주의 갑질', '비정규직,
노동소외 계층의 양산' 등의 사회문제를 재확인하며 '사람중심경제'
를 핵심 목표 중 하나로 채택하였다.

아이쿱생협 노동정책 중 가장 유명한 건 임금 방침이다. 아이쿱
생협은 '아이쿱 시급'을 법정 최저시급보다 높게 유지하기 위해 노력
해 왔다. 그리고 2018년 7월 아이쿱생협의 '시급 1만 원' 선언은 양질
의 일자리를 만들기 위한 아이쿱생협 노동정책의 상징이 되기도 했
다. 아이쿱생협의 비전은 채용 공고에서도 드러나는데, 2020년 세이
프넷 하반기 공개채용에서 아이쿱생협은 차별 없는 고용, 무분별한
해고 금지, 정규직 고용 등을 강조했다.

아이쿱생협의 일자리에 대한 내·외부 평가도 긍정적이다. 김형
미·지민진(2018)은 쿱로지스틱스 상무와의 인터뷰를 바탕으로 아
이쿱생협 기업의 안정적인 고용 상황을 보여주었다. 아이쿱생협의
ESG 경영을 분석한 이선희 외(2022)는 "아이쿱에서는 근로자와 관
련된 부문에 있어, 특히 고용 및 근로조건과 직장 내 기본권에 있어
많은 노력을 기울이고" 있는 것으로 평가하고 있고, 사회적경제 우수
사례를 분석한 장종익(2019)은 "질 좋은 일자리의 창출"로 아이쿱생
협의 한 모습으로 다루었다. 아이쿱생협 및 관련 기업들이 노동자들
의 고용안정을 중요하게 여긴다는 인상을 준다.

"2015년 12월 말 현재 90% 이상의 직원은 상용직으로 고용안정 수준도 높다. 이 효과는 아이쿱생협뿐만 아니라 관련 기업으로도 확산되어 아이쿱생협사업연합회 물류 자회사 쿱로지스틱스에서는 대부분이 정규직이며 내부 채용을 통해 아이쿱이나 관련 업체로 전직할 수 있는 경력 개발 기회가 있는 만큼 물류 업계 일반에 비해 근속 연수가 길고 장기근속자가 많아졌다. 힘든 육체노동과 저임금 구조로 인해 이직률이 높은 물류 업계 현실에서 이 자회사의 중부·경남센터 직원 45명의 60%가 5년 이상 근속자들이다."

(김형미·지민진 2018)

아이쿱생협의 노동이 형성되는 배경에 대해 아이쿱생협 관계자를 통해 들을 수 있다. 2015년 아이쿱사업연합회 최고경영자였던 신성식의 경우 아이쿱의 노동에 대해 다음과 같이 이야기한다.

"아이쿱에는 노동착취가 없습니다. 사람은 다른 사람이 내 몫을 빼앗아 갈 때 불만이 생깁니다. 흔히 나보다 힘이 세거나 직위가 높은 사람이 내 몫을 빼앗아 가죠. 아이쿱은 직위가 높아지더라도 업무만 조정될 뿐 승진에 따른 이익이나 보상이 없습니다. 연봉이 더 오르는 것도 아니고 권력을 더 가지는 것도 아닙니다."

(공정경 2015)

아이쿱에서 직위는 권력과 보상을 상징하는 위계로 작동하지 않는다는 의미이다. 신성식 전 최고경영자의 인터뷰는 아이쿱생협에서 노동자협동조합을 떠올리게 만든다. 노동자협동조합의 지향이 아이쿱생협에서 실현되고 있는 것으로 해석될 수 있는 인터뷰이다.

한편 아이쿱생협은 노동정책에 있어 조직 투명성이 중요하다는 점도 인식하는 것으로 보인다. 국제협동조합연맹이 '협동조합의 정체성에 관한 선언'에서 정직 및 공개를 가치로 제시하고 있는 바와 같이 협동조합은 조직 내·외부에 운영 및 경영을 공개함으로써 신뢰를 높여왔다. 아이쿱생협은 이러한 가치지향에 동의하고 있고, 당시 아이쿱생협 최고경영자는 정보공개가 노동자의 불만을 완화했던 것으로 분석한다.

> 아이쿱에는 노조가 없다. 왜 그럴까? 신성식 CEO에게 들어본다.
> "모든 경영 정보, 즉 재무 상황을 투명하게 공개합니다. 아이쿱 홈페이지에 공개하기 때문에 외부인도 볼 수 있습니다. 그렇다 보니, 20년 가까이 불만이 거의 없는 듯합니다. 이해관계로 다툴 일이 없으니까요. 예를 들어, 어떤 직원이 자신의 불만을 다른 직원들에게 말하며 노조를 만들자고 해도 다른 직원들이 공감하지 않거든요. 재무 상황부터 직원 평가, 근로조건 등 모든 게 합리적이니까 그 직원과 함께하지 않는 거죠." **(공정경 2015)**

그러나 신성식 전 최고경영자의 인터뷰에서 서늘함이 느껴진다. 아이쿱이 투명하게 정보를 제공하고 있어 구성원들의 불만이 크지 않다는 것에 그치지 않고, 조직에서 불만을 제기하는 직원이 '비합리적인' 사람으로 몰릴 수 있는 분위기가 느껴지기 때문이다. 이런 '아이쿱생협그룹'에 노동조합이 생겼다. 비합리적인 직원의 우발적인 행동이라고 치부하지 않는다면, 아이쿱생협에 왜 노동조합이 만들어졌는지 귀 기울여 볼 만하다.

쿱스토어경남 노조 설립

'생협'하면 가장 먼저 떠 오르는 것 중 하나는 매장이다. 소비자생활협동조합은 물품을 구매하여 조합원에게 판매하는 경제활동을 하게 되는데, 매장은 물품이 판매되는 장소이자 조합원이 교류하는 공간이 된다. 온라인 주문배송 시스템이 발달하면서 매장에서 직접 장을 보는 생협 조합원 수는 줄었지만, 여전히 매장은 생협 활동의 상징이다.

다만 아이쿱생협의 자연드림 매장은 소유와 운영 방식이 다른 생협과 차이가 난다. 과거 아이쿱생협은 지역 단위 소비자생활협동조합(지역생협)이 매장을 개설하고 운영했다. 하지만 자연드림매장 운영의 안정화 및 전문화를 위해 매장경영 전문회사 설립을 추진하면서 상황이 바뀌었다. 2013년경부터 매장경영 전문회사인 쿱스토어가 권역별로 생겨나면서 자연드림매장의 소유와 운영은 권역별 쿱스토어가 맡게 되었다. 예를 들어, 경남지역에 있는 창원아이쿱생협, 거제아이쿱생협, 진주아이쿱생협 등 지역생협과 아이쿱생협연합회가 ㈜쿱스토어경남을 설립하고, 쿱스토어경남은 경남지역 자연드림매장을 소유하고 운영한다. 지역 생협은 쿱스토어경남의 지분을 가지며 해당 기업의 이사회에 참여하고 있지만, 자연드림 매장을 소유·운영하지 않는다.

이러한 권역별 매장경영 전문회사의 출현은 자연드림매장에서 일하는 직원의 사용자를 지역 생협에서 권역별 쿱스토어로 바꾸어 놓았다. 자연드림매장 점원은 '쿠퍼'라 불리고, 매장 청소, 물품 진열 및 관리, 계산 등의 업무를 담당한다. 소비자생활협동조합의 매장은 외형적으로 편의점이나 슈퍼마켓과 유사해 보이지만, 이용자의 절대다수가 지역 생협의 조합원이라는 차이가 있다. 생협 조합원은 매장에서 판매하는 먹거리, 생협이 추구하는 가치 및 활동 등 여러 이유로 생협에 가입하게 되고, 이들이 매장의 이용자가 된다. 일반적으로 편의점이나 마트는 입점 위치가 매출에 큰 영향을 미치지만, 생협 매장은 조합원의 충성도가 더 중요하게 작용한다. 이러한 이유에서인지 '조합원이 매장을 방문만 해도 기분이 좋아질 만큼 친절해야 한다'라는 취지의 업무 지침이 자연드림매장에 돌기도 했다.

2017년 6월 경남지역 자연드림매장 노동자들이 노동조합을 설립하였다. 아이쿱생협 내 최초의 노동조합이다.[56] 전국공공운수노조 경남지역지부 쿱스토어경남지회는 경남지역 자연드림매장에서 일하는 노동자를 중심으로 34명이 만든 노동조합이다. 자연드림매장은 직원이 약 12명 미만으로 작은 규모인 데다 교대제로 운영되는 사업장인 걸 고려하면 조직된 인원이 작다고만 볼 수 없다. 아이쿱 내 노조가 없던 이유를 설명했던 신성식 전 최고경영자의 인터뷰를 생각하면 노동조합 설립은 아이쿱생협의 입장에선 분명 큰 사건이다. 주식회사 쿱스토어경남에 왜 노조가 만들어졌을까?

쿱스토어경남지회 이서현(가명) 노동자는 자연드림매장에서 일하면서 매장 운영의 문제점을 직·간접적으로 경험해 왔다. 2016년 3월 지역 생협의 매장에서 일하던 중 생리휴가를 요청했는데 사용할 수 없다는 매니저의 말을 들었다. 고민하다 이런 상황을 조합 이사장에게 말하고 다시 생리휴가를 요청했지만, 경영 상황이 어려워서 생리휴가를 줄 수 없다는 답변을 듣게 되었다.

이서현 노동자는 자연드림매장에서 목격한 당황스러운 상황도

---

56 아이쿱생협연합회의 분류기준에 따르면 쿱스토어경남은 세이프넷에서 아이쿱생협그룹에 포함된 기업이고, 아이쿱생협연합회와 경남지역 아이쿱생협이 출자해 만들어진 기업이기 때문에 '아이쿱생협'으로 표현한다.

잊지 않고 있다. 같은 매장에서 한 직원이 물건 운반기기에 손이 끼어 일주일 동안 출근하지 못했는데, 산재 처리 대신 병원비를 주는 것으로 매듭지어졌다. 그런데 산재를 당한 직원은 일주일 치 급여가 빠진 임금을 월급으로 받았다. 아이쿱 인사 지원팀 팀장은 "작은 상처라도 다 산재 신청을 하니까 근로관리공단에서 재해 발생률이 높다"라고 인터뷰했지만(공정경 2015), 현실은 달라 보인다. 이것은 지역 생협이기 때문에 생겨난 일일까. 그렇다면 '아이쿱의 노동정책'은 과거 지역생협에 영향을 미치지 못한 걸까. 아이쿱 지역생협 관리자 및 이사장의 대응은 상식적이지 않다. 그럼, 아이쿱 지역생협 이사장과 관리자의 경영자질의 문제로 봐야 할까. 아이쿱생협에서 매장 관리 및 경영에 대한 지역생협의 전문성 부족이 지적됐던 걸 고려하면, 그럴 가능성을 배제하기 어렵다. 그렇다면 매장경영 전문회사가 설립된 이후를 살펴볼 필요가 있다.

주식회사 쿱스토어경남은 2016년 6월에 설립되어 대략 그해 8월부터 자연드림매장을 운영하였다. 자연드림매장 노동자들은 그동안 참고 넘겼던 일들을 매장경영 전문회사가 체계적으로 처리해 줄 것으로 기대했다. 그러나 자연드림매장 노동자들이 초반에 맞닥뜨리게 된 건 인원 감축, 근무 시간 변경 및 축소 등에 따른 혼란이었다.

쿱스토어경남은 자연드림매장 운영을 맡으면서 경영 상태를 파악했고, 2016년 1월부터 7월까지 5개 매장이 '적자'인 것을 확인했다. 그리고 쿱스토어경남은 대응책으로 '매출 확대 전략'과 '비용 절감 전략'으로 일부 적자 매장의 영업시간 단축과 관리자 감축을 구상했다. 김해시의 한 매장의 사례를 보면, 주말 근무자가 나간 후 남아 있는 직원들이 그 시간을 메우게 되고, 직원들의 근무일과 근무 시간이 늘어남에 따라 부매니저가 퇴사하기도 했다. 8시간 근무자인 부매니저의 퇴사는 다시 다른 점원들의 근무 시간을 늘리거나 변경시켰다. 이서현 노동자의 경우 밤 9시까지 근무했던 것을 밤 10시까지 근무로 바꿀 것을 요구받았다. 육아로 퇴근 시간 조정이 어려웠던 이서현 노동자가 퇴사에 관해 이야기하자 회사 관리자는 본인이 힘들어서 그만둔 것이니 회사에는 책임이 없다는 태도를 보였다.

이처럼 쿱스토어경남이 매장 운영을 맡은 이후 근무 시간 문제가 불거졌다. 앞의 〈경남도민일보〉에서 나왔던 '노동시간 단축' 문제이다. 쿱스토어경남은 직원 처우 개선을 위해 '단계적 주5일제 시행'을 계획했다. 노동시간이 주 40시간 미만인 상황에서 시급으로 받는 임금이 거의 전부인 경우, 노동시간이 단축되면 수입이 줄어들 수 있기 때문에 많은 쿠퍼가 이에 대해 부정적이었다.[57]

쿱스토어경남의 주5일제 도입은 임금 문제에 국한되지 않았다. 주 6일 근무에서는 토, 일을 격주로 번갈아 가며 쉬었는데, 주5일 근무제가 시행된 후 주말 모두를 근무하는 날이 생기기도 했다. 주5일제나 노동시간 단축은 노동 친화적 제도로 상징되지만, 개별 사업장에서 노동자들에게 미치는 영향은 부정적일 수 있다. 경남지역 자연드림매장 쿠퍼들은 회사와 여러 노동정책을 논의하길 바랐지만, 온전한 논의 주체로 인정받지 못하자 노조 설립으로 방향을 잡게 되었다.

쿱스토어경남이 자연드림매장 운영을 맡은 지 얼마 되지 않아 노조 설립을 위한 움직임이 시작되었다. 매장 직원들은 그동안 자연

---

57 쿱스토어경남이 자연드림매장을 경영하기 전인 2016년 7월 기준으로 하루 6시간, 주 6일을 일하는 쿠퍼가 받는 임금은 대략 133만 원(시급 7,300원)이다. 이 경우 주5일제를 적용하면 쿠퍼의 임금은 114만 원으로 약 19만 원이 줄어든다. 쿱스토어경남이 주5일제를 시행했던 2017년 4월 당시 시급이 8,700원으로 인상되어 임금은 예전 수준을 유지했다. 주5일제 도입 계획이 발표될 시기, 매장 쿠퍼로 일하면서 가구 수입액의 한 축을 담당하거나 가구의 주요 수입원이면 임금 감소를 수반한 주5일제를 마냥 반기기 어려웠을 것이다.

드림매장에서 발생한 문제를 개별 지역생협의 특수한 상황으로 이해하거나 아니면 개인적인 문제로 생각하며 퇴사했다. 매장경영 전문회사인 쿱스토어경남이 자연드림매장을 운영하면 좋아질 거라는 기대는 어긋났고, 자연드림매장 노동자들은 일단 직원의 의견을 모아야 한다는 생각으로 직원협의체를 만들고자 했다.

2016년 하반기 이서현 등 노동자들은 '직원협의체 제안서'를 들고 창원, 진주, 통영, 사천, 김해 등 각 지역에 위치한 자연드림매장을 찾아다니며 직원들을 만났다. 몇 달 동안 여러 지역을 돌면서 사람들을 모으고자 했던 일 치곤 '직원협의체 제안서'의 내용은 소박하다. 매장 주변 밥 먹을 식당이 별로 없거나 매장에 직원이 한 명만 남게 되어 식사하러 나가기 어려운 문제, 주말에 하루라도 쉴 수 있도록 해달라는 요구, 매장 물품 진열 과정에서 발생한 과실에 대해 새로운 기준을 잡아보자는 제안 정도다.

자연드림매장 노동자들은 일터에서 어려움을 겪고 있었고, 회사와 이야기하기를 원했다. 자연드림매장 점장들 사이에서 누군가 직원협의체 제안서를 돌리고 다닌다는 소문이 퍼지면서 노사 간 대화는 시작되었다. 쿱스토어경남이 직원간담회를 개최하였으나 문제로 제기된 사안은 제대로 풀리지 않았다.

〈직원협의체 제안서〉

지난 8월 경남 전체 매장은 보다 전문적인 매장 운영을 위하여 협동조합 관리에서 쿱스토어경남이라는 매장 전문회사가 관리하게 되었습니다. 그리고 자회사로 전환되면서 전 직원들의 계약 전환이 이루어졌습니다. 하지만 직원들의 의견이나 권리를 보장해 줄 창구는 없는 상태였습니다. 정말로 직원들이 원하는 것이 무엇인지 함께 논의하고 개개인의 의견을 모아 반영하고 협상해 줄 직원협의체는 꼭 필요합니다. 지금의 상황을 개선하고 관리자와 관리자, 관리자와 직원, 직원과 직원이 서로를 존중하는 참다운 일자리로 정년을 맞을 수 있는 쿱스토어를 만들어 보려 합니다. 많은 직원의 동참이 절실히 필요합니다. 매장과 매장 간의 소통이 될 수 있다면 매장의 전반적인 요구사항, 지역적인 문제점 등을 중심으로 의견을 모아 회사와 협상 시 모아진 의견을 제시하고 매장 규칙으로 자리 잡을 수 있도록 하겠습니다.

현재 생각나는 안건 몇 가지만 제시해 보겠습니다. 안건은 의견을 받아 다시 만들어질 예정이니 본인의 상황에 맞지 않더라도 참고만 하시기 바랍니다.

1. 임금(식대)
   카드로 식대를 계산하는 불편함이 해소되면 좋겠다.
   (식대를 임금에 포함해서 지급 등)
2. 휴무
   직원 대부분이 가정을 가지고 있는 점을 감안하여
   토, 일 중 하루는 휴무로 해야 한다.
3. 배상, 책임
   일하다가 발생하는 과실에 대한 책임을 개인이 모두
   감당하게 하지 말고 책임에 대한 기준이 있으면 좋겠다.
4. 인권 보장
   관리자와 관리자, 관리자와 직원, 직원과 직원 간의
   존중하는 자세가 자리 잡게 해야 한다.

(후략)

노조에 대한 회사의 태도

2017년 6월 3일 소비자생활협동조합 내 노동조합 설립은 노동계만이 아닌 협동조합운동에서도 기념할 만한 일이다. 아이쿱생협의 경우 일찍이 노동 존중을 중시했기 때문에 노동조합 설립에 충분히 축하를 기대해 볼 수 있다. 하지만 쿱스토어경남 관리자는 특정 노조 상급단체에 부정적 인식을 내비치거나 상급단체 노조 간부의 교섭 참여에 거부감을 보이기도 했다.

    2017년 8월 노조는 교섭을 요청했지만, 회사는 약 6개월간 교섭에 소극적인 태도를 보였다. 노동조합이 지방노동청에 진정을 넣은 후에야 노사 간 교섭이 본격화되었다. 쿱스토어경남의 노동조합에 대한 태도는 우호적으로 보이지 않는다. 가장 대표적인 것은 노동조합 활동 시간을 유급으로 보장하는 '근로시간면제'에서 확인된다. 노동조합법은 노동조합의 활동을 보장하기 위해 단체협약 등으로 근무 시간 중의 노조 활동을 할 수 있도록 규정하고 있다. 보통 단체협약에서 노사교섭 및 노사협의회 참석과 그 이외에 법이 정하는 시간(근로시간면제) 범위 내에서 노동조합 활동을 유급으로 정한다. 노동조합법은 조합원 수 등을 고려하여 근로시간면제 한도를 초과하지 않는 범위에서 노사가 유급 노조 활동 시간을 정하도록 하는데, 조합원 규모가 99명 이하일 경우 연간 최대 2,000시간 이내로 규정한다.

    2017년 8월 단체협약 체결을 위한 교섭에서 쿱스토어경남지회 노동조합은 근로시간면제로 연간 200시간을 제안했으나, 회사는 '조합활동은 근무 시간 외 행함을 원칙으로 한다'로 응답했다. 쿱스토어경남은 교섭이 시작되고 한참 후에서야 교섭 및 노사협의회 참석, 노사 공동교육 및 노사 화합 행사와 같은 노사 공동으로 참여하는 활동만을 유급으로 인정하는 방안을 제시했다. 사실상 별도의 근로시간면제를 인정하지 않는 것으로 볼 수 있는 수정안이다. 2018년 2월 23일 최종 단체협약에서 근로시간면제는 결국 30시간으로 체결되었다. 쿱스토어경남은 노동조합 활동이 활성화되길 원하지 않았던 것으로 보인다.

　　노동조합의 교육활동에 관한 사항에서도 노조에 대한 회사의 태도를 엿볼 수 있다. 노동조합은 협동조합과 동일하게 교육활동을 중요하게 여긴다. 인적 결사체에서 조직의 목표와 가치를 공유하고 조직 구성원 간 끊임없이 소통해야만 조직이 유지되고 활성화될 수 있기 때문이다. 이러한 이유에서 노동조합은 회사와 단체협약을 통해서 조합원 교육 시간을 확보하고자 했지만, 쿱스토어경남은 노조의 조합원 교육, 조합 간부 회의와 같은 노조 활동을 유급으로 받아들이지 않았다. 또한 노동조합은 신입사원 입사 시 노동조합을 소개하는 시간을 단체협약으로 보장받고자 했다. 신입직원 교육이나 직원 교육 시 회사가 노동조합에 일정한 시간을 제공하는 것은 노동조합을 조직 내 주체로 인정하는 의미를 담고 있지만, 쿱스토어경남 노사의 단체협약에서 이에 대한 조항은 찾아볼 수 없다.

　　노동조합의 홍보활동 역시 상당히 제약될 수 있는 문구가 단체협약에 담겨있다. 통상 노동조합의 홍보활동을 보장하는 의미에서 노사는 사업장 내 게시판이나 휴게실에 노조의 유인물을 게시할 수 있도록 협약을 체결한다. 그러나 쿱스토어경남 노사가 체결한 단체협약은 "조합원이 소속된 매장의 직원휴게소 또는 사무실 내 게시판 이용에 협조할 수 있다"로 되어 있다. 이는 상황에 따라 회사가 '협조하지 않을 수 있다'라는 의미이다. 쿱스토어경남에서 노동조합은 설립됐지만, 노조 활동을 원활히 할 수 없는 울타리에 갇힌 모습이다. 아이쿱생협 기업인 쿱스토어경남에서 노동조합은 환영받지 못한 존재로 보인다.

2

쿱스토어경남의 노동 상황

쿱스토어경남지회 노동자들은 2019년 하반기 쿱스토어경남 자연드림매장에 돌았던 업무지침서를 생생히 기억하고 있다. 조합원이 매장에 방문하면 바른 자세로 감사의 기분을 넣어 인사해야 한다는 내용, 근무 시간 동안 다른 생각을 하지 않아야 한다는 내용, 화장실을 갈 때 관리자에게 보고한 후 이동할 수 있다는 내용 등은 직원들이 모멸감을 느끼기에 충분하다. 쿱스토어경남은 자연드림매장 직원들을 언제라도 딴짓하는 사람으로 봤던 걸까.

쿱스토어경남지회 노동조합의 문제 제기로 해당 업무지침서는 폐기되었지만, 매장 점원들을 통제하려는 의도는 취업규칙이나 근로계약을 통해서도 확인된다. 쿱스토어경남은 2018년 취업규칙에서 "회사를 원고나 피고로 하는 민·형사상 소송에서 유죄를 선고받은 경우"를 징계사유로 둔 적이 있다. 회사를 상대로 소송을 제기해서 노동자가 패소할 경우, 징계를 받을 수 있다는 얘기이다. 해당 문구는 2019년에 "회사를 상대로 부당하게 진정, 고발, 소송 등을 제기하여 회사의 업무에 지장을 초래한 경우"로 변경되었지만, 여전히 문제 소지가 있다. 이대로라면 진정, 고발, 소송의 정당성과 업무 지장을 초래했는지에 대한 여부는 회사가 일차적으로 판단할 수밖에 없고, 그에 따라 노동자는 징계받을 수 있기 때문이다.

단체협약의 역설

노사 간의 단체협약은 법에서 정하지 않거나 모호하게 정해져 있는 사항에 대해 노사가 법의 취지를 위배하지 않는 범위 내에서 자율적으로 정하는 약속이다. 노동자들이 노동조합을 통해 법적 최저기준보다 높은 수준의 노동조건을 가질 수 있도록 하는 취지가 담겨있다. 그러나 쿱스토어경남 노사의 단체협약은 역설적으로 노동자와 노동조합의 권리를 제약하는 근거가 될 수 있다.

노동조건의 대표적인 지표인 임금과 휴가에 관한 사항을 보자. 노동조합은 단체협약 체결 시 임금 또는 근로조건 변경을 제한하는 조항을 제시하는데, 회사가 임의로 노동조건을 낮추지 못하도록 막기 위해서다. 이는 법에서도 정하고 있는데, 취업규칙이 노동자에게 불리한 내용으로 변경될 때 노동자와 노동조합의 동의를 얻어야 한다. 쿱스토어경남지회 노동조합 역시 거의 동일한 내용으로 임금 저하를 막는 내용의 조항을 제시했다.[58] 하지만 회사는 경영상 조치로 수반되는 다양한 현상을 통제할 수 없다는 이유로 거부했다. '근로조건 변경 조항'은 최종적으로 "회사는 합리적인 이유 없이 월급제를 일급제로, 일급제를 월급제로의 전환을 일방적으로 시행할 수 없으며 또한 합리적인 이유 없이 기본급 및 통상임금을 일방적으로 저하시킬 수 없다"(제15조)로 체결되었다. 합리적인 이유가 있으면 근로조건을 저하할 수 있다는 뒷문을 만들어 놓은 셈이다. 2016년

---

58 쿱스토어경남지회 노동조합이 최초로 제시한 조항의 내용은 다음과 같다. "[기본급 저하 불가] 사용자는 조합원의 부서 이동, 배치전환(전보, 전근 등), 월급제를 일급제로, 일급제를 월급제로의 전환을 이유로 또한 생산성 저하, 경영부실 등을 이유로 한 어떠한 명목으로도 기본급 및 통상임금을 저하시킬 수 없다."

1월 박근혜 정부가 노동자에게 불이익한 취업규칙을 회사가 변경할 수 있다고 해석하면서 내걸었던 개념인 '사회 통념상 합리성'과 유사해 보인다.[59]

휴가에 관한 조항에서는 직원 복지에 대한 쿱스토어경남의 인식을 엿볼 수 있다. 2019년 고용노동부의 표준취업규칙을 살펴보면, 병가에 대해서 회사는 연간 60일을 초과하지 않는 범위에서 무급으로 허가할 것을 제시하고 있다. 일반적으로 단체협약 교섭에서 병가는 얼마 동안의 유급휴가를 줄 것인가가 쟁점이 되지만, 쿱스토어경남은 정부의 표준안에도 미치지 못하는 1개월 무급 병가를 주장하여 관철했다. 심지어 생리휴가 조항(제23조)은 근로기준법에 반하는 내용으로 체결되었다. 2003년 9월 이전 근로기준법은 여성 노동자에게 월 1일의 유급 생리휴가를 주어야 하는 것으로 규정하고 있었지만, 법률 개정으로 "여성 근로자가 청구하면 월 1일의 생리휴가를 주어야 한다"로 수정되었다. 쿱스토어경남지회는 법률에 있는 내용을 그대로 제안했지만, 회사는 "줄 수 있다"로 변경하여 제시하였고, 이 역시 회사의 의견이 그대로 반영되어 단체협약이 체결되었다.[60] 2016년 초 이서현 노동자가 지역생협에서 일했을 때 생리휴가 요청이 거부됐던 일이 오히려 단체협약으로 굳어진 꼴이다.

쿱스토어경남 노사의 단체협약에서 노동자에게 가장 위협적으

---

59 박근혜 정부는 2016년 1월 소위 '양대 지침'으로 불리우는 「직무능력과 성과 중심의 인력 운영을 위한 가이드북: 공정인사지침」과 「취업규칙 해석 및 운영 지침」을 발표하였다. 앞의 지침은 저성과를 명분으로 쉬운 해고가 가능하도록 하는 내용을 담고 있고, 뒤의 지침은 사회 통념상 합리성이 있을 경우 노동자에게 불이익이 되는 취업규칙 변경이 가능하다는 해석을 제시하고 있다. 두 지침은 2017년 9월 문재인 정부에서 폐기되었다.

60 쿱스토어경남 노사는 생리휴가에 대해 "회사는 여성 조합원이 신청하면 월 1일의 무급 생리휴가를 줄 수 있다"로 체결하였다.

로 작용할 수 있는 부분은 휴직 조항(제28조)이다. 일반적으로 기업에서 휴직은 노동자가 신청하고 회사가 승인하는 형태이다. 통상적인 노사 간의 단체협약에서는 휴직의 범위나 기간을 두고 교섭이 이루어진다. 하지만 쿱스토어경남의 단체협약에서 휴직 조항은 노동자가 신청하는 것이 아니라 회사가 "명할 수 있다"로 체결됐다. 물론 회사가 노동자에게 휴직을 명령할 수 있는 상황이 없는 것은 아니다. 전염병 등 전파의 우려가 있는 경우와 같이 특수한 상황에서 회사가 휴직을 강제하는 것은 정당성을 갖는다. 그러나 쿱스토어경남의 단체협약처럼 회사의 일방적인 휴직 명령은 노동권은 물론 노동자의 사생활과 인격을 침해할 수 있는 소지가 다분하다. 예를 들어, 쿱스토어경남의 단체협약 제28조 4호는 휴직을 명령할 수 있는 사항을 '기타'로 광범위하게 규정하고 있다. "경영진이 판단하여 해당 직원의 휴직이 필요하다고 판단될 경우" 노동자는 휴직해야 하고, 제29조에 근거해서 "휴직 조건이 해소되지 않으면" 퇴사로 이어질 수 있다.

쿱스토어경남의 단체협약 제28조와 제29조를 종합해 보면 다음과 같은 상황을 그려볼 수 있다. 회사가 직원의 업무능력이 결여되었거나 근무 성적이 부진한 것으로 평가한 후 "휴직이 필요하다고 판단"하여 3개월간의 휴직을 명한다. 회사는 친절하게 업무능력 향상을 위해 휴직 기간에 직원에게 필요한 교육과정을 소개해 주고 교육 비용의 일부를 지원해 준다. 그러나 3개월 후 회사가 직원의 직무능력이 업무를 수행할 만큼 향상되지 않았다고 판단하면, 노동자는 다시 3개월간의 휴직을 받아야 하고 6개월째가 되는 날에 회사로 복귀하지 못할 수 있다.

〈표 7〉 쿱스토어경남 단체협약 중 휴직 및 휴직 기간에 관한 조항

노조안	단체협약

[일신상의 사유로 인한 휴직]
사용자는 직원이 일신상 사유로 휴직하고자 할 때에는 60일 이내의 필요한 기간에 대하여 무급휴직을 부여해야 한다. 단, 직원이 원하는 경우 연차 등의 다른 유급휴가를 먼저 사용할 수 있도록 조치한다.
	제28조【 휴 직 】
	조합원이 다음 각호 1에 해당할 경우 무급휴직을 명할 수 있다.
	  1. 업무 외의 부상 또는 질병으로 1월 이상 간호 또는 휴양이 필요할 때
	  2. 징병 소집 및 전시 등 병역법에 의하여 징집·소집될 때
	  3. 형사사건으로 기소되었을 때
	  4. 기타. 경영진이 판단하여 해당 직원의 휴직이 필요하다고 판단될 경우
	제29조【 휴 직 기 간 】
	  1. 조합원의 휴직 기간은 3개월 이내로 하고 그 기간 내에 휴직 조건이 해소되지 않으면 그 사유를 증빙서류 첨부하여 연장 승인을 받아야 하며 그렇지 아니할 때는 자연적으로 퇴직된 것으로 본다.
	  2. 휴직 기간의 연장은 1회에 한하며 휴직의 총기간은 최대 6개월을 초과할 수 없다.

주 : 휴직(제28조) 및 휴직기간(제29조)은 회사안이 그대로 체결되었음.

  쿱스토어경남의 단체협약은 2016년 박근혜 정부의 「공정인사지침」을 떠올리게 만든다. 「공정인사지침」은 "저성과자 해고의 절차를 '평가 → 저성과자에 대한 교육훈련 및 전환 배치 등의 기회 제공 → 일정 기간 후 재평가하여 개선이 없는 경우 해고통지'라는 방식으로 추진할 경우 정당성을 충족"한 것으로 보기 때문이다(류주형·우지연·박주영 2016). 정당한 이유 없이 해고, 휴직, 정직, 전직 등의 징벌을 하지 못하도록 규정한 근로기준법 제23조를 무력화하기 위해 시도되었던 박근혜 정부의 공정인사지침이 변형된 형태로 살아난 듯한 인상을 준다.

합법성의 이면

"법으로 진짜 문제 안 될 만한, 엄청 합법적이에요, 아이쿱. 얼마나 무섭게 그걸 하는지 몰라요"라며 쿱스토어경남지회 이진현(가명) 노동자는 회사에 대해 묘사했다. 아이쿱생협은 법을 중요하게 여긴다. 그래서인지 몰라도 쿱스토어경남은 근로계약서 및 단체협약 문구에 심혈을 기울인 듯하다.

쿱스토어경남 단체협약에서 '고용안정 및 노동강도 심화 방지 노력' 조항이 대표적이다(제34조). 주요 내용은 노동자의 근무 형태나 근무지 변경에 관한 사항이다. 일반기업에서 노동자의 근무지 전환 배치는 종종 노사 간 쟁점이 된다. 회사가 업무 및 근무지 변경을 통해 노동자의 퇴사를 유도하거나 노동조합을 약화시키기 위한 수단으로 사용한 적이 있기 때문이다. 쿱스토어경남 노사가 단체협약을 체결하기 전인 2018년 1월 회사는 매장 점원(쿠퍼) 2명에 대해 근무지 이동을 통보했고, 노조는 이를 막고자 했다. 자연드림매장 운영 과정에서 점원의 근무지 이동은 있을 수 있다. 다만 어떤 인력배치 기준에 근거해서 매장 인원이 조정되는지에 대한 설명이 선행되어야 하고, 근무 장소 변경으로 인해 매장 쿠퍼들이 겪는 어려움은 없는지에 대한 의견을 수렴해야 하며, 아울러 대책도 마련해야 한다. 아쉽게도 쿱스토어경남지회 노동조합은 회사로부터 납득할 만한 설명을 듣지 못했다. 2018년 노동조합이 '진주 초전 매장 조합원 근무지 변경 보류의 건'으로 공문을 발송한 후에야 회사는 노동자 2명의 근무지 변경을 철회했다.

쿱스토어경남의 근무지 변경 명령이 부당해 보이더라도 법적으로 문제가 되지 않을 수 있다. 회사는 근로계약서에 "업무상 필요한 경우 부서 및 근무 장소와 담당업무를 변경할 수 있다"는 조항을 담앉기 때문이다. 그래서 쿱스토어경남지회 노동조합은 "근무 장소 배치전환 시 당사자의 동의를 받아야 하며, 변경된 근로조건에 대해서는 조합 또는 당사자와 합의"한다는 내용을 단체협약에 담고자 했다. 회사는 받아들이지 않았고, 결국 단체협약 제34조는 "근무 형태나 근무 장소 변경 시 당사자 또는 조합과 협의한다"로 체결되었다.

쿱스토어경남의 단체협약 제34조가 노동자에게 얼마나 위협적인지는 금세 드러났다. 2021년 말 대대적인 매장이동 인사 발령이 예정됐는데, 한 도시에서뿐만 아니라 다른 도시로 이동해야 하는 근무지 변경이 있을 거라는 소문이 돌았다. 마산내서점에서 경남진해점으로 이동할 경우 한 도시 안에서 이루어진 이동으로 생각할 수 있다. 하지만 이동시간을 따져보면, 마산내서점에서 경남진해점으로 가기 위해서는 버스로 약 1시간 6분에서 1시간 19분이 걸린다.[61] 매장 직원이 하루에 6시간 정도를 근무하기 위해 왕복 약 2시간 30분 정도를 이동해야 하는데, 급여가 약 156만 원인 상황에서 매장 전환 배치는 퇴사를 고민하게 할 수밖에 없다.[62] 진주시 진주초전점에서 김해시 장유팔판점으로 인사 발령이 있을 거라는 소식을 접한 노동자도 있다. 보통의 노동자라면 회사의 인사 발령을 퇴직 권고로 인식할 것이다. 실제 쿱스토어경남 자연드림매장 노동자들은 전환 배치 계획을 듣고 대부분 퇴사했다.

자연드림매장 노동자에게 내려진 전환 배치에서 회사의 법적 근거는 부족함이 없어 보인다. 먼저 쿱스토어경남은 취업규칙에서

---

61 2022년 9월 기준으로 카카오맵의 길찾기 기능을 이용하여 거리, 소요시간, 배차시간 등을 파악하였고, 직원의 매장 전환 배치와 관련한 다른 경우에도 동일한 방식을 사용하였다. 매장 전환 배치 인사 발령에 따른 이동 소요 시간은 매장 소재지를 기준으로 하였다.
62 금액은 하루 6시간, 주 5일, 시급 1만 원 기준으로 추산했다.

"회사는 업무상 필요에 따라 직원의 부서 및 직무의 변경을 명할 수 있다"라는 조항을 두고 있다. 근로계약서 역시 "업무상 필요한 경우 부서 및 근무 장소와 담당업무를 변경할 수 있으며, 정당한 사유 없이 이를 거부할 수 없다"라는 단서 조항을 달고 있다. 마지막 보루인 단체협약으로도 전환 배치를 막을 수 없다. 단체 협약상 조합원의 근무 장소 변경 시 근로조건을 저하시키지 않도록 '노력'하고 '협의'하면 되기 때문이다.

그런데 자연드림매장 점원의 근무지를 멀리 옮길 만큼 업무상 필요성이 있는 걸까. 쿱스토어경남은 매장 점원에게 근무지 변경을 넘어 전직에 대한 가능성까지 근로계약서에 담고 있다. 단체협약 체결 이후인 2018년 4월경의 자연드림매장 쿠퍼 근로계약서를 보면 '업무형평상 필요하다고 판단될 경우 긴밀하게 관련 있는 계열사 또는 관계사로 전직을 명할 수 있다'라는 조항이 들어 있다. 자연드림매장 점원에게 전직이라는 인사 명령을 내려야 하는 상황은 무엇일까. 자연드림매장 점원에게 '전직'은 당장 업무 및 주거지 변경을 수반한다. 자연드림매장 점원을 전직시킬 만한 회사의 업무상 필요는 무엇일까. 임금인상, 적절한 주거, 다양한 복지가 제공되면 자연드림매장 점원에게 내려진 전직 명령은 정당한 걸까. 쿱스토어경남의 근로계약서상 '전직' 조항을 이용해 인사 명령을 내린다면 법적 정당성을 뒷받침해 줄 수는 있어도 도덕적 정당성을 줄 수 있을지 미지수이다.

아이쿱생협 기업의 고용과 임금

쿱스토어경남의 단체협약에서 큰 이견이 없었던 조항은 정규직 채용에 관한 부분이다. 특별한 사유가 없는 한 회사는 정규직을 채용하고, 계약직을 채용하더라도 노동조건에 차별을 두지 않기로 노사가 합의했다. 아이쿱생협의 노동정책 방침과도 어긋남이 없어 보인다.

그러나 언젠가부터 자연드림매장 점원은 비정규직으로 채용되고 있었다. 취업포털사이트 알바천국에 등록된 경남지역 자연드림매장의 점원 채용 공고는 상당히 놀랍다. 2022년 7월 5일부터 9월 4일까지 2달 동안의 채용 공고 26개 중 정규직 채용은 단 한 건도 없다. 모두 계약직에 대한 채용 공고가 올라왔고, 기간도 1~3개월이 대다수다. 모순되게도 채용 우대사항으로 '장기근로 가능자'가 제시되어 있다. 같은 기간 경남 이외 지역의 자연드림매장 점원 채용 공고도 크게 다르지 않다. 대부분 1~3개월 또는 3~6개월 정도의 계약직을 뽑으면서 장기근무자를 원한다.[63]

자연드림매장 점원의 고용 불안정은 기존 인력에 업무 하중이 늘어나는 것은 물론 서비스 질에도 부정적 영향을 미칠 수 있다. 그럼에도 경남지역 자연드림매장 점원을 비정규직으로 채용하는 이유는 뭘까. 채용 공고 우대사항으로 장기근무 가능자를 기재하면서까지 3개월 계약직 채용이 반복되는 이유는 뭘까. 채용 절차 진행, 업무교육 등 다양한 사무를 수반한 계약직 채용에서 얻을 수 있는 건 뭘까. 가장 먼저 비용 절감과 연관 지어 생각해 볼 수 있다. 회사가 노동조합과 협의할 때 경영상의 어려움을 자주 언급했던 것에 비춰 보면, 반복되는 비정규직 채용의 원인을 경제적인 측면에서 살펴볼 필요가 있다.

---

63 경남지역 자연드림매장 채용 공고에서 점원은 크게 2개 집단으로 구분된다. 한 집단은 하루 5.5시간이나 6시간 근무자로서 이들은 교대제로 주 5일간 일하고, 대부분 4대 보험, 주휴수당, 퇴직금을 받는다. 다른 한 집단은 하루 2시간 근무자로 주 6일 근무를 하면서 대부분 산재보험 정도의 혜택을 받는다.

쿱스토어경남의 최근 3년 영업실적을 보면, 영업이익은 2019년과 2020년에 플러스(+)를, 2021년에 마이너스(-)를 보인다. 물건을 들여와 팔았을 때 원가와 비용을 제외하면 2019년과 2020년은 이익을 얻었고, 2021년에는 손해를 보았다. 그리고 비용에 해당하는 '판매비와 관리비'는 2020년과 2021년 모두 2019년에 비해 비율이 감소했지만 '매출원가'의 비율은 증가했다. 즉 물건을 사 올 때 들어가는 금액이 늘어나면서 장사를 하고 수익을 남길 수 있는 여지는 작아지는 것으로 볼 수 있다. 이런 가운데 쿱스토어경남의 판매비와 관리비 중 급여 항목의 비율은 2019년에 비해 작아지고 있다. 일단 직원들의 인건비가 쿱스토어경남의 영업손실에 별로 영향을 주지 못하고 있다는 해석이 가능하다.

〈표 8〉 쿱스토어경남 손익계산서 요약

(단위: 백만원, %)

항목	2019.12.31 금액	2019.12.31 비율	2020.12.31 금액	2020.12.31 비율	2021.12.31 금액	2021.12.31 비율
I. 매출액	43,038	100.00	51,165	100.00	52,215	100.00
II. 매출원가	31,958	74.26	38,420	75.09	41,115	78.74
III. 매출총이익(손실)	11,080	25.74	12,745	24.91	11,100	21.26
IV. 판매비와 관리비	10,661	24.77	11,287	22.06	11,134	21.32
급여	4,740	11.01	5,174	10.11	4,738	9.07
V. 영업이익(손실)	419	0.97	1,458	2.85	-34	-0.06
VI. 영업외수익	185	0.43	387	0.76	478	0.92
VII. 영업외비용	213	0.49	322	0.63	167	0.32
VIII. 법인세비용차감전 순이익	391	0.91	1,522	2.98	278	0.53
IX. 법인세비용	135	0.31	312	0.61	27	0.05
X. 당기순이익(순손실)	257	0.60	1,210	2.37	250	0.48

자료: 쿱스토어경남 각 연도 감사보고서

한해 기업 전체의 성적을 보여주는 당기순이익의 경우 쿱스토어경남은 최근 3년 모두 플러스(+)를 기록했다. 계약기간 3개월인 비정규직의 반복적인 채용을 쿱스토어경남의 경영상의 어려움으로 인한 처방으로만 보기 어려운 부분이다. 쿱스토어경남이 계약직 매장 점원을 채용함으로써 일정한 비용 절감 효과를 누릴 수 있겠지만, 반복적인 단기 근로 계약직의 채용을 비용 절감만으로 보는 해석은 한계가 있다.

아이쿱생협그룹의 또 다른 기업인 쿱로지스틱스를 살펴보자. 아이쿱생협의 물류를 담당하는 주식회사로서 아이쿱생협연합회가 지분의 50%를 가지고 있고, 아이쿱생협연합회 이사장이 대표이사를 맡고 있다. 아이쿱생협연합회의 자회사인 쿱로지스틱스는 여러 연구에서 고용 안정성이 높은 기업으로 소개되어 왔다. 그러나 쿱로지스틱스의 최근 고용 안정성은 재평가될 필요가 있다. 쿱로지스틱스는 2021년 비정규직 비율이 17.9%를 기록했고, 2022년에 이르러서는 직원의 29%에 이르렀다. 2020년 직원 10명 중 1명이 비정규직이었다가 2022년은 약 10명 중 3명 정도로 높아진다. 2023년 쿱로지스틱스의 비정규직 비율은 21.6%로 전년도에 비해 줄었지만, 과거의 고용 안정성 이미지를 유지하기 힘들어 보인다.

<표 9> 쿱로지스틱스 직원 고용 형태 현황

(단위: 명, %)

구분	전체인원	정규직		비정규직	
		인원	비율	인원	비율
2020년	367	325	88.6	42	11.4
2021년	392	322	82.1	70	17.9
2022년	389	276	71.0	113	29.0
2023년	287	225	78.4	62	21.6

주 : 1. 고용형태공시제에서 고용 형태 분류는 '근로계약기간의 정함이 없는 근로자'(정규직, 무기계약직), '기간제 근로자', '단시간 근로자'로 분류하고 있으나, 편의상 '근로계약기간의 정함이 없는 근로자'를 정규직으로, '기간제 근로자'를 비정규직으로 표기함.
2. 해당연도 3월 말 기준임.
자료 : 고용노동부 고용형태공시제

    쿱로지스틱스에서 비정규직 고용이 증가하는 이유는 다양하겠지만, 두 가지 지점을 주시할 필요가 있다. 첫째는 채용 시점으로서, 비정규직 채용이 늘어나는 상황이다. 2022년 9월 기준 잡코리아의 기업정보를 보면, '쿱로지스틱스전남'은 최근 3년 채용 횟수 32회 중 8건이 정규직 채용이고, '쿱로지스틱스경남'은 최근 3년 채용 횟수 47회 중 10건이 정규직 채용이며, '쿱스토어냉동'은 최근 3년간 채용 횟수 6회 중 정규직 채용이 0건으로 나타난다. 두 번째는 고용계약 종료 시점으로서, 정규직 전환이 이루어지지 않는 상황이다. 2022년 9월 12일 잡코리아에 등록된 쿱로지스틱스경남의 경남물류센터 채용 공고를 보면, '정규직 : 수습 6개월'과 '계약직 : 근무 기간 6개월 정규직 전환 가능'으로 조건을 제시하고 있다. 정규직의 경우 수급기간 6개월 이내에 해고될 수 있고, 비정규직은 6개월이 되는 시점에 계약이 종료될 수 있는데, 정규직 직원으로 전환이 이루어지지 않으면 비정규직 비율이 높아질 수 있는 조건이다.
    아이쿱생협의 노동정책 이미지와 상반된 모습은 임금 영역에서도 나타난다. 쿱스토어경남 노사는 2018년 2월 임금 협약에서 시급을 9,300원으로 합의하였다. 이는 2017년 8,700원에서 6.9% 인상된 금액이고, 정부의 최저시급보다 23.5%가 높다. 그러나 2018년 시급이 9,300원으로 인상되는 과정에서 임금 명세서에 있었던 식대 10만 원이 사라졌다. 식대를 시급에 포함해 인상했기 때문이다. 이렇게 되면 대외적으로 쿱스토어경남은 "정부가 정한 최저시급보다 약 23.5% 높은" 시급을 지급하는 것이 되지만, 자연드림매장에서 일하는 노동자들은 이를 체감할 수 없다.

쿱스토어경남이 추진했던 식대 지급 방식 변경 역시 노동자들의 임금을 저하시켰다. 쿱스토어경남은 자연드림매장 운영을 맡은 후 직원들에게 식대 12만 원을 지급하지 않은 대신 하루에 6천 원씩 법인카드를 사용하도록 했다. 매장 직원들은 식사를 위해서 밖으로 나가기 어려울 수도 있고 카드 사용이 안 되는 식당이 있기도 해서 식대를 다시 임금에 포함해서 지급해 달라고 요구했다. 식대 지급 대신 법인카드를 사용하도록 하는 정책은 노동자의 불편에 대한 문제로 그치지 않는다. 외형상 노동자에게 손해가 없다고 생각할 수 있지만 회사가 식대를 지급하지 않고 법인카드를 사용하도록 함으로써 회사는 이익을 얻지만, 노동자는 손해를 보게 된다.

정기직, 일률적, 고정적으로 지급되던 식대가 임금 항목에서 빠져서 총액이 줄어들게 되면, 평균임금으로 산정되는 퇴직금과 통상임금으로 산정되는 시간 외 수당이 낮아지게 된다. 특히 퇴직금의 경우 식대가 임금에서 빠지게 됨으로써 실질적인 삭감으로 이어진다. 반면 회사는 직원들이 식대를 임금으로 받는 대신 법인카드를 사용하게 되면서 상당한 이익을 얻게 된다.

식대 지급 방식 변경으로 인한 회사의 이익금 추계

■ 조건
 - 식대 12만원을 지급하지 않는 대신 법인카드를
   사용토록 한 경우
 - 퇴직금의 경우 임금인상 등의 변동 요소가 있지만
   고정 상태로 가정
■ 비용 감소 영역 및 계산 방식
 1. 퇴직금
   - 월 평균임금이 12만 원 감소한 것에 대한 퇴직금 감소분
   - 1인당 약 12만 원 × 180명 = 약 2,160만 원
 2. 부가가치세
   - 법인카드 사용액에 대한 부가가치세 환급분
   - 1인당 약 12만 원 × 12개월 × 180명 × 10% ÷ 1.1
     = 약 2,356만 원
 3. 사회보험료
   - 식대 12만 원에 대한 비과세되는 금액을 제외한
     2만 원에 대해 4대 보험료
   - 4대 보험료는 임금의 약 10%로 가정
   - 1인당 약 2만 원 × 10% × 12개월 × 180명 = 약 432만 원
 4. 총액
   - 식대 지급 대신 법인카드 사용이 계속된다고 가정하고
     회사가 1년간 얻을 수 있는 이익금
   - 약 4,948만 원

먼저 부가가치세 환급액이 커진다. 법인카드 사용 금액은 세무 신고 때 비용으로 처리되고 이에 대한 부가가치세 환급을 받을 수

있다. 다음으로 사회보험료가 절감된다. 식대 12만 원에서 비과세되는 10만 원을 제외한 금액에 대해 지출하던 사회보험료만큼 비용이 줄어들게 된다. 임금에 포함하여 지급하던 식대를 법인카드 사용으로 지속했다면 회사가 얻을 수 있는 이득은 1년에 약 4,948만 원에 이른다.

자연드림매장 직원들의 반발로 식사비용을 법인카드로 처리하는 방식은 중단되었다. 대신 회사는 기존 12만 원이던 식비를 10만 원으로 낮추자고 제안했다. 회사의 제안은 노동자들에게 직접적인 임금 감소와 더불어 퇴직금 감소로 이어지는 불리한 조치였지만 그대로 시행되었다. 자연드림매장 노동자들의 시급이 법정 최저시급보다 높다는 조건이 오히려 노동자들의 목소리를 제약했을 가능성이 있다.

쿱스토어경남 자연드림매장 노동자들이 자신들의 임금 조건을 따져보기 어려운 조건도 있다. 쿱스토어경남 매장 직원들의 근로계약서에는 "급여내역을 타인에게 누설하지 않으며, 타인의 급여내역을 인지하기 위해 어떠한 행동도 하지 않을 것을 서약"하도록 되어 있다. 이는 쿱스토어경남 외에도 아이쿱생협 관련 다른 기업에서도 발견된다. 자신의 임금을 직장 내에서 말하지 않아야 하는 것이 근로계약서에 담을 만큼 중요한 사안일까? 일반기업의 모습을 생각해 보자. 연봉협상을 통해 임금이 결정되는 직장이 아니고서 대부분 동료의 임금을 아는 것은 어렵지 않다. 호봉표 등에서 정해진 기본급에 근무 시간에 따라 변동되는 시간 외 근무수당과 인적 사항에 따라 적용되는 수당이 더해져 약간의 차이가 있을 뿐이다. 연봉협상을 통해 임금이 결정되는 경우 자신의 능력과 성과에 연동되어 책정된다는 관념이 있기 때문에 서로 간 언급을 꺼리는 경우는 있다. 물론 회사가 연봉 공개를 제한하는 경우도 있다.

그러나 쿱스토어경남 자연드림매장 직원은 시급직으로서 정해진 시급에 근무 시간만큼 급여가 지급되는 구조이다. 연봉 공개를 제한하는 회사와 유사한 조건이 아니다. 오히려 '임금내역명세 누설 금지'는 직군에 따라 임금 항목이 다를 수 있다는 것인가라는 질문을 낳게 한다. 예를 들어 다음과 같은 질문도 가능하다. 2016년 식대를 임금에서 빼고 법인카드를 사용하도록 했을 때, 매장 점원 외에 다른 직군의 노동자들도 동일하게 적용했는가? 이런 질문에 대해 노동자들이 서로가 확인하는 것은 자신의 노동조건을 유지하기 위한 최소한의 행동이 아닐까.

5장

협동조합에 대한 재인식

협동조합 내 노동문제나 노동조합에 대한 태도는 협동조합을 어떻게 보는가에 따라 달라지는 듯하다. 협동조합이 이윤을 추구하지 않는 조직이라고 믿는 사람은 협동조합에서 노동조합은 필요 없다고 생각할 수 있다. 협동조합이 민주적으로 운영되는 조직이라고 생각하는 사람은 협동조합에서 노사갈등이 원만히 해결될 것으로 기대할 수 있다. 하지만 협동조합 및 협동조합기업에서 노동조합의 설립은 계속되고 노사분쟁은 극도의 대립을 보이기도 한다.

협동조합의 노동에 특수한 요소가 없는 건 아니지만 협동조합의 노동문제는 일반 기업조직과 유사하다. 노동조건을 둘러싼 노사대립, 노동조합에 대한 사측의 적대적인 행위 등 일반기업에서 보였던 분쟁 원인은 협동조합에서도 확인된다. 일반기업에서 흔하게 볼 수 있는 찍어내기식 징계, 반복적 징계, 일방적인 근무지 변경, 불분명한 인사 평가 등이 협동조합에서도 나타난다. 협동조합의 노동은 일반기업과 다를 것이란 기대가 무색할 정도이다.

그렇다면 생각의 방향을 바꿔 협동조합이 일반기업과 공유하는 속성에 대해 생각해 볼 필요가 있다. 협동조합은 사업체이지만 특별한 가치지향과 운영 원리를 가지기 때문에 일반기업과 다른 노동이 형성될 가능성이 있다. 예를 들어, '협동조합의 정체성'은 하나의 상징적 기준이 되어 개별 협동조합의 행위를 도덕적으로 규제할 수 있다. 그리고 반대의 경우도 가능하다. 노동자와 갈등 상황에서 협동조합을 둘러싼 긍정적 이미지를 이용해 부당한 행위를 가리면서 협동조합의 노동문제를 악화시킬 수 있다.

협동조합이 노동에 우호적일 것이란 생각은 역사와 현실에 대한 과장에서 생겨난 결과물일 가능성이 크다. 대부분 협동조합운동과 노동조합운동이 긴밀했던 시기를 중심으로 협동조합과 노동의 관계를 이야기한다. 캐나다 퀘벡에서 노동자연대기금의 사회적경제 영역 지원, 몬드라곤과 미국철강노조의 협력, 아르헨티나에서 노동조합과 협동조합 간의 연대와 같은 사례는 협동조합과 노동조합의 관계를 상징하듯 제시된다. 그러나 조직의 갈등이나 실패가 외부화되기 어렵다는 점을 고려한다면 협동조합 내 노동문제나 협동조합과 노동조합의 갈등이 잘 드러나지 않았을 수 있다. 협동조합의 노동문제는 최근에 설립된 협동조합에서 나타나는 일시적이고 특수한 문제일까. 아니면 우리나라에서만 나타나는 지역적인 문제일까. 협동조합의 노동문제가 협동조합의 속성과 연관될 수 있다는 점에서 협동조합이 어떤 조직인지를 재검토해 볼 필요가 있다.

1

협동조합의 노동문제

국제협동조합연맹은 1995년 '협동조합 정체성에 관한 선언'에서 "공동으로 소유하고 민주적으로 운영되는 사업체를 통해 공통의 경제적, 사회적, 문화적 필요와 염원을 충족시키고자 하는 사람들이 자발적으로 결성한 자율적인 결사체"로 협동조합을 정의했다. 이에 앞서 역사학자들과 정치사상가들은 협동조합의 발생을 추적하는 과정에서 협동조합의 핵심적 요소를 규정해 왔다. 비어트리스 웹Beatrice Webb은 『영국 협동조합 운동』에서 최초의 협동조합으로 울버햄튼의 제조업자와 주민들이 돈을 모아 제분소를 설립했다는 1767년의 기록을 인용했다(2022). G.D.H 콜이 발견한 최초의 협동조합은 1760년 울리치와 채텀에서 조선소 노동자들이 제분업자들의 담합에 반대해 설립한 제분소였다(2015). 영국 협동조합의 역사를 정리했던 두 사람 모두 노동자들이 돈을 모아 사업체(제분소)를 설립한 조직을 자신들이 확인한 최초의 협동조합으로 제시했다.

협동조합을 공제조합이나 노동조합과 구분 지을 수 있는 지점은 존재한다. 노동자들은 실업, 질병, 빈곤에 대응하기 위해 상호부조 조직을 만들었고, 고용주와 맞서기 위한 노동조직을 결성하기도 했다. 과거로 더 거슬러 올라가면 초기 노동자조직은 공제조합과 노동조합의 기능을 동시에 수행하기도 했다.[64] 그렇지만 협동조합의 기원을 초기 노동조직에서 찾지 않는다. 그것은 바로 사업체로 활동하지 않았기 때문이다. 협동조합 이론가인 레이들로Laidlaw 박사는 1980년 『21세기의 협동조합』에서 샤를 지드Charles Gide가 정의한 "협동조합은 사업체를 통해 공통의 경제적, 사회적, 교육적 목적을 추구하는 사람들의 집단"을 인용하면서 가장 만족스럽고 유용하다고 평가했다. '공통의 목적을 갖는 사람들이 만든 사업체'라는 점은 협동조합의 정의에서 일관된다.

---

64 노동자조직은 임금 등 노동조건 이외에도 사망, 노령에 관한 상호부조의 기능을 함께 수행하기도 했는데, 1699년 런던의 석탄운반부는 "자신들, 미망인이 된 아내와 아이들, 그리고 은퇴한 늙은 십장skippers을 구제하기 위한 공동기금을 적립하기 위해 보수나 임금에서 작은 부분을 떼어 놓는 것에 대해 만장일치로 동의했다"(펠링 1992, 28). 1741년 소모공woolcomber은 단체를 설립하여 질병에 걸리거나 실직하여 가난하게 된 동료를 돕는 것을 가장 전면에 내세우면서 매주 한두 차례 모임을 가졌고, 각자 2펜스 또는 3펜스를 기금함box에 모았다. 이와 함께 소모공 단체 회원들은 12개짜리 한 묶음당 2실링 이하로 작업을 해서는 안 된다는 규칙을 결의하였고, 고용주에게 클럽 회원이 아닌 자를 고용하지 못하도록 요구하였다. 실직자에게는 클럽box club이 있는 인근 마을에서 일을 찾을 수 있도록 티켓과 돈을 주기도 했다. 공장제도가 적용된 직종 역시 노동조건, 질병 및 실업 구제를 위한 단체들이 설립되는 양상을 보였다. 1794년 리즈Leeds 상인들의 대규모 공장 건립을 반대했던 웨스트 라이딩West Riding의 직포공들은 질병 구제를 위한 모금과 법적 도제 규제에 대한 의회 대응 활동을 표면에 내세우면서 직물직 조합 또는 모금협회를 설립하였다(시드니·비어트리스 웹 1990).

공제조합, 노동조합, 협동조합 모두 돈을 모아 조합원에게 서비스를 제공한다는 방식은 기본적으로 같다. 공제조합은 장례, 질병 등과 같은 일상생활에서 발생하는 위험에 대비하기 위해 돈을 모으고, 노동조합은 고용주에 맞서 임금, 실업 등 노동과 관련된 조건을 개선하기 위해 돈을 걷는다. 협동조합은 사업체 설립을 위해 돈을 모으고, 사업을 통해 서비스를 제공한다. 협동조합은 공제조합 및 노동조합과 많은 부분을 공유하고 있을지라도 사업체를 운영한다는 점에서 근본적인 차이를 갖는다. 특정 시기의 공제회를 "협동조합의 뿌리"로 보는 견해도 있지만(김신양 2021), 중요한 것은 협동조합을 어떻게 규정할 것인가가 될 것이다.

협동조합을 규정하는 데 있어 출현 시기도 중요한 논점이 된다. 협동조합의 정의를 기준으로 그 기원을 쫓는 과정에서 출현 시기가 다루어질 수밖에 없다. 이와 관련하여 우리나라의 '두레'와 '계'를 협동조합과 연결하는 주장이 있다. 두레와 계는 결사체적 성격과 사업체적 성격이 공존하는 경제형 결사체로서, 우리나라에 협동조합이라는 말이 들어오기 전부터 우리 선조들은 '협동조합 시스템'을 운영했다는 주장이다(김기섭 2012). 우리나라의 계가 공동으로 출자하여 사업을 수행한 조직으로 운영 방식이 근대적 협동조합과 비슷하다는 평가도 있다(김기태 2012). 모두 자본주의 체제가 형성되기 이전부터 협동조합이 존재할 수 있다는 주장으로 볼 수 있다.

그렇다면 자본주의 이전에도 협동조합이 존재할 수 있었을까. 영국의 경우 중세 시대를 지탱했던 관념과 제도가 서서히 무너지면서 자본주의의 토대가 만들어지기 시작했다. 상업이 발달하면서 중세 수공업길드 체계는 지탱되기 어려워졌고, 대신 장인 또는 자본가가 직인이나 도제를 고용하여 상품을 생산하고 경영하는 방식이나 상인이 농촌지역 수공업자들에게 원료나 도구를 제공하고 상품을 생산하도록 하는 방식이 늘어나게 됐다(김금수 2013). 상인은 자본가이면서 사업가로 역할을 하면서 자본주의 생산관계의 한 축을 형성했다. 자본주의 생산관계의 또 다른 축인 임금노동자, 즉 생산수단을 소유하지 못한 채 생산활동을 하는 집단 역시 긴 시간에 걸쳐 형성되었다. 14~15세기에 걸쳐 농노제가 해체되고, 비슷한 시기 무역이 발전하면서 모직물 공업이 번창하게 되고, 양모 수요가 증가하자 영주들은 농경지였던 토지를 양을 칠 수 있는 목장으로 바꾸고자 하였다. 1489년부터 1656년 사이 인클로저enclosure를 금지하는 법령이 계속해서 제정되었지만(김호연·이영석 1993), 영주들은 농민들에게 관습적으로 인정되었던 권리를 빼앗으며 새로운 울타리를 만들었다. 토지에서 쫓겨나 노동력 외에는 생계 수단이 없는 집단이 서서히 생겨난 것이다.[65]

자본주의적 생산관계의 토대가 만들어졌지만, 아직 공장제 대량생산의 시대는 아니다. 산업은 농촌에 기반을 둔 수공업이었고 사회구성원의 대다수는 농민이었다. 물건을 거래하는 시장이 있었지만, 여전히 가정에서 자급자족하는 시대였다. 농업 및 공업 기술, 연료, 교통 등이 발전해야 새로운 생산양식으로 전환될 수 있는데 그 중심에 산업혁명이 있었다. 폴라니Karl Polanyi는 오래전부터 있었던 시장이 경제생활에서 부수적인 역할이었지만, 산업혁명은 사회를 시장의 부속물로 전락시켰기 때문에 기존과 다른 사회체제를 형성시킨 것으로 봤다(폴라니 2009). 과거 토지를 기반으로 살아가던 노동 대중은 시장에 자기의 노동력을 팔아야 했고, 더 이상 시장 없이 자

---

65 인클로저는 15~16세기에 걸쳐 있었던 1차 인클로저와 18세기에 있었던 2차 인클로저가 있다. 농노들이 신분적 예속에서 벗어나 농민이 되고, 다시 인클로저 과정에서 땅에서 쫓겨나며 생산수단을 잃게 되는(free of~) 이중의 자유를 얻게 되면서 노동력의 상품화가 시작된다.

신들의 필요를 해결할 수 없었다. 시장에서 판매하기 위해 생산이 이루어지는 "시장경제의 확립"이 산업혁명을 통해 이루어진 것이다.

자본주의 이전 사회체제에서 협동조합이 출현할 수 있는 사회적 조건이 충분했다고 보기 어렵다. 협동조합은 시장경제라는 조건에서 출현하고 유지될 수 있는 조직이다. 산업혁명 이전에도 노동조직은 있었고, 노동대중이 현물이나 화폐를 모아 상호부조를 실천했던 사례는 인류 역사에서 지속적으로 있어 왔다. 두레, 계, 공제조합, 협동조합은 노동대중이 자신들의 필요를 위해 공동으로 협력한다는 차원에서 협동의 개념으로 묶을 수 있다. 하지만 협동조합은 자본주의 시장에 맞춰 출현한 사업체라는 점에서 기존 상호부조 조직과 근본적으로 다르다. 사회가 점차 자본주의 체제로 전환되면서 노동자들은 생산과 소비 영역 모두에서 자본의 지배하에 놓이게 되었고 자본가만큼 자본의 힘을 절감하게 됐다. 그리고 노동대중은 자신의 조건을 개선하고 자본가의 착취에 맞서기 위해 자본주의 시장을 이용하였다. 잉글랜드 남부 브라이튼에서 브라이튼협동사업협회를 설립하고 협동조합 상점을 열었던 킹 박사는 Dr. William King는 1828년 5월 〈코퍼레이터〉 창간호에서 협동조합의 본질과 목표를 명확히 드러냈다.

> "우리가 자신을 위해 일을 한다면 우리는 모든 것을 갖게 된다. 이것은 어떻게 이룰 수 있는가? 우리는 자본이 없기 때문에 우리를 고용해 줄 장인을 찾게 되고, 보통의 임금을 받고자 일해야 한다. 우리가 원하는 것은 자본이다. 어떻게 자본을 형성할 수 있는지 생각해 보자. 결코 불가능한 일이 아니다. 조합과 저축으로 자본을 축적할 수 있다… 모든 조합원이 생필품을 구입할 수 있는 가게에 다양한 상품을 진열해야 한다… 우리는 축적의 두 가지 원천, 바로 주간 단위 모금과 물건을 팔아 얻은 이윤을 갖게 될 것이다…

자본이 충분히 축적되면 조합원들이 필요로 하는 상품을 생산하고 그들에게 음식, 의류, 그리고 집을 제공할 수 있을 것이다. 그러면 조합은 공동체Community로 불릴 것이다." (Cole and Filson 1951)

자본을 모아 사업을 하고 사업을 통해 자본을 축적하고 축적된 자본을 바탕으로 확장된 사업에서 얻은 이익으로 노동대중의 필요를 충족시키는 방식이 협동조합이다. 협동조합은 자본주의 시장경제 체제에서 자본이 없는 사람들이 자신들의 삶을 개선하기 위해 시장의 방식으로 자본에 대응하고자 했던 조직이다. 협동조합은 자본주의 체제가 형성되는 과정에서 출현한 자본주의의 산물이다.

협동조합의 피고용인

협동조합의 피고용인 문제는 협동조합운동에서 오랫동안 논란이 된 사안으로서, 최초의 근대적 협동조합으로 일컬어지는 로치데일선구자조합의 성장 과정에서 뚜렷하게 드러난다. 협동조합은 설립 초기 규모가 작거나 영세할 때 조합원의 활동이나 노동으로 운영하다가 차츰 직원을 고용하게 된다. 로치데일선구자조합 역시 초기에 설립자와 조합원이 매장 관리자와 판매자의 역할을 했고, 조합의 규모가 커지자 조합 관리자 및 판매원을 직원으로 채용하게 되었다. 로치데일선구자조합은 1851년 설립자 중 한 명을 유급 관리자로 지명하고 이와 함께 3명의 직원을 채용하면서, "이사회 구성원은 유급 관리자가 될 수 없거나 이사회의 성원은 유급 종업원이 될 수 없다"라는 결의안을 통과시켰다(비어트리스 2022). 이 결의안은 유급 관리자나 유급 종업원이 이사회 선거에서 후보가 될 수 없다는 것을 의미하고,

이후에는 더욱 확대되어 이사회 선거에서 이들에게 투표권을 부여하지 않게 되었다(Ostergaard and Halsey 1965).

협동조합 피고용인이 조합 경영에 참여하는 것을 제약했던 이유는 협동조합과 피고용인의 이익이 충돌한다고 생각했기 때문이다. 하지만 로치데일선구자조합이 주도해 1855년에 설립된 로치데일생산자조합 방적공장은 "자본과 노동이 결합된 생산에서 나오는 이윤을 노동자에게 정당하게 분배하는 것"을 원칙으로 삼았다(홀리요크 2013). 그래서 로치데일생산자조합 방적공장은 출자자에게 이자를 지불하고 남은 이윤 중 일부를 '노동 배당'으로 지급했다. 당시 협동조합운동에서 생산자협동조합은 노동자들이 노동의 가치를 인정받고 자신의 노동을 통제할 수 있는 수단으로 의미를 부여했다. 근대적 협동조합들이 성장하는 과정에서 상대적으로 경제적 여건이 좋았던 노동자들은 협동조합을 저축기관으로 활용하는 모습을 보이기도 했지만, 여전히 협동공동체에 대한 지향이 유지되고 있었고 생산자협동조합에 대한 기대가 있었다. 생산자협동조합의 노동 배당은 상징적인 제도였지만, 시간이 흐르면서 고수익을 기대한 개별 출자자들은 노동 배당이 자신들에게 돌아갈 몫을 줄인다고 생각했다. 1860년 한 차례 노동 배당 폐지를 위한 투표가 있었으나 통과되지 못했고, 1862년에 노동 배당 폐지에 찬성 502명, 반대 162명으로 4분의 3 가결 규정에 따라 노동 배당 폐지가 결정되었다.[66] 홀리요크가 "반역을 일으켜 로치데일에 불명예를 안긴 502명"이라고 비난할 만큼 생산자조합에서의 노동 배당 폐지는 협동조합인들에게 충격적

---

66 콜(2015)은 3분의 2 다수결 규정으로 기록하고 있는데 1860년의 찬반 수를 계산해 보면 제시한 수치는 폐지 찬성인원은 3분의 2를 넘는다. 홀리요크(2013)는 1860년 투표결과를 제시하면서 4분의 3이 당시의 가결규정으로 기록하고 있다.

인 사건이었다.

협동조합 조합원과 피고용인의 이해가 충돌된다는 인식과 이윤 배분을 놓고 대립하는 상황은 근대적 협동조합이 성장하던 시기부터 드러났다. 그러면서 협동조합 경영에 피고용인을 참여시킬 것인가의 문제는 지속해서 논란이 되었다. 영국 협동조합대회Co-operative Congress의 1919년 일반조사위원회는 협동조합 피고용인에게 실험적 차원에서 대표권 부여를 제안하기도 했다. 그러나 1939년에 협동조합연합회Co-operative Union는 협동조합 내 조합원과 피고용인 사이의 이익충돌을 이유로 피고용인이 협동조합 경영위원회에 참여하는 게 협동조합에 이익이 되지 않는다는 점을 밝혔다(콜 2015).[67] 협동조합이 노동자들의 삶을 개선하기 위해 만들어졌을지라도 협동조합의 피고용인은 일찍이 협동조합과 이익을 두고 경쟁하는 대상으로 규정되고 있었다. 이는 협동조합이 조합원조직으로 정체성이 강화된 결과로써, 협동조합의 조합원은 언제든지 해당 조합의 피고용인을 자신들의 이익에 종속시킬 수 있음을 보여준 것이다.[68]

한편 협동조합 내 피고용인에 대한 인식은 협동조합운동의 전망에 관한 논쟁에서도 드러난다. 협동조합이 확장하는 과정에서 누가 협동조합운동의 중심 주체여야 하는지에 관한 논쟁이다. 협동조합이 누구를 위한 운동이어야 하는지 그리고 협동조합을 누가 통제해야 하는지가 주제이다. 이는 협동조합운동을 상품과 서비스의 생

---

67 협동조합연합회 집행부와 달리 협동조합 피고용인을 경영위원회에 참여시키는 협동조합도 약 80개에 이른다(콜 2015).
68 소비자협동조합 및 생산자협동조합과 달리 노동자협동조합은 협동조합의 소유, 통제, 노동이 일치하는 구조이기 때문에 '개념적으로' 협동조합 조합원과 노동자의 이해관계가 대립하지 않는다. 하지만 노동자협동조합 내에서 노동분쟁이 발생하는 것을 고려하면 갈등을 형성시키는 다른 요소가 있다는 점을 기억할 필요가 있다.

산자(노동자)가 지배하는 방향으로 나가야 할지 아니면 소비자가 지배하는 방향으로 나가야 할지의 문제로 귀결된다.

　오늘날 이런 논쟁은 엉뚱하고 추상적으로 보일 수 있다. 현재는 소비자협동조합과 생산자협동조합(노동자협동조합)은 각각의 전통과 목표 속에서 조직을 운영하고 상호 협력한다는 대의에 묶이기 때문이다. 하지만 근대적 협동조합운동의 성장이 한창이던 1870년대와 1880년대는 지금과 달랐다. 개별 협동조합의 성장은 연합조직의 설립을 추동했고, 1863년 잉글랜드북부도매조합연합회 CWS가 1868년 스코틀랜드협동조합도매조합연합회 SCWS가 출범했다. 두 개의 도매조합연합회 탄생은 1860년대 소매조합의 급격한 증가와 성장 속에서 이루어졌다. 1872년은 CWS가 직영 공장을 만들기로 한 해이기도 한데, 소매조합 및 도매조합연합회는 매장의 물품 공급을 위해 유통 부문을 넘어 생산에 직접 참여하고자 했다. CWS는 1873년 크럼프살 비스킷 공장과 레스터 부츠 공장 매입을 시작으로, 식료품, 의류, 비누, 인쇄 및 출판, 가구, 담배 등으로 생산의 범위를 넓혔다(Bonner 1970).

　소비자조합과 도매조합연합회가 생산에 적극적으로 참여하자 기독교 사회주의자를 중심으로 한 생산자협동조합 지지자는 이러한 정책에 반대했다. 1873년 협동조합대회에서 러들로 J. M. Ludlow는 "중요한 문제는 소비자가 조금 더 값싼 물건을 얻는 것이 아니라 물건을 생산하는 인간이 자신의 노동 산물에 기본적인 권리를 가질 것인가 말 것인가이다. 문제는 생산자가 더 좋은 주인을 가질 것인지가 아니라 그들 자신이 주인이 될 것인가이다"라고 피력했다. 1874년 협동조합대회에서 그리닝 E.O. Greening 역시 같은 논조로 "우리의 운동은 수익을 내거나 값싼 물건을 공급하는 데 목적이 있는 것이 아니라 사람다워지기 위해서 시작되었다"라고 역설하면서 소비자조합이 생산

영역으로 확장하는 것을 비판했다(Bonner 1970). 생산자협동조합을 지지했던 집단은 생산자, 즉 노동자가 자신의 노동을 통제하고, 노동 착취로부터 해방될 수 있는 수단으로 생산자협동조합을 바라봤다. 이러한 관점은 초기 협동조합운동의 전통과 같은 맥락에 있었고, 생산자협동조합 설립을 목표로 삼았던 로치데일선구자조합의 초기 이상과 동일한 것이었다.[69]

    초기 협동조합운동에서 그리고 근대적 협동조합운동이 시작된 시기에 소비자조합은 노동자들이 자본을 모으는 수단이었다. 상점 운영은 상인이 나쁜 품질의 식료품을 판매할 때도 비싼 값으로 구입해야 했던 문제를 해결하기 위한 동기도 있었지만, 오언주의에 영향을 받았던 브라이튼의 윌리엄 킹, 로치데일의 선구자들 모두 노동자들을 위한 공동체를 만들기 위해 소비자조합을 시작했다. 기독교 사회주의자로서 생산자협동조합을 강화하기 위해 활동했던 닐[E.V. Neale] 역시 유토피아적 공동체로 가는 첫걸음으로 협동조합 점포를 강조했다(백스트롬 2022). 오언주의 공동체는 노동자들이 토지와 자본을 소유함으로써 노동의 가치를 온전히 인정받고 구성원들이 자급자족할 수 있는 사회이다. 협동공동체를 바로 만들지 못하는 상황에서 노동자들이 협동의 방식으로 조합을 만들어 생산수단을 소유하고 상품을 만드는 생산자협동조합은 협동조합운동에서 중요한 존재였다. 이러한 분위기에서 소비자조합이 직접 생산에 참여하기로 방향을 전환한 것은 협동조합운동 내부에 논쟁을 일으키기에 충분했다.

    도매조합연합회가 생산에 참여하기로 한 결정은 지극히 현실적

---

69 로치데일선구자조합의 설립자 중 한 사람이었던 윌리엄 쿠퍼는 포셋[Fawcett] 교수에게 조합의 진정한 목적은 노동자협동조합을 건설하는 것이라고 편지를 썼다(Axworthy 1986).

이다. 도매조합연합회가 소비자조합에 품질이 좋은 상품을 공급하기 위해서는 거래처인 생산자로부터 좋은 물건을 확보해야 하는데 이를 관리하는 것은 쉽지 않다. 도매조합연합회가 자체적으로 생산을 하게 되면 상품에 대한 품질을 일정하게 확보할 수 있을 뿐만 아니라 상품의 가격을 낮출 수 있게 된다. 1871년 윌리엄 페어William Pare는 "협동조합인들은 우수성의 표시인 '브랜드'brand를 만드는 것에 자부심을 가져야 한다"고 주장할 만큼, 상품의 품질을 중요하게 생각했다(Bonner 1970). 도매조합연합회의 공장 운영에 명분이 없었던 것도 아니다. 소비자인 노동자들의 자본으로 노동자를 고용하는 것이고, 고용된 노동자들에게 적정한 임금을 지급한다면 협동조합운동 정신에 배치된다고 생각하지 않았던 것이다. 협동조합운동에서 소비자조합과 생산자조합 중 어느 방식이 노동자에게 더 이로운지 혹은 어느 방식이 자본주의의 폐해를 줄이는 데 더 적합한지에 대한 논쟁은 멈추지 않았다.

　　협동조합운동의 주도권 논쟁에 크게 영향을 미친 사람 중 한 명은 비어트리스 웹이다. 비어트리스는 1891년 『영국 협동조합 운동』에서 소비자 중심주의를 뒷받침하는 조사 결과와 논리를 담았다. 비어트리스는 생산자조합이 강조하는 노동자 통제가 현실에서 사실상 실패한 것으로 결론을 내렸는데, 당시 생산사소합은 노농자가 경영에서 배제되거나 노동자의 고혈을 짜는 방식으로 운영되고 있었기 때문이다. 또한 생산자조합은 자본가와 마찬가지로 이윤 창출을 할 수밖에 없고, 창출된 이윤은 생산자인 일부 노동자에게 돌아갈 뿐 다수의 노동자에게 돌아가지 않는다는 점을 지적했다. 소비자조합을 유통업자나 제조업자에게서 이윤을 제거할 수 있는 시스템으로 보았고, 따라서 산업조직에 대한 의사결정 권한은 소비자에게 있어야 한다고 생각했다. 다만 "소비자 민주주의에 설립된 상업 및 산업조직에 노동조합과 전문가 협회의 형태로 조직된 조직이 추가되어야 한다"라고 주장하면서, 협동조합운동에 대한 경계도 덧붙였다(비어트리스 2008). 소비자협동조합이든 자치기업이든 "노동조합이 없다면 생산에 참여하는 일부 노동자가 공익이라는 이름 아래 피해를 받지 않는다고 보장할 수 없다"고 본 것이다(Bonner 1970).

협동조합의 주도권 논쟁은 협동조합운동 내 노동자 통제의 의미를 되짚게 된다. 노동자 통제는 노동자가 사업장에서 자신의 노동을 통제하는 것과 더불어 사회 전체 차원에서 생산을 통제하는 것을 의미하는데, 자본가에 의해 노동자가 착취당하는 사회와 대비되는 협동공동체에 대한 지향을 담고 있다. 하지만 당시 사회에서 노동자 통제를 지향했던 노동자협동조합은 매우 불안정했던 반면 소비자협동조합은 번성했다. 비어트리스 등을 비롯해 소비자 우선론자들은 노동자협동조합은 이윤을 추구하지만 소비자조합에서의 생산은 이윤을 만들어 내지 않는다고 보았다. 이러한 관점에서 산업에 대한 통제는 소비자 조직이 하는 것이 바람직하다고 봤고, 노동자 통제를 강화하는 피고용인의 경영참여와 같은 제도는 중요한 고려 대상이 아니었다. 협동조합운동에서 노동자의 통제에 대해 부정적 시각을 가진 세력이 커졌던 시기에 협동조합과 노동조합의 관계가 긴밀할 것이란 상상은 어렵다.

협동조합의 노사관계

협동조합에서 공동소유는 생산수단의 사적소유로 인한 문제를 극복한다는 의미가 담겨있다. 이런 측면에서 협동조합의 공동소유는 조직을 운영하는 하나의 방식에 그치지 않고 조직의 지향이 담긴 특징이기도 하다. 노동의 측면에서 보면 공동소유는 협동조합 노사관계를 다차원적으로 만드는 요소이다. 공동소유는 협동조합 조합원이 소유자이자 노동자라는 '이중 지위'dual role를 발생시킴으로써 독특한 노사관계 구도를 낳기 때문이다(Dülfer 1996). 협동조합 조합원의 이중 지위는 협동조합 피고용인을 분화시키면서 새로운 노동문제를 만들기도 한다.

협동조합 조합원은 조합의 임원 선임, 사업계획 및 예산의 승인, 합병·분할 및 해산과 같은 조직의 존립에 대해 의결하는 권한을 갖는다. 협동조합 조합원은 조합에 대한 통제권을 갖는 상황에서 조합의 피고용인 되기도 한다. 협동조합에서 같은 조합원 지위를 갖더라도 사용자와 노동자 관계가 형성된다(관계1).

하나의 협동조합에서 조합원이 사용자와 피고용인으로 나뉠지라도 기본적으로 모두 소유자라는 동일한 지위를 가지고 있고, 조합원으로서 동일한 이해관계를 갖는다(집단A: 조합원 동질성). 하지만 고용계약으로 인해 조합원 간 노사관계가 형성되면 이해관계에 변화가 발생할 수 있다.[70] 조합원 피고용인이 받는 임금은 협동조합의 손익계산서에서 비용으로 놓이게 되고, 조합원 피고용인의 임금이 커지면 조합의 이익은 줄어들게 된다. 협동조합은 임금과 같이 정기

---

70 노동자협동조합에서 조합원 피고용인은 소유자로서 공식적 의사결정 구조에 참여하여 근로조건에 대한 자기 결정성을 가지면서 동시에 고용계약 관계에서 노동자의 지위를 갖는다(김기우·김상중·엄형식 2013). 이로 인해 노동자협동조합 내 피고용인은 노동자인가 아니면 협동조합의 파트너인가라는 쟁점이 형성된다. 일반적으로 협동조합의 조합원 피고용인은 노동관계법상 노동자로서의 권리를 갖지만, 노동자협동조합에서 조합원 피고용인의 지위는 논란이 될 수 있다. 그렇다면 실업, 의료, 연금 등의 사회보장을 노동자와 동일하게 적용할 것인가의 문제는 별개로 하더라도 노동자협동조합의 조합원들이 받는 보수를 임금으로 볼 수 있는가의 문제가 제기될 수 있다.

적으로 지출되는 비용은 최저 수준으로 유지하고 연말에 이익이 나는 경우 성과급으로 지급하는 탄력적 운영을 원할 수 있는 반면, 조합원 피고용인은 높은 수준의 임금을 일정하게 받는 안정적 노동조건을 희망할 수 있다.

[그림 6] 협동조합 노동자 이중 지위와 노사 구도

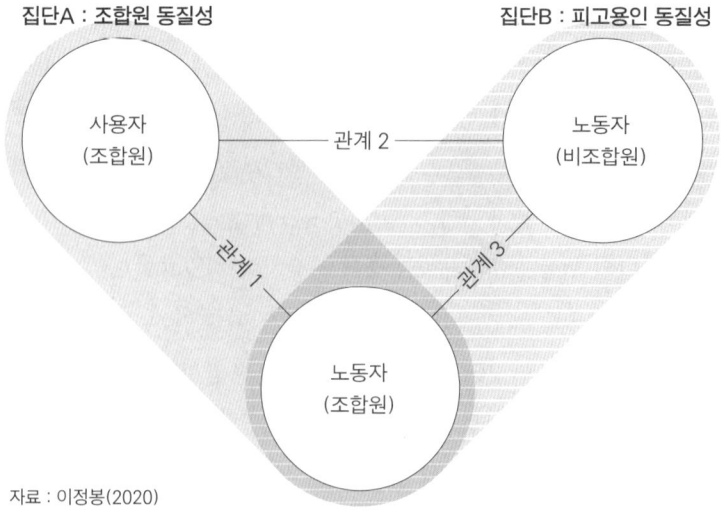

자료 : 이정봉(2020)

　　한편 협동조합 내 비조합원이 고용된 경우도 상정할 수 있다. 비조합원 피고용인은 해당 협동조합에 출자하지 않았기 때문에 소유자의 지위를 갖지 않고, 노동관계법상 노동자로서의 권리를 갖는다. 협동조합 내 비조합원 노동자와 사용자의 관계는 일반기업에서 나타나는 노사의 구도와 다르지 않다(관계2). 그러나 협동조합 내 피고용인으로 조합원 노동자와 비조합원 노동자가 동시에 존재하게 되면서 새로운 역학관계가 형성된다(관계3). 일단 협동조합 내 조합원 노동자와 비조합원 노동자 모두 피고용인이라는 지위에서 동일한 이해관계를 갖는다(집단 B: 피고용인 동질성). 임금은 물론 작업장의 물리적 환경, 근무평가체계, 휴가제도 등과 같은 노동조건이 거의 유사하게 적용되기 때문에 조합원 여부와 관계없이 피고용인으로서 동질적인 이해관계가 형성된다.

하지만 협동조합 이윤 분배에 있어 조합원 노동자와 비조합원 노동자 간의 이해가 충돌할 수 있다. 협동조합 내 비조합원 노동자는 결산 후 분배되는 잉여금에 대한 권리가 없기 때문에 임금 등의 노동조건을 높이고자 하는 경향이 조합원 노동자보다 더 클 수 있다. 반면 조합원 노동자는 높은 임금을 원하더라도 임금이 아닌 잉여금으로 보상받을 수 있고, 직접적인 보상이 아니더라도 공동소유 자산이 늘어나고 사업이 확장되면서 얻는 이익이 생길 수 있으므로 비조합원 노동자의 이해와 다를 수 있다.

이러한 상황은 실제 사례에서도 확인된다. 1990년부터 11월부터 6개월간 이스라엘 텔 아비브에 있는 니르 택시협동조합을 참여 관찰한 아사프 데어Asaf Darr는 소유에 따른 조합원과 비조합원의 차별적 상황을 보여주고 있다.[71] 니르 택시협동조합은 1931년에 6명으로 출발하여 1991년 조합원 32명과 비조합원 20명이 일하는 노동자협동조합이다. 니르 택시협동조합은 택시와 택시 면허가 있고 출자금을 낸 사람을 조합원으로 구성하고 있고, 택시나 택시 면허가 없는 사람 또는 둘 다 없는 사람을 고용하여 사업을 한다. 니르 택시협동조합은 운영을 위해 노동자가 모두 사납금을 내야 하는데 비조합원 택시 노동자는 조합원보다 더 많은 사납금을 낸다. 협동조합의 자산, 즉 사무실이나 무전 시스템을 소유하지 못한 비조합원은 이에 대한

---

71 해당 연구의 니르 택시협동조합은 가명으로 붙여진 이름이다.

비용을 부담해야 한다는 이유에서다. 협동조합의 이익은 조합원 노동자에게 돌아가지만, 비조합원 노동자들은 조합원만큼 협동조합의 이익을 누리지 못하기 때문에 자신들이 착취당하고 있다고 느꼈다(Asaf Darr 1999).

협동조합 내 조합원 노동자와 비조합원 노동자 간의 관계는 작업장 내 노동과정에서도 대립할 수 있다. 몬드라곤 복합체의 노동자협동조합을 연구한 쉐른 카스미어Sharryn Kasmir는 파고르 그룹 내 기업들에서 일하는 비조합원 노동자들이 겪는 차별을 생생히 보여준다. 파고르 기업들의 임시직 노동자는 조합원 노동자들이 '작은 보스'little boss처럼 행동한다고 느꼈고, 파고르 클리마Fagor Clima에 고용된 임시직 노동자는 공장에서 가장 일상적이고 불쾌한 작업을 부여받는다고 토로했다. 비조합원 노동자들은 관리자뿐만 아니라 조합원 노동자로부터도 착취당한다는 느낌을 받는다며 조합원 여부가 노동자들의 관계에 영향을 미칠 수 있음을 보여준다(Kasmir 1996). 니르 택시협동조합의 비조합원 노동자 역시 조합원 노동자와 비교하면 야간 운행을 더 강요받거나 장거리 승객을 배정받지 못하는 차별을 겪고 있었다. 또한 택시를 요청한 승객과 가까이에 있는 운전기사에게 연결해 준다는 규칙을 무시하고 상대적으로 먼 거리에 있는 조합원 노동자에게 승객을 배정해 주는 방식으로 비조합원 노동자를 차별하기도 했다. 당시 니르 택시협동조합에서 조합원의 25% 정도가 이전에 비조합원 노동자였다는 점을 고려하면, 비조합원 노동자에 대한 차별이 개인의 문제라기보다는 조합원 유무에 따른 구조적인 문제로 볼 수 있다.

협동조합의 조직 운영

모든 조직은 효율적 운영을 위해 나름의 조직구조를 가지게 된다. 조직구조는 기본적으로 분업과 위계를 포함하고, 조직의 목적을 달성하기 위해, 개인의 다양성이 조직에 미치는 영향을 최소화하기 위해, 그리고 의사결정 및 조직의 활동 수행을 위해 기능한다. 조직의 목적을 달성하기 위해 기능별로 부서를 편재하면서 내부에 집단이 형성되고, 상급자로 갈수록 권한이 커진다(홀 1999). 일반기업과 다른 조직 목표나 운영 원리를 갖는 협동조합은 이러한 조직의 일반적 속성에서 벗어날 수 있을까.

협동조합의 노동 영역에서 평등에 대한 지향은 강하다. 2017년 우리택시 대전협동조합의 조합원 모집공고에서 조합원들은 "차량 운행과 정비, 경영으로 역할을 나누었을 뿐" 상호 대등하다는 점을 강조했다. 이 공고를 올린 조합원은 협동조합에서 노동자 모두가 주인으로서 평등하니 노사의 벽이 허물어질 것이라는 기대를 보여주고 있다. 국제협동조합연맹의 '협동조합 정체성 선언'에서 협동조합의 가치 중 하나로 '평등'이 제시되는데, 협동조합의 규칙이면서 사업을 수행하는 방식으로 설명하고 있다. '협동조합 정체성 선언'의 원칙에서도 성, 인종, 종교, 정치에 따른 차별 없이 개방되어야 한다고 명시하며 평등의 가치를 담고 있다(ICA, 2015). 협동조합은 조합원이 동등하다는 정신을 가지고 있고, 1인 1표 방식을 상징으로 내세운다.

하지만 협동조합이 조직설립 목적이 일반기업과 다를지라도 조직을 효율적으로 운영하기 위해서 조직의 분화, 공식화, 집중화와 같은 현상을 피하기 어렵다. 협동조합 역시 하나의 조직이자 사업체로서 기능하고 있다는 점에서 협동조합 내 갈등을 조직 일반의 문제로 접근해 볼 필요가 있다. 조직 갈등이 발생할 수 있는 조건은 다양하다. 불완전한 의사소통으로 인해 상급자와 하급자, 동료 간, 부서 간 등 여러 관계에서 갈등은 발생할 수 있다. 조직의 구조적 조건 역시 갈등을 일으키는 원인이 될 수 있다. 채용 및 훈련, 의사결정, 통제, 보상 등 조직이 운영되는 데 필요한 제도에 대해 조직 구성원은 불만을 가질 수 있다. 집단 간의 권력 차이에 의한 갈등도 발생할 수 있다. 조직 내에서 직급은 물론 직무나 부서 간에서도 권력 차이가 존재할 수 있다.

카스미어의 『몬드라곤의 신화』The Myth of Mondragon에 소개된 노동자협동조합 역시 작업장 내 평등을 강조한다. 노동자협동조합 파고르 클리마Fagor Clima의 인사관리자는 '회사에 노동자와 관리자의 인원은 몇 명인지'에 대한 질문에 "우리 모두가 노동자입니다"라고 답한다. 그리고 노동자 분류는 제품을 만드는 일과 관련된 '직접 노동'(제작, 조립, 도색)과 제품과 떨어져 있는 '간접 노동'(선적, 보관, 회계, 경영)으로 나눌 수 있다고 덧붙였다. 일의 기능적 차이만이 있을 뿐 모두 조직에 필요한 역할이라는 점을 강조하며, 조직 구성원을 관리하는 자와 관리받는 자로 구분하지 않는 모습이다. 하지만 파고르 클리마의 인사관리자와 달리 노동자들은 '고위직'those on the top과 '하위직'those on the bottom이란 용어를 빈번히 사용했고, 관리자뿐만 아니라 엔지니어, 집행이사회 및 경영이사회에 선출된 대표들을 '윗사람들'jefes로 부르는 모습을 보였다. 또한 파고르 클리마의 노동자들은 협동조합 이사회를 노동자의 이해를 대변하는 민주적 기관으로 여기기보다 경영 통제 기구로 인식하기도 했다(Kasmir 1996).

협동조합이 구성원들 간에 평등한 관계를 지향하더라도 조직의 위계와 동세는 존재한다. 다렌도르프Ralf Dahrendrof는 조직 내 위계 및 통제 상황을 '권위'의 개념에서 끌어냈다. 모든 조직체는 권위 관계가 있고, 권위의 차등적 분배가 이루어지기 때문에 지배적 지위와 종속적 지위가 형성된다. 지배적 지위에 있는 집단은 권위를 가지면서 명령을 내릴 수 있는 권리를 가지게 되고, 권위로부터 배제된 종속적 지위에 있는 집단은 권위적인 명령에 따라야 하는 의무를 갖게 된다(다렌도르프 1980). 다렌도르프는 이와 같은 조직의 권위 관계가 집단 간의 갈등을 형성하는 근본적 토대라고 지적하고 했다. 협동조합과 같이 구성원들이 공동의 소유자로서 동등한 권리를 갖고 동시에 평등성을 강조하는 조직에서도 갈등이 야기될 수 있음을 보여주는 분석이다.

협동조합은 조직 내 갈등이 해결될 수 있는 내부 체계를 강조한다. 몬드라곤의 노동조합협동조합은 총회에서 선출된 이사회governing council 아래 경영협의회management council와 조합원협의회social council를 두고 있다. 경영협의회가 생산, 판매, 인사 등 경영의 기본적인 사항을 논의하는 기구라면, 조합원협의회는 이사회의 결정을 노동자들에게 전달하고, 총회 기간 논의될 수 있는 특정 사안에 대해 경험이 많은 조합원이 다른 조합원에게 상담해 주고, 그리고 노동에 관한 사항을 이사회에 자문하는 기능을 한다(Rolland 2006). 이러한 몬드라곤 기업의 조직구조는 노동자들의 문제가 경영진에 체계적으로 전달될 뿐만 아니라 경영진과 노동자의 또 다른 소통 채널로 평가된다.

그러나 협동조합 내 제도 및 기구가 실제 작동하는 방식과 그것에 대한 체감은 집단마다 다를 수 있다. 몬드라곤 협동조합기업 울고Ulgor에서 1971년 직무평가 방식의 변경을 요구하는 파업이 일어난 후, 울고 이사회는 바스크 지방 또는 스페인 전체의 노동조직을 지지하는 의미의 연대파업sympathy strikes과 내부 문제로 인한 파업을 구분하는 규약을 만들어 대응했다. 그때부터 내부 파업internal strikes은 협동조합에 대한 공격으로 간주되었다. 1974년 울고 노동자를 중심으로 새로운 직무평가 프로그램을 반대하는 파업이 다시 일어나자, 경영진은 "내부 문제로 인한 파업은 협동조합의 규칙에 대한 심각한 위반이며, … 파업을 조직하는 것은 울고의 조합원협의회social council에 자신들의 문제를 호소할 수 있는 공식 절차를 무시하는 것"이라고 경고했다. 경영진은 "기본적으로 협동조합이 매우 민주적인 구조로 만들어졌고 분쟁을 해결할 수 있는 개방된 통로를 갖고 있다"라고 주장했다(윌리엄·캐서린 화이트 2012). 이에 반해 울고 노동자들은 협동조합의 내부 규약이 다른 형태의 회사들보다 파업을 심하게 제약하고 있다고 비판하며 경영진과 충돌했다.

많은 협동조합은 조직 내에 민주적 의사결정기구가 있고 실제 작동한다는 생각, 그리고 협동조합의 이익은 조합원과 피고용인 모두에게 돌아가는 공동의 이익이라는 생각을 강하게 드러낸다. 그래서 협동조합을 응집력이 강한 팀team으로 비유하거나 조직 내에서 권한과 충성을 중요하게 여기는 모습을 보인다. 문제는 협동조합을 공통의 이해관계를 바탕으로 공동의 목표를 추구하는 집단으로 보는 관점이 지배하면 협동조합의 갈등은 억눌릴 수 있다. 조직 구성원들이 자신의 역량을 최대한 발휘하고 조직에 충성할 때 공통의 목적을 이룰 수 있다고 보기 때문에 갈등은 비합리적인 행동으로 인식될 수 있다. 이러한 일원론적 관점unitary perspective은 산업조직 내 갈등을 단순한 마찰, 목적 또는 방법에 대해 잘못된 커뮤니케이션에서 비롯된 오해, 공동체의 이익을 온전히 이해하지 못해서 발생하는 어리석음, 무관심한 다수를 조장한 선동가의 소행으로 본다(Fox 1969). 하지만 드러커Peter Drucker가 지적하듯이 "기업은 필연적으로 사람들에 대하여 필수적인 권한을 행사하는 통치제도"이기 때문에 노사갈등은 기업의 본질적인 부분 중 일부가 될 수밖에 없다.

(경영진과 노동조합은) 표면적으로는 경제 문제를 둘러싼 대립처럼 보일지라도 실제 다툼은 권력과 통제를 둘러싼 대립이다.… 모든 노조의 활동 분야는 그것이 노동의 시간과 조건, 직무 규정, 직무 할당, 고용 및 해고 정책, 감독 권한, 근속 규정 등을 막론하고 경영의 영역에 속한다. 비록 노조가 이런 모든 것을 제외한 채 오직 수입에만 관여하고자 하더라도 임금과 고용에 관한 요구를 위해서는 수익성과 생산성에 신경을 쓸 수밖에 없다. 그렇게 되면 더 이상 경제적 파이의 분배를 둘러싼 투쟁이 아니라 기업을 통치하는 기본원칙과 관련된 문제가 된다. (피터 드러커 2007)

협동조합은 조직 내 노사갈등을 구조적 문제로 인식하지 못한 채로 노동문제와 노동조합을 상대할 수 있다. 협동조합은 노동조합을 공동의 목적을 달성하고 이해관계를 조화롭게 풀어낼 수 있는 협력자로 생각할 수 있고, 그래서 더 많은 비용이 드는 노동조합의 요구를 수용할 수도 있다. 노동조합을 협동조합 내 하나의 조직으로 여기며 조직의 목표를 달성하는 데 필요한 단위로 받아들일 수 있다. 하지만 노동자와 노동조합이 경영권에 관한 문제 즉 권력과 통제의 문제를 두고 협상한다고 느낄 때 협동조합은 거부 반응을 보일 가능성이 크다. 즉, 협동조합의 목표를 이루는 데 노동조합이 방해된다고 생각하면 노동조합의 존재를 부정할 수도 있다.

2

협동조합과 노동조합의 간극

협동조합기본법 제정 이후 노동조합은 다양한 조건과 이유에서 협동조합을 이용하고 있다. 한국가스안전공사 노동조합은 노조 전임자 임금 지급 금지에 따른 대응 방안을 모색하던 과정에서 협동조합을 만들었고(2012년 11월 설립), 전국철도노조 호남지방본부는 노동조합운동의 변화를 시도하기 위해 호남철도협동조합을 설립했다(2013년 3월 설립). 민주노총 부산지역본부의 경우 협동조합기본법 제정 논의 이전인 2007년 4월부터 준비하여 2009년 9월에 부산노동자협동조합을 설립했고, '민주노조운동의 지평을 넓히기 위한 조합원과 가족의 의식 제고, 민주노총 지역본부의 위상 강화, 민주노조운동 영역의 확대와 공동체 건설'이라는 목표 속에서 출발했다. 노동조합이 당면한 현실적인 문제를 극복하기 위해 협동조합을 활용하는 모습은 자연스럽다.[72]

한편 협동조합 인사들은 노동조합과 협동조합 간 연대의 필요성을 강조하고 있다. 노동조합이 사업장 내에서 조합원들의 생활과 밀접한 협동조합을 만들고, 지역 단위에서 노동조합이 협동조합에 가입하고, 중앙 단위에서 기금을 이용하여 협력할 수 있다는 구상이

---

[72] 우리나라 협동조합운동의 역사에서 일제 식민지 시대 원산노동연합회의 소비조합, 1970년대와 1980년대 한국노총과 민주노조운동의 협동조합, 1990년대 외환위기 전후 노동자기업인수 등이 협동조합과 노동조합의 관계를 보여주는 사례로 등장한다. 그러나 노동조합과 협동조합 간의 간극이 어떻게 생겨났는지는 충분히 다루어지지 않고 있다. 우리나라 노동운동에서 "자본주의 체제 안의 개량이라는 이유"에서 협동조합운동이 거부되었다는 주장은 역사에 대한 부분적 해석으로 가능할 수 있지만 전체적 상황을 설명하지 못한다.

제시되기도 한다(김성오 2017). 특히 캐나다 퀘벡지역의 노동조합 주도의 노동자기금이 일자리를 유지하는 것은 물론 일자리를 만들고, 협동조합 등 사회적경제 영역을 지원하는 사례가 소개되면서,[73] 노동조합의 역할에 대한 기대가 커졌다. 그러나 아쉽게도 "노동조합이 가지고 있는 조직력과 자금 등이 사회적경제 영역 안에서 어떤 역할을 했으면 하는 기대와 절박함은 느껴지는데, 현재 노동운동이 내부적으로 안고 있는 문제와 한계들이 무엇이며, 이를 어떻게 함께 풀어내고 참여를 끌어낼 수 있는지에 대한 구체적인 고민은 보이지 않는" 상황이다.[74] 협동조합운동에서 노동조합은 어떤 의미이고, 어떠한 목적을 위해 상호 연대해야 하는지에 대한 이유가 뚜렷해 보이지 않는 상황이다.

협동조합과 노동조합의 연대에 대한 논의가 진행되는 가운데 협동조합 내 노동분쟁도 계속되고 있다. 노동 분야 일간지인 〈매일노동뉴스〉에는 지역 단위 농협에서 발생하는 노동분쟁이 수시로 올라온다. 노동조합 측에서 제기한 분쟁의 이유를 보면, 노동조합 탈퇴 종용, 노조 와해를 위한 노조위원장 해고 및 단체협약 해지, 노조 간부 부당해고, 조합장 및 대의원에 의한 직원 폭행, 임금피크제 도입 강행, 임원의 성추행 등 일반기업의 분쟁 원인과 비슷하다.

한편 수비자생활협동조합(생협)에서도 노동분쟁 사례가 언론에 보도되고 있는데, 2016년 바른두레생활협동조합, 2019년 부산대학교 생활협동조합 등이 있다. 바른두레생활협동조합에서는 부당인

---

[73] 캐나다 퀘벡의 노동자기금에 대한 자세한 내용은 김창진(2017)과 이주희(2019)를 참고할 수 있다.
[74] 2017년 아이쿱협동조합연구소가 주최한 좌담에서 한석호 전 민주노총 사회연대위원장이 발언한 내용이다(송경용 외 2017).

사 및 부당해고의 문제가 제기되었는데, 전임 상무가 해임되는 과정에 대해 문제를 제기한 노동자들이 표적이 되었다는 의혹이 있다.[75] 2019년 부산대학교 생활협동조합 소속 노동자는 생협이 최저임금에 못 미치는 금액으로 임금을 지급하고 있다며 임금인상을 요구하는 투쟁을 벌였다.[76] 앞에서 살펴본 2017년 쿱스토어경남과 구례클러스터의 분쟁 역시 소비자생활협동조합 관련 기업의 사례이다.

    기존 개별법에 근거한 협동조합 이외에 최근에는 협동조합기본법에 근거해서 만들어진 협동조합에서도 노동분쟁 사례가 나타나고 있다. 2021년 사회적협동조합 도우누리가 위탁 운영하고 있는 서울시립중계요양원에서 노인 돌봄서비스를 제공하던 요양보호사가 이용자의 욕설과 폭언을 제지하는 과정에서 발생한 신체접촉으로 인해 해고되는 사건이 발생했다.[77] 2021년 사회적협동조합 창원도우누리는 노인생활지원사 3명을 계약 종료하며 노동분쟁이 일어났다. 창원도우누리는 노인생활지원사가 근태관리를 하는 어플리케이션을 제때 켜고 끄지 않아 부정수급이 이루어진 상황과 다른 근무 평가를 통해 계약을 종료했다는 입장이지만, 노동자들은 징계가 과하다는 입장이다.[78]

---

75 〈오마이뉴스〉 2016.06.15. "믿는 도끼에 발등 찍힌다더니… 생협 부당해고 논란"
76 〈채널 PNU〉 2019.09.08. "3년째 최저임금 미지급한 생협, 노조 파업할 수도"
77 〈광진닷컴〉 2021.03.22. "'노인학대'인가, 아니면 '부당해고'인가"
78 〈도민닷컴〉 2021.12.28. "창원시돌봄수탁기관서 부당해고 공방"

협동조합과 노동조합의 충돌

협동조합 안에서 일어나는 분쟁 이외에도 협동조합과 노동조합은 공공부문의 민간위탁 운영을 두고 대립각이 서 있다. 협동조합을 비롯한 사회적경제 주체들은 사회적경제가 "호혜와 연대, 나눔과 돌봄, 상생과 협력의 가치를 기업의 사업 활동에 내재화한 경제로서 우리 사회가 안고 있는 병폐를 치유하고 사회를 혁신할 수 있는 잠재력을 가지고" 있다는 점을 강조해 왔다(한국사회적경제연대회의 외, 2018). 그리고 협동조합 등 사회적경제 주체들이 교육, 돌봄, 고용 등의 영역에서 공공부문의 서비스 제공 주체가 되고자 활동해 왔다. 2020년 한국사회적경제연대회의는 「제21대 국회의원 선거 사회적경제 정책요구안」에서 '공공분야 사회서비스사업의 사회적경제조직 위탁 운영 확대'를 공공혁신 부문의 요구로 제시하면서, 노인요양시설, 국공립어린이집, 건강가정지원센터 등 노동집약적이고 취약계층 일자리 제공의 효과가 있는 시설과 공동생활가정, 지역아동센터 등 개인 위탁 비율이 높은 시설에 대해 사회적 경제조직을 수탁 및 운영 주체로 확대할 것을 요구했다.[79]

　중앙정부와 지방정부 모두 협동조합 공공부문의 민간위탁을 장려했다 서울시의 경우 「서울특별시 협동조합 활성화 지원 조례」를 제정하여 협동조합의 공공서비스 민간위탁 참여를 장려하며, 민간위탁 참여 시 가점을 부여할 수 있도록 했다. 정부는 2017년 1월 「제2차 협동조합 기본계획」에서 '민간 위탁시장 진출 활성화로 양질의

---

[79] 사회적경제연대회의의 요구안에서 사회적경제 조직이라 함은 사회적협동조합 또는 사회적기업으로 인증된 비영리법인을 의미한다.

일자리 창출'을 정책과제로 제시하며, 협동조합의 시장 참여를 유도하기 위한 민간위탁 관련 규정 정비 및 제도적 지원을 계획했다.

공공부문의 서비스 제공자로 사회적경제가 주목받은 것은 지자체의 청소 용역 분야에서 시작되었다. 2000년대 중반 지방자치단체에서 「사회적기업 육성법」상의 사회적기업에 위탁하는 사례가 늘어났다. 영리기업과 다른 조직운영 원리를 갖는 사회적기업이 공공부문의 사업을 수행할 때 공익성을 더욱 높일 수 있다고 봤기 때문이다. 이후 중앙정부의 비정규직 대책으로 더욱 확대됐다. 2011년 고용노동부는 「공공부문 비정규직 고용개선 대책」에서 청소 용역 노동자의 노동조건 개선 방안으로 사회적기업 위탁을 제시하였다. '청소업종 사회적기업 네트워크 구축 및 공동 브랜드 개발을 지원', '사회적기업에 위탁을 확대하는 지방자치단체에 예산 우대 지원', '청소업종 사회적기업 특화사업을 신청하는 자치단체에 사업개발비 우선 지원'과 같은 방식으로 사회적경제 부문의 민간위탁을 독려하였다.

그러나 노동조합운동은 공공성 및 노동자의 고용안정 측면에서 민간위탁을 경계하는 입장이다. 민간위탁이 먼저 등장했던 해외 사례를 목격했을 뿐만 아니라 직접 그 폐해를 경험했기 때문이다.[80] 노동

---

80 2차 세계대전 이후 경제적 황금기가 끝나고, 1960년대 후반부터 불황이 시작되고 선진 자본주의국가에서 공공부문의 재정적자가 확대되면서 복지국가 모델에 대한 공격이 있었다. 1970년대 경제위기 때 대응책으로 긴축정책, 감세, 민영화와 같은 정책이 확대되었다(강상구 2000). 1980년대 이후 신공공관리론의 확산은 영국과 미국을 비롯해 많은 국가에서 정부 조직에 시장 원리를 도입하거나 정부 기능의 일부를 '능률적인' 시장에 맡기자는 방식으로 전개되었다(신희영 2001; 권인석 2004). 영국의 경우를 보면 1979년 보수당 정권 이후 효율성과 비용 절감을 이유로 국가 소유의 주요 산업이 민영화되고, 공공서비스가 외주화되면서 대처 정부에서부터 2002년까지 공공부문 고용이 215만 명 감소했다(채준호·신지원 2009) 우리나라에서도 1997년 경제위기 이후부터 2000년대 중반까지 공공부문의 민영화 저지는 노동조합의 핵심적 과제였다. 민영화에는 '기간산업 해외 매각 반대', '구조조정 중단', '노동유연화 반대'와 같은 구호가 뒤따랐으며, 노동조합에 많은 투쟁과 희생의 경험을 남겼다.

조합은 공공성이 높은 업종 및 사업에서 노동자에 대한 직접고용을 회피하고 비용을 절감하기 위한 수단으로 민간위탁이 활용될 수 있다고 보기 때문에 민간위탁에 대한 거부감이 크다. 물론 민간위탁은 일차적으로 중앙정부, 지방정부, 공공기관과 같은 추진 주체와 노동조합 사이의 문제이지만, 민간위탁 과정에서 노동조합과 협동조합 간의 갈등으로 이어지기도 한다. 단적인 예로, 2013년 양주시설관리공단에서 맡고 있던 도로변과 버스 승강장 청소 업무가 민간으로 전환되는 과정에서 해당 노동자들은 시설관리공단에 직접고용을 요구하는 쪽과 민간위탁을 위해 협동조합 설립을 지지하는 쪽으로 나누어졌다.

> 양주시가 지난해 1월 민간업체에 위탁했던 도로변과 버스 승강장 청소 업무를 시설관리공단으로 이관해 직영한 지 1년 만에 민간(협동조합)에 재위탁하려는 계획을 추진하자 노조가 반발하는 등 논란을 빚고 있다.… 21일 시에 따르면 시는 지난해 1월 도로변 6개 업체, 승강장 3개 업체에 매년 32억 원을 주고 위탁하던 청소 업무를 예산 절감을 이유로 양주시설관리공단으로 회수했으나 올해 초 청소미화원들이 임금인상을 요구하자 청소 업무의 효율성과 능률 제고를 이유로 사회적협동조합에 위탁 운영하는 방안을 추진하고 나섰다.[81]

2015년 3월 민주노총 공공운수노조 서경지부와 연세대학교 법인 간에 분쟁에서도 협동조합이 등장했다. 연세대의 세브란스빌딩은 동우공영이라는 회사가 시설관리를 맡아왔으나 재계약이 이루어지

---

81 〈경기일보〉 2013.10.21. "양주시 청소 업무 직영 1년 만에 민간 '재위탁' 논란"

는 시점에서 동우공영 관리소장과 관리직 6명이 한국자산관리협동조합을 설립하여 대학 법인본부와 계약을 체결하게 되었다. 기존 노동자들이 한국자산관리협동조합에 조합원으로 가입하는 과정에서 임금 삭감이나 시간제 전환을 요구받거나 고용승계가 되지 않은 일이 발생하자 노동조합은 법인 측이 수의계약을 조건으로 기존 용역업체 관리직에 협동조합 설립을 권유했기 때문이라고 주장했다. 이에 반해 연세대 법인은 경영상 어려움이 있었던 세브란스빌딩에 최저입찰제가 아닌 차선책으로 협동조합과 계약을 체결했다는 입장이다.

(연세대학교 학교법인 법인)본부장은 "최근 세브란스빌딩은 기존에 입주해 있던 기관들과 재계약을 하지 못해 수익이 많이 줄며 비용 절감이 불가피한 상황이었다"며 "이에 최저입찰제를 고려하던 중 동우공영의 관리직 6명은 계약 총액을 줄이기 위한 내부의 자구책으로 협동조합을 설립했고, 이를 받아들인 법인은 계약을 체결했다"고 전했다. 기존엔 용역업체에 돌아가던 수익이 많았는데 협동조합에서는 이를 줄일 수 있기 때문에 계약 총액을 절감할 수 있다는 설명이다.[82]

2017년 7월 「공공부문 비정규직 근로자 정규직 전환 가이드라인」에서 파견 용역 노동자의 정규직 전환 방식의 유형 중 하나로 사회적기업이나 협동조합과 같은 '제3섹터 방식'을 제시하였다.[83] "이해관계자 등이 합의하는 경우"로 전제하였지만, 공공부문 정규직화 과정에서도 사회적기업과 협동조합을 통한 민간위탁의 가능성을 열어

---

82 〈연세춘추〉 2015.08.29. "반복되는 세브란스빌딩 시설 용역근로자 고용승계 문제"

놓았다.[84] 노동조합운동 일부에서는 사회적기업이나 협동조합을 "언제든지 노동조건 하향, 노동조합 활동에 대한 탄압이 발생할 수밖에" 없는 간접고용의 한 형태로 보는 시각이 있다(김유경 외 2018). 이러한 방식의 협동조합 설립 및 위탁 사업 참여에 사회적경제 주체들의 입장은 다양할 수 있다. 문제는 특정 사안에서 민간위탁 찬반 또는 협동조합 찬반과 같은 방식으로 논의가 전개될 때 당사자 및 이해관계자들은 노동조합과 협동조합 간의 대립으로 인식할 수 있다는 것이다.

노동조합운동 내에서 협동조합을 통한 외주화나 민간위탁을 모두 반대하는 것은 아니다. 대기업 식품업체가 운영하던 구내식당을 직원협동조합이 맡게 된 후 식당 노동자를 정규직으로 고용하고 음식의 질과 서비스를 개선한 한국가스안전공사의 사례는 "공공부문의 외주, 용역 등으로 인한 간접고용 문제를 해결하는 좋은 방법"으로 제시되기도 한다(황선자 2013). 장기 요양기관의 절대다수를 이윤추구가 목적인 민간기업이 맡으면서 노동자들의 고용과 처우에 문제가 발생하자 "국가가 보장책임을 제대로 이행하려면 장기 요양기관 운영 주체를 사회복지법인, 사회적기업·협동조합, 사단법인 등

---

83 2017년 「공공부문 비정규직 근로자 정규직 전환 가이드라인」은 협동조합 등 사회적경제 조직에 민간위탁이 이루어질 경우 나타날 수 있는 상황에 대해 사실적으로 언급하고 있다. 제3섹터 방식은 파견·용역근로자가 사회적기업 또는 협동조합의 정규직으로 전환됨에 따라 고용안정이 가능하고, 민간 분야의 창의성 및 경쟁력을 활용할 수 있어 지속가능한 모델로 발전시킬 수 있다는 장점이 있지만, 현행법상 수의계약에 대한 법적 보장, 기존 용역업체 형태와 동일한 거래비용(이윤, 일반관리비, 부가세 등) 발생으로 처우 개선에 한계가 있으므로 파견 용역 근로자들이 동의한 경우에만 활용이 가능하다고 밝히고 있다.
84 2017년 7월 정규직 전환 가이드라인이 발표된 이후부터 2020년 12월 말까지 정규직으로 전환된 199,538명 중 '제3섹터' 방식으로 이루어진 인원은 1,767명(0.9%)으로 집계된다.
85 〈매일노동뉴스〉 2020.05.25. "하루아침에 쫓겨난 재가요양보호사 정부 지원 비껴갔다".

으로 한정해야 한다"라는 주장도 나오고 있다.[85] 협동조합은 구조적으로 외주화의 한 형태라는 입장이 있는 한편, 협동조합 방식으로 노동자의 노동조건을 개선할 수 있다는 입장이 다른 한편에 있다. 사회적경제 주체가 민간위탁을 맡은 후 해당 영역에서 일하는 노동자들의 노동조건과 공공성이 어떻게 변화하는지가 향후 방향을 결정하는 기준이 될 것이다.

한편 협동조합이 진입하려는 사업 영역 중 노동조합과 첨예하게 갈등을 일으켰던 업종도 있다. 2017년 10월 한국노동자협동조합 정책토론회에서 한국택시협동조합 이사장이 발언하자 한국노총 택시노동조합 소속 노동자들이 항의하는 사건이 있었다. 한국택시협동조합이 2015년 1월 법정관리 상태에 있던 '서기 운수'를 인수했을 당시에 있었던 노동조합은 "스스로 노동부에 가서 노조를 해산"했다. 한국택시협동조합 소속 4개 택시회사도 협동조합으로 전환하면서 노조가 없어졌다.[86] 택시업종에서 협동조합이 설립된 후 택시산업 노동조합은 산하 노조의 해산이나 노조 조합원의 감소를 경험했다. 택시협동조합은 택시산업 노동조합에 영향을 주는 것에 그치지 않는다. 택시산업 노동조합은 기존 법인 택시에서 보였던 사납금제 운영, 운송 경비 전가와 같은 문제가 택시협동조합에서도 그대로 있다는 점을 지적하고 있다. 또한 법인 택시회사가 협동조합으로 전환하는 과정에서 노동자들이 출자금을 마련하지 못해 일자리를 잃게 되는 점을 우려하고 있다.

현재 택시업종의 노동조합과 협동조합 관계에 변화의 가능성도 존재한다. 택시협동조합이 "택시 운전자의 특성상 고용안정과 근로

---

86 〈라이프인〉 2017.11.03. "우리는 '짝퉁 쿱 택시'와 다르다".

환경 개선을 도모할 수 있다는 장점이 크기 때문에 협동조합이 정상적으로 운영된다면 고착화된 택시 질서에 새로운 방향을 제시하고 택시 문제를 어느 정도 개선할 수 있을 것"이라는 전망이 제시되고 있기 때문이다(조성오·이문범·유충권 2017). 다만 택시산업 노동조합과 택시협동조합 사이 있었던 갈등이 제대로 정리되지 않은 채 지속된다면 장기적으로 노동조합운동과 협동조합운동 간의 연대는 전체가 아닌 특정 부문의 협력으로 그칠 것이다.

협동조합과 노동조합의 차이

노동조합과 협동조합은 자본주의 체제 형성 과정에서 출현해 자본의 횡포에 맞서 노동자들의 이익을 지키고자 했다. 협동조합과 노동조합은 역사를 공유하고 있을 뿐만 아니라 두 조직은 조직의 목적과 운영 원리도 비슷한 점이 있다. 사회구성원 일반을 위한 공익법인과 달리 협동조합과 노동조합은 기본적으로 조직을 구성하는 조합원의 이익을 목적으로 한다. 운영 원리의 측면에서 보면, 협동조합과 노동조합 모두 자율적이고 자발적인 결사체로서 조직이 추구하고자 하는 바를 이루기 위해서는 다수의 참여가 중요하고 이를 지탱하기 위해서는 민주적 운영을 중요하게 생각할 수밖에 없다. 따라서 조직 구성원들의 관계는 평등하고 의사결정과정은 민주적이어야 한다.

협동조합의 조직 특징으로 익히 알려진 1인 1표 그리고 조합원 간의 평등성은 일찍이 노동자조직이 갖는 보편적 특징이다.[37] 협동조합과 노동조합의 핵심적인 의사결정기구도 동일한 원리 속에서 운영된다. 최고 의사결정기구인 조합원 총회는 평등주의에 입각해 전체 조합원이 동일한 권리를 갖는다. 영리기업이 자본 소유에 비례

하여 1주 1표의 방식을 채택하는 것과 대조적으로 협동조합과 노동조합은 1인 1표의 방식으로 의사결정을 내린다.

하지만 의사결정기구의 형태는 조금 차이를 보이는데, 협동조합은 노동조합보다 주식회사와 더 유사한 형태를 띤다. 노동조합의 의사결정기구는 산별노조의 경우 통상 총회, 대의원회, 중앙위원회, 중앙집행위원회, 상무집행위원회로 구성되고, 앞의 3개는 의결 기구이고, 나머지 2개는 집행 기구이다. 노동조합은 최고 의결기구로 총회를 두고 조합원이 일정한 수를 넘으면 대의원회로 대신할 수 있다. 노동조합은 대의제 의결기구가 중층적으로 구성되어 있는데, 이는 각 기구 구성원의 토론과 논쟁을 통해 조합원의 의견을 모으고 결정 사항에 대한 집행력을 높이기 위한 장치로 볼 수 있다. 집행 기구는 하나가 아니고 집행 기구의 구성 역시 총회에서 선출된 임원만으로 이루어지지 않는데,[88] 이 역시 조합원 및 현장의 의견이 반영되고 집행부가 결정한 사항이 현장에서 실행력을 높이기 위한 방식이다.

이와 달리 협동조합은 총회와 이사회를 기본 기구로 가지면서, 이사회에 권한이 집중된 구조이다. 기업의 이사회는 기업과 주주의 이익을 위해 주요 업무 집행 사항을 의결하고 경영자의 업무 집행을

---

87 영국의 최초 노동 계급 정치조직인 1792년 런던교신협회의 정관 1조 "가입자 수를 제한하지 않는다"라는 조항이 대표적이다. 이 조항에 대해 톰슨 E. P. Thompson이 "민주주의에 대한 새로운 인식을 뜻하는 것이었다"라고 평가하는 이유는 신분, 재산, 직업에 제한을 두지 않는 구성원의 평등성을 담고 있기 때문이다(톰슨 2000).

88 산별노조 집행 기구의 구성은 노조별로 약간의 차이는 있지만, 중앙집행위원회(중집)는 노조 전체 조합원이 선출한 대표자(임원), 지역이나 대규모 사업장을 단위로 선출된 대표자, 각종 위원회 위원장, 사무처의 부서장이 참여한다. 중집 구성원의 의결권은 기본적으로 조합원에 의해 선출된 자에게 주어지는 반면 노조 임원이 임명한 사무처 부서장에게 주어지지 않는다. 집행기구인 중집에서도 중앙집행부가 일방적으로 운영하는 것을 견제할 수 있도록 하는 동시에 현장 단위 대표자와 함께 결정하면서 노조 중앙의 결정 사항에 대한 실행력을 높이고자 하는 형태이다.

감독하는 기업의 핵심기구인데(기업지배구조센터, 2008), 협동조합 이사회 역시 유사한 위상과 기능을 갖는다. 협동조합 이사회는 협동조합의 재산 및 업무 집행에 관한 사항, 총회의 소집과 총회에 상정할 의안, 규정의 제정·변경 및 폐지, 사업계획 및 예산안 작성 등에 대한 사항을 의결하기 때문에 실질적인 업무 집행 권한을 갖는다.

주식회사의 이사회가 제도적으로 막강한 권한이 부여된 것과 별개로 기업을 실질적으로 운영하고 지배하는 기구인지에 대해 회의적인 시각이 많았다. 공정거래위원회가 발표한 2021년 「공시대상 기업집단 지배구조」 현황을 보면, 공시대상 기업집단 소속 2,218개 (상장사 274개) 회사의 이사회에 상정 안건 중 99.62%가 원안 가결되었고, 계열사 간 대규모 내부거래에 관한 안건(341건)의 경우 모두 원안대로 가결되었다. 기업에서 이사들이 CEO에 종속된 것으로 보이는 현상에 대해 마조리 켈리는 기업 이사회에 대한 제도와 현실의 차이를 다음과 같이 간략하게 정리하고 있다.

> 이론상으로 이사회의 이사는 주주가 선출한다. 하지만 현실에서는 CEO와 이전 이사회의 이사가 새로운 이사를 손수 선별하고, 주주는 승인 도장을 찍을 뿐이다. 또다시 이론상으로는 이사회는 주주의 이해관계에 따라 기업을 통치해야 하지만 실제로는 그저 CEO를 고르고 CEO가 나머지를 다 처리한다. **(마조리 켈리 2013)**

그렇다면 주식회사의 조직체계와 흡사한 협동조합의 경우는 어떨까. 앞의 인용문에서 주주를 '협동조합 조합원'으로 바꾸는 건 불가능할까. 일단 일정 규모 이상의 협동조합은 상무, 전무와 같은 직책을 두어 주식회사와 같이 전문경영인을 두고 있다. 전문경영인은 전문성과 연속성이라는 측면에서 협동조합 운영에 핵심적인 역할을 한다. 협동조합에서 임기제 이사장 및 이사보다 전문경영인은 조직의 복잡한 정보에 대한 이해, 사업에 대한 기획 및 조정 능력, 직원에 대한 장악력이 클 수밖에 없다. 주식회사에서 보였던 문제가 협동조합에 없을 거라고 단정하기 이려운 상황이다.

　노동조합과 협동조합의 가장 큰 차이는 조직의 목적을 실현하는 방식이다. 노동조합은 일반적으로 사업체나 산업 내 사용자와의 교섭을 통해서 조합원의 노동조건을 개선하지만, 협동조합은 조합원이 소유하고 운영하는 사업체가 벌이는 경제활동을 통해서 조합원들의 필요와 욕구를 충족한다. 협동조합은 사업체로서 정체성을 가질 수밖에 없고, 이는 자본주의 시장에서 일반기업처럼 생존을 위해 경쟁하고 이윤을 내야 하는 것을 의미한다. 협동조합의 성공 요인 중 하나로 경영 능력이 제시되는 이유는 사업체로 기능하기 때문이고(에드가 파넬 1997), 결국 조직을 얼마나 효율적이고 효과적으로 운영하고 관리할 것인가의 문제에 끊임없이 직면하게 된다. 이는 경영에서 일반적으로 요구되는 생산, 인사, 재무의 방식이 일반기업과 유사하게 이루어질 수 있고, 협동조합에서 노동자와 갈등이 야기될 수 있음을 의미한다.

　노동조합과 협동조합이 구분되는 또 다른 차이는 구성원이다. 협동조합과 노동조합 모두 정치적 이념, 경제적 지위, 사회에 대한 관점이 다른 사람들이 모여 있다. 노동조합은 다양한 배경과 경험을 가진 조합원 사이 노동자라는 동질성을 갖게 되고 노동의 가치를 지향하게 된다. 이에 반해 협동조합에서 조합원들의 동질성은 공동의 필요가 되고, 조합원은 농민(농업경영자), 소사업자 등 협동조합마다 다양하게 구성된다. 이는 협동조합 내에 노동 및 노동조합에 우호적인 사람과 적대적인 사람이 상존할 수 있음을 의미한다. 협동조합이 노동 존중의 가치를 의식적으로 지향하지 않으면 협동조합에 언제든지 반노동 정서가 퍼질 수 있다. 협동조합이 민주주의·평등·공정·연대의 가치를 추구한다는 지향은 노동조합과 협력할 수 있는 좋은 토대이다. 하지만 두 조직이 갖는 서로 다른 속성으로 인해 대립적 상황은 언제든지 발생할 수 있다.

3

협동조합의 노동에 대한 논의

협동조합은 조합원의 필요를 충족시킨다는 목적으로 자본을 모으되 출자 규모와 관계없이 개인에게 동등한 의사결정 권한을 부여함으로써 인적 결사체의 성격을 갖게 된다. 또한 협동조합 초기 역사에서 확인된 것처럼 자본의 지배로 인한 문제를 극복하고자 했던 노동 대중은 자본을 통제하고 궁극적으로 자본의 굴레에서 벗어나기 위한 수단으로 협동조합을 만들었다. 협동조합은 인간의 존엄을 지키고 강화하기 위해 만들어졌지만 동시에 자본의 속성을 작동시키지 않으면 유지될 수 없는 조직이다.

협동조합은 하나의 사업체이고 자본을 모아 운용하는 하나의 방식이다. 대부분의 협동조합은 영리활동을 해야 조합원의 필요를 충족시킬 수 있고, 나아가 협동조합을 유지하고 지속시키고자 한다면 시장경쟁에서 도태되지 않기 위해 규모를 키우고 효율성을 높이는 경영전략을 추구하게 된다. 이 과정에서 협동조합은 자본을 통제하고자 하지만 자본이 지배하는 주식회사의 방식을 이용하면서 영리기업처럼 행동하기도 한다. 협동조합이 규모가 커지고 시장경쟁에 강하게 노출될수록 자본의 속성은 강화되고 영리기업의 모습을 띨 가능성은 크다. 협동조합의 본원적 속성인 사람과 자본은 상보적 관계에 있지만 끊임없이 충돌할 수밖에 없는 이유이다.

협동조합에 내재된 자본의 속성은 사업체로서 형태를 띠게 되고, 이는 조합원의 필요와 염원을 충족시킨다는 목적으로 표출된다. 이러한 협동조합의 조합원조직으로서의 특징은 협동조합의 노동을 형성시키는 요소가 된다. 예를 들어, 협동조합의 민주적 운영은 협동조합의 노동자들에게 불리하게 작용할 수 있다. 협동조합 조합원들이 민주적인 방식으로 결정한 사안이 해당 조합에 고용된 노동자에게 불이익이 될 수 있고, 협동조합 경영진과 노동자가 대립하는 상황에서 노동자들의 경영에 대한 비판은 조합원들의 '민주적 결정'에 의해 묻힐 수 있다. 협동조합의 민주주의는 조합원의 권리를 보호하기 위한 것이기 때문이다(Wetzel and Gallagher 1987). 노동자협동조합에서 위계에 따른 갈등이 나타나는 걸 보면, 협동조합의 민주주의가 '작업장 민주주의'보다 '조합원 민주주의'에 가깝다는 걸 확인시켜 준다.

협동조합이 조합원조직이자 사업체로서 작동하는 가운데 노동에 대한 독특한 시각도 볼 수 있다. 협동조합은 자본 중심의 기업과 다른 사업체이기 때문에 직원 노동 역시 협동조합에 적합하게 설정해야 한다는 관점이다. 이것은 우리나라의 소비자생활협동조합에서 잘 드러나는데, 협동조합의 규모가 커지면서 직원 노동의 역할이 커지는 것을 경계하며 협동조합의 노동을 재규정하려는 시도이다. 대표적으로 "협동조합의 노동은 단순히 임금노동이 아닌 '자본을 소유하고 스스로 생산과 노동을 결정하는 소유 노동'"으로 규정하는 방식이나(신성식 2011), "한살림 노동은 사람들이 스스로 노동의 주체가 되어 노동과정과 결과에 대해 책임지는 자율노동을 지향"하는 방식을 들 수 있다(한살림연합정책기획위원회 외 2018).

　이러한 접근은 임금을 목적으로 근로를 제공하는 '직원 노동'은 협동조합이 추구하는 노동이 아니라는 생각, 달리 말하면 임금노동을 협동조합에 적합한 형태로 보지 않는 관점이다. 임금노동자는 협동조합의 진정한 주체가 될 수 없다는 인식으로 확장될 수 있고, 때문에 "노동자가 협동의 주체로 역할을 할 수 있도록 자발적 동기를 부여하는 노력"이 필요하다고 보거나 "직원들이 모두 주인이 되는 '소유 노동'의 구조"가 강조되기도 한다. 특히 "주인이란 그 조직과 사업이 망했을 때 누가 손실을 입는가에 의해 결정된다"(신성식 2014)는 관점은 구성원에게 자본 투입을 강조하는 분위기를 조성할 수 있다. 아이쿱생협 및 관련 기업에서 오너파트너십과 같은 정책이 강조되면[89] 조직 구성원들은 두 개의 집단으로 나뉘게 된다. 자기 기업에 투자하는 노동자와 그렇지 않은 노동자, 가공업체에 투자하는 생산자와 그렇지 않은 생산자, 책임 출자금을 내는 조합원과 그렇지 않은 조합원으로 나눠지면서 구성원들 사이에 간극이 생길 것이다.

　협동조합에서 직원 노동을 적합한 형태로 보지 않는 관점은 임금노동자는 높은 임금과 안정된 일자리를 추구하는 존재로서 협동조합의 이익과 충돌한다는 인식에서 기인한다. 그 기저에는 협동조합은 이윤을 추구하지 않고 오로지 조합원의 이익을 위해 운영되는 사업체라는 관념이 있다. 이러한 관념을 갖는 협동조합 조합원은 협동조합의 노사관계를 개인의 이익을 추구하는 노동자와 이윤을 추

89　'2018년 아이쿱넷 오너파트너십 대회'를 취재한 기사에 따르면, 아이쿱넷에서 '오너파트너'는 '출자하면서 경영하고 일하는 사람'으로 정의하고 있다.

구하지 않는 협동조합 간의 관계로 생각할 수 있다. 더 많은 이윤을 추구하는 탐욕적인 사업체로 주식회사를 보듯이 협동조합인은 직원 노동을 더 높은 임금을 얻고자 하는 이기적 존재로 여길 수 있다. 직원 노동에 대한 관점의 전환이 없다면 협동조합은 직원 노동을 소유 노동으로 전환하려 할 것이다.

조합원 통제의 실상

일반 주식회사의 오너경영으로 인한 문제와 대리인 문제가 등장할 때면 협동조합의 민주적 통제는 더욱 관심을 끌었다. 일반기업에서 오너가 사익을 추구하거나 독단적인 경영을 하더라도 이사회의 통제가 제대로 작동된 모습은 보이지 않았다. 소유와 경영이 분리되어 전문경영인이 기업을 운영하더라도 주주의 대표자로 구성된 이사회가 전문경영인에 종속되는 상황도 많다. 이에 반해 협동조합은 조합원의 민주적 통제가 있는 조직으로 소개되며 대리인 문제는 협동조합의 문제로 크게 부각되지 않았다. 협동조합은 소유와 통제가 일치하는 조직으로 인식되면서 오히려 소유의 효과를 부각해 왔다. 하지만 협동조합의 이사회가 소유자(조합원)로 구성되기 때문에 이사회가 소유자(조합원)의 이익에 반하는 결정을 내리지 않을 것이라는 생각은 악용될 여지가 크다. 협동조합 이사회는 소유자(조합원)의 이익에 복무하기 위해 경영진을 철저히 견제할 것이란 기대는 협동조합 경영진이 정보를 투명하게 공개하고 협동조합 이사회가 충분히 토론할 수 있을 때야 실현될 수 있다.

협동조합에서 소유와 통제의 일치가 대리인 문제를 해결해 줄 것이라는 기대는 협동조합을 위험에 빠뜨릴 수 있다. 지역 조합별로 마을 모임, 동아리 모임, 각종 위원회가 상시 운영될 만큼 조합원 활동이 많은 아이쿱생협을 보자. 아이쿱생협과 관련된 많은 기업은 아이쿱생협에서 출발했거나 아이쿱생협 조합원의 자금이 직간접적으로 투입된 경우가 많다. 아이쿱생협 조합원의 투자와 소비가 있기에 관련 기업이 생겨나고 유지될 수 있는 구조이다. 따라서 아이쿱생협 관련 기업은 아이쿱생협 조합원의 집단적 의사를 외면하기 어렵고, 아이쿱생협 조합원은 해당 기업의 경영에 충분히 관심을 가질 만하다.

그럼, 아이쿱생협 관련 조직에 대해 아이쿱생협 조합원은 어떤 권한을 가질까? 최근 아이쿱생협 자연드림의 주력 상품 중 하나인 해양심층수 '기픈물'과 아이쿱생협 조합원의 관계를 생각해 보자. '기픈물'은 아이쿱생협의 미세플라스틱 및 탄소 저감 정책과 잘 어울리는 상품으로서 아이쿱의 자랑거리이다. '기픈물'의 제조원인 자연드림솔트로드(주)는 2022년 말 기준 세이프넷 소속 사업체인 사회적경제연구소(39.07%), 쿱양곡(8.35%), 그리고 아이쿱생협연합회(15.40%) 등이 주주로 구성된 업체이다. 자연드림솔트로드의 2022년 전체 매출액의 81.4%는 아이쿱생협연합회가 차지하고, 전체 매출액의 98% 이상은 "특수관계자"인 세이프넷 소속 사업체와의 거래가 차지한다. 자연드림솔트로드의 매출 대부분은 세이프넷 내에서 이루어지는데, 2022년 광고선전비 15억 9,924만 원, 판매 촉진비 3억 2,335만 원, 접대비 2억 9,841만 원이 사용되었다. 아이쿱생협 조합원들은 자연드림솔트로드의 마케팅 비용이 자신들을 대상으로 사용되었다면, 이러한 지출을 원하지 않을 것이다. 만약 외부 소비자를 위해 사용된 마케팅 비용이라면 아이쿱생협 조합원들은 자신들이 구입한 자연드림솔트로드의 제품가격이 적정했는지 질문할 것이다.

또한 금융감독원에 공시된 감사보고서 상 자연드림솔트로드의 2021년 전체 "직원 급여"는 1,389만 원에 불과했고, 2022년 역시 4,284만 원으로 보고되고 있다. 2021년 직원 급여는 노동자 한 명의 인건비에도 미치지 못하는 수준이고, 2022년 직원 급여로 지급된 금액 역시 매우 작은 규모이다. 2021년 중반 '기픈물'이 출시되어 사업이 본격화된 상황을 고려하면 '직원 급여'의 수치는 믿기지 않는다. 회계 착오가 아니라면 감사보고서의 수치는 노동자들에게 적정수준의 임금이 지급되는 건지 혹은 직접고용보다 외주화를 통해서 기업이 운영되는 건지에 대한 궁금증을 낳게 만든다. 이는 일자리 창출을 중요하게 여기고 법정 최저임금보다 높게 시급을 책정했던 아이쿱생협의 노동정책에 부합하는가 하는 논란을 낳을 수 있다. 아이쿱생협 조합원이 소비하는 물품의 생산업체이자 아이쿱생협연합회가 투자한 기업에 대해 아이쿱생협 조합원은 질문하고 견제할 자격이 충분해 보인다. 협동조합 조합원의 이익을 위해 운영되는 협동조합 기업이지만 정작 협동조합 조합원의 질문에 답해야 하는 구조를 갖추고 있지 못하다.

협동조합 기업은 협동조합의 정체성에서 자유로울 수 없다. 협동조합 기업 역시 평등, 공정, 정직, 공개, 사회적 책임 등의 가치를 지향하는 조직으로 볼 수 있다. 협동조합 기업은 조합원의 필요 및 욕구 충족을 목적으로 하는 협동조합 조직의 일부로서 이윤추구를 목적으로 하는 주식회사와 다를 것이라는 기대는 당연하다. 아이쿱생협에서 권역별로 쿱스토어가 만들어질 때 조직 형태를 주식회사로 하는 것에 대해 우려의 목소리가 있자, 지역 생협의 이사장이 쿱스토어 이사회의 구성원이 되기 때문에 일반적인 주식회사처럼 운영되지 않을 것이라는 설명이 돌기도 했다. 그렇다면 현실에서 협동조합이 협동조합 기업에 협동조합의 정체성을 어느 정도 강제할 수 있을까. 달리 표현하면 협동조합 조합원이 협동조합 기업을 통제할 수 있는 걸까?

협동조합 기업은 협동조합이 현실에서 더 효율적으로 사업을 수행하기 위해 만든 조직이다. 협동조합 기업의 법적 조직 형태가 주식회사든 협동조합이든 임의단체든 관계없이 궁극적으로 협동조합과 동일하게 협동조합 조합원의 이익에 복무하도록 운영된다. 협동조합과 협동조합 기업은 조합원의 욕구와 염원을 충족시키기 위해 사업을 벌인다. 협동조합과 협동조합 기업은 많은 경우 조합원의 이름으로 또는 조합원의 이익을 명분으로 결정을 내리게 되지만, 이러한 결정에 대해 정작 조합원은 어느 정도 인지하는지 그리고 얼마나 동의하는지는 따져볼 문제다.

경남지역에서 자연드림 매장의 점원(쿠퍼)이 자주 바뀌는 상황에 대해 의문을 가진 조합원이 있다고 가정해 보자. 아이쿱생협 조합원은 어떤 접근을 할 수 있을까? 주변 조합원에게 물어보거나 정보가 조금 더 많을 거 같은 대의원이나 조합 임원에게 물어볼 수 있다. 만약 설명이 부족하다고 느낄 때 아이쿱생협 조합원이 공식적으로 할 수 있는 절차는 무엇일까? 통상 지역 생협 조합원은 해당 조합의 총회 및 이사회 의사록, 회계장부, 결산보고서를 열람할 수 있는 권리가 있지만, 쿠퍼가 고용된 쿱스토어경남에 자료를 요청할 권리는 없다. 조합 총회 자료집에 쿱스토어경남 관련 내용은 결산 내역 중 지분 참여에 관한 사항이 대부분이다. 지역 아이쿱생협의 연합조직이자 쿱스토어경남의 주주인 아이쿱생협연합회에 자료 요청을 하는 방법도 고려해 볼 수 있다. 하지만 아이쿱생협연합회의 회원은 조합원 개인이 아니라 지역 생협이기 때문에 아이쿱생협연합회의 대의원이 아니라면 개별 조합원에게 자료 열람이 보장된 것으로 보기 어렵다. 자연드림 매장 쿠퍼의 고용 상태에 관해 확인할 수 있는 통로가 제한된 상황에서 조합원들은 언론에 나오는 기사나 조합 임원이 전해주는 소식에 의존할 수밖에 없다. 협동조합 기업과 협동조합 조합원의 관계가 밀착되어 있다고 보기는 어렵다.

협동조합 조합원 입장에서 상황을 더 들여다보자. 자신이 상품을 공급받는 데 지장이 없다고 해서 아이쿱생협 관련 기업의 문제를 외면할 아이쿱생협 조합원은 없을 것이다. 만약 구례클러스터가 작성한 '비어락하우스 비위행위 조사보고서'가 조합원에게 공개되었다면, 회사가 제시한 현금매출 취소 기록의 문제점에 대해 토론이 이루어졌을 것이다. 또한 시간외수당 부당 청구와 관련해 회사의 근무시간 관리방식이 설명되었다면, 아이쿱생협 조합원들은 '부당 청구'에 해당하지 않는 시간 기록이 조사보고서에 담긴 이유에 관해 설명을 요구했을 것이다. 아쉽게도 아이쿱생협 조합원이 구례클러스터에 자료를 요구할 수 있는 근거는 발견할 수 없다. 아이쿱생협연합회의 논리를 빌리면 협동조합과 협동조합 관련 기업은 서로 독립적인 별도의 사업체이기 때문일 것이다.

그렇다면 협동조합이 관여하는 조직에 대해 협동조합 조합원은 통제력을 발휘할 수 있을까. 아이쿱생협과 관련된 협동조합 중 "지역 아이쿱생협과 세이프넷 지원센터가 함께 운영하는" 조직으로 소개된 곳이 있다. 지역 아이쿱생협의 조합원 관리, 운영 지원 등을 주요 업무로 하는 "사무 행정 전문 협동조합"들이다. '사무행정 전문 협동조합'은 "아이쿱생협 내부에서 고민 끝에" 세워졌고, 동시에 '지역 아이쿱생협 이사진의 공감과 조합원의 이해'에 기반해서 만들어졌다.[90] 아이쿱생협은 '사무 행정 전문 협동조합'을 직원들이 '자발적으로 출

---

90 https://blog.naver.com/icoopkorea/221561076885.

자'해서 만든 노동자협동조합으로 소개했다. 3개의 사무 행정 전문 협동조합인 사회적협동조합 쿱이랑, 가치성장, 아이쿱열린꿈터는 노동자협동조합으로서 직원들의 전문성을 높이고 주인의식을 키우겠다는 과제를 설정하고 협동조합 간의 협동을 실현하겠다는 전망을 갖기도 했다.

그런데 사회적협동조합 쿱이랑, 가치성장, 아이쿱열린꿈터는 2023년 1월경 모두 해산됐다. 아이쿱생협 조합원을 설득해 만들어진 조직이자 노동자협동조합의 정체성을 가진 조직 3개가 순식간에 사라졌다. 3개의 협동조합 노동자들은 스스로 더 이상 조직을 존속시킬 필요가 없다고 생각하고 해산한 걸까? 아이쿱생협연합회는 3개 조직의 해산과 아무 관계가 없는 걸까? 아이쿱생협 조합원들은 다른 사업체의 일이기 때문에 관심을 가질 필요가 없는 걸까? 세이프넷 조직들은 서로 다른 업체이지만 여러 연결고리를 가진 경우가 많다. 때문에 아이쿱생협 조합원은 세이프넷 내 사업체를 단순히 업무 대행업체나 납품업체 정도로 생각하지 않는다. 협동조합 조합원과 협동조합의 기업은 단순히 소비자와 생산자의 관계를 넘어 공생 관계로 묶일 수 있다. 하지만 협동조합 조합원이 협동조합 기업에 대한 통제력은 현실적으로 발휘되지 않는다. 이는 근본적으로 협동조합 조합원이 협동조합에 대한 통제가 실질적으로 작동하지 않는 것에서 시작하는 문제이기도 하다.

협동조합 조직이 협동조합 조합원의 이익에 반하는 결정을 내릴 때 발생할 수 있는 상황도 아이쿱생협 사례를 통해서 생각해 볼 수 있다. 아이쿱생협은 "아이쿱생협만의 인증제도"를 홍보해 왔고, 그 중심에 아이쿱인증센터가 있었다. "아이쿱생협의 연합조직이었던 아이쿱인증센터가 2019년 총회에서 해산을 결의한 후", 21 "2022년 아이쿱인증센터는 사회적협동조합 파머스쿱과 통합하여"

사회적협동조합 탄소치유농업연구소가 되었다. 그런데 아이쿱인증센터의 청산 절차를 진행하는 과정에서 탄소치유농업연구소 이사장은 2023년 7월 7일 '아이쿱인증센터 청산 경과보고 및 사과문'을 통해 아이쿱 지역조합의 출자금을 반환하기 어렵게 된 상황을 밝혔다.[92] 시과문에서 밝힌 '조합에 손해를 끼치게 되어 죄송하다'는 내용에 비춰볼 때 지역조합에 출자금이 반환되지 않을 가능성이 커 보인다.

아이쿱인증센터에 대한 아이쿱 지역 생협의 출자금이 증발할 수 있는 상황은 아이쿱생협연합회가 중요하게 다루어야 할 문제임이 틀림없다. 탄소치유농업연구소(구 아이쿱인증센터)가 회원 조합의 출자금을 반환하지 않게 된다면, 아이쿱생협연합회의 회원조합이 손해를 보기 때문이다. 그러나 '아이쿱인증센터 청산 경과보고 및 사과문'이 발표된 이후 아이쿱생협연합회의 이사회가 관련 사안을 안건으로 다루어 아이쿱인증센터에 대한 지역조합의 출자금 반환을 요청하는 모습은 잘 드러나지 않는다.

아이쿱 지역생협 또는 조합원의 입장에서 출자금 증발 상황을 가정해 보자. 아이쿱인증센터는 해산을 결의한 시점에 잉여금을 보

---

91 아이쿱인증센터는 법인이 아닌 '비영리 임의단체'로 운영되다 2019년 4월 법인설립을 추진했다. 2019년 8월에 '자연드림 치유힐링생협연합회'가 설립되는데, "임의단체인 인증센터를 연합회 법인으로 전환"한 것으로 알려졌다. 그렇지만 아이쿱인증센터는 법적으로 조직을 유지한 채 누적 잉여금을 소진하면서 운영해 온 것으로 보인다. '아이쿱생협 힐링연합회'(구 '자연드림 치유힐링생협연합회')는 2022년 3월에 해산 결의를 한 후 12월에 청산되었고, 아이쿱인증센터는 2022년 하반기에 탄소치유농업연구소로 조직 개편이 이루어졌다.
92 아이쿱인증센터가 지역 생협의 출자금을 반환하기 어렵게 된 상황은 상당한 논란거리이다. 아이쿱인증센터 사무국은 2019년 4월 법인설립 준비 당시 약 52억 원의 누적잉여금을 보유하고 있었고, 이를 "3년 이내에 모두 사용한 후 자연 소멸"한다는 계획을 제시했다. 그리고 2022년 3월 아이쿱생협 힐링연합회 이사회에서 아이쿱인증센터는 "자산 소진 후 운영 중지 예정"이 보고 되었다.

유할 정도였기 때문에 아이쿱 지역생협에 출자금을 줄 수 있었다. 그렇다면 아이쿱 지역생협은 아이쿱인증센터의 청산 과정에 대해 질문할 수 있다. 예를 들어, 2019년 아이쿱인증센터가 아이쿱생협힐링연합회로 전환될 당시 이익잉여금이 있었음에도 회원조합에 출자금을 반환하지 않았던 이유는 무엇인가? 2022년 2월 아이쿱생협힐링연합회 이사회가 해산 계획을 논의할 때 "힐링연합회와 인증센터에 출자한 출자금의 반환 시기를 안내하여 각 지역조합에서 참고할 수 있도록 요청"한 이사의 발언이 있었음에도 현재와 같은 문제가 발생한 이유는 무엇인가? 탄소치유농업연구소 이사장의 표현대로 "세이프넷에서 한 조직의 생성과 소멸, 혹은 재편은 오롯이 그 조직의 결정으로 이루어지지 않으며, 함께 논의하고 함께 결정해" 왔다면, 아이쿱생협연합회는 이 사안과 어떤 관련이 있는가? 협동조합의 이익을 위해 설립된 아이쿱인증센터가 지역생협과 조합원에게 손해를 끼칠 수 있는 상황이지만, 이들이 대응할 수 있는 방안은 마땅치 않아 보인다. 아이쿱생협의 아이쿱인증센터가 청산되는 과정은 협동조합의 조직 운영이 조합원 통제와 무관하게 전개될 수 있는 가능성을 보여준다.

협동조합기업과 협동조합 조합원의 관계는 다름 아닌 '협동조합 민주주의'와 관련된다. 즉 협동조합의 '조합원 민주주의'의 범위들 어디까지로 할 것인가의 문제이다. 아이쿱생협연합회와 관련 사업체들의 관계는 상당한 수준으로 긴밀히 연결되어 있고, 일부 사업체들은 하나의 조직처럼 움직이는 모습을 보인다. 이에 반해 아이쿱생협 관련 기업과 아이쿱생협 조합원들을 연결하는 제도는 뚜렷이 확인되지 않는다. 구례자연드림파크 노동분쟁 과정에서 일부 아이쿱생협 조합원들은 아이쿱생협연합회의 태도를 비판했지만, 아이쿱생협 조합원이 구례클러스터와 아이쿱생협연합회에 직접적으로 문제를 제기할 수 있는 제도적 근거는 마땅치 않았다.

협동조합을 민주적 조직으로 표현하는 것은 조합원이 협동조합을 통제한다는 의미이다(ICA 2015). 협동조합의 조합원 통제는 1인 1표의 의결권으로 상징되기도 하지만 임원 선출, 예산 및 사업계획에 대한 결정, 일상적 운영에 대한 논의 및 감시 등 협동조합 운영 전체에 조합원의 참여를 핵심으로 한다. 그러나 협동조합의 규모가 커지고 조합원의 참여가 줄어들면, 협동조합의 민주주의가 조합원 전체의 민주주의라기보다 적극적으로 관심을 두는 소수의 민주주의가 될 위험이 있다(콜 2015). 규모가 큰 협동조합은 대의원을 선출하는 선거 때 이루어지는 '투표'가 협동조합 조합원들이 행사하는 조합원 통제의 전부일 가능성이 크다. 또한 협동조합 이사들은 경영진이 제공하는 정보와 판단에 의존하여 이사회에 올라온 안건에 대한 동의와 제청을 반복하기에 바쁠 수 있다. 협동조합에서 조합원에 의한 '민주적 통제'는 협동조합의 운영 원리상 존재할 수 있는 현상이지 현실에게 일관되게 구현되는 특징이 아니다.

변화를 위한 방향

협동조합은 노동하는 인간의 존엄을 지키고 노동자의 삶을 개선하기 위해 만들어졌지만, 점차 '조합원 조직'으로 변모했다. 협동조합의 본질 중 '사람'은 어느 순간 '노동하는 사람'에서 '조합원'으로 바뀌었고 협동조합의 피고용인은 일반기업의 노동자와 같은 처지에 놓이게 됐다. 협동조합의 조합원과 직원이 '노동하는 사람'으로 수렴되기보다 소유자와 노동자로 구분되어 협동조합의 이익을 놓고 충돌하는 관계에 놓이게 됐다.

이에 레이들로^{Laidlaw} 박사는 "일반 사기업과 비교하여 협동조합에서의 노사관계가 별반 다르지 않다"라며, "대다수의 협동조합은 전통적인 고용이 되려는 노력 이상을 기울이지 않았다"라고 지적하고 있다. 그러면서 일찍이 '이사회에 직원대표를 포함하는 문제', '자주관리에 대한 계획' 등에 대해 협동조합이 토론하고 실험할 것을 제안했다.⁹³ 협동조합의 1인 1표는 조합원에게 주어지는 권리이지 피고용인의 이익을 보장하기 위한 장치는 아니기 때문이다.

소유하지 않으면 '진정한 주인'이 될 수 없는 걸까. 김상봉 교수는 『기업은 누구의 것인가』에서 주식회사에서 소유의 허상과 실체를 분석하면서 기업을 책임지고 있는 실질적인 주체는 노동자임을 지적하고 있다. 우리 사회에서 노동자의 역할에 대한 인식은 점차 변화하고 있다. 기업이 노동자에게 좋은 노동조건을 제공하는 것을 넘어서 경영에 참여시키려는 방향이 대표적이다. 노동자의 경영 참여는 임금 및 근로조건 결정에 있어 노동자의 목소리를 반영하는 차원을 넘어서 노동자를 기업 운영의 주체로 인정하는 것을 의미한다. 그러나 우리나라의 협동조합기본법이나 생협법에서 협동조합 임원은 해당 조합의 직원을 겸직할 수 없는 것으로 규정하고 있다.⁹⁴ 외형적으로는 협동조합 임원에 대한 제약이지만 내용상으로는 직원의 대표권 제약으로서, 협동조합운동 초기의 관점과 규칙이 유지되는 형태이다. 노동자협동조합 이외의 경우에는 조합원과 노동자 간 이해관

---

93 노동자협동조합은 노동자와 조합원이 동일하기 때문에 적용되지 않을 수 있다는 점을 밝히고 있다(레이들로 2015).

94 협동조합기본법에서는 예외조항을 두고 있는데, 겸직 허용은 1. 조합원의 3분의 2 이상이 직원이고, 조합원인 직원이 전체 직원의 3분의 2 이상인 경우 2. 조합원 수가 10인 이하인 경우 3. 그 밖에 협동조합의 규모·자산·사업 등을 고려하여 임원이 직원을 겸직할 필요가 있는 경우로서 기획재정부장관이 정하여 고시하는 경우로 정하고 있다.

계가 상충될 수 있다는 인식이 일관되게 유지되고 있다.

협동조합이 노동자의 경영 참여, 즉 이사회 같은 의사결정기구에 직원대표를 참여시키는 데 소극적인 이유는 무엇일까. 노동자의 경영 참여는 노사관계에 긍정적인 영향을 줄 뿐만 아니라 조직의 생산성 등을 높여 경제적으로 기업에 도움이 된다는 연구 결과도 소개되고 있다(배규식 외 2015). 고용된 노동자에게 좋은 노동조건을 제공하기 위해 많은 재원을 쏟는 협동조합은 흔하다. 협동조합이 지향하는 가치와 충돌되는 부분도 없다. 그렇다면 협동조합이 노동자의 경영 참여를 제한하는 이유는 비용의 문제라기보다 관점의 문제로 해석할 수 있다. 하나는 운영 주체에 관한 문제이다. 협동조합은 조합원 조직이라는 강력한 성격 규정이 존재한다. 이는 협동조합을 운영하면서 얻게 된 이익을 누구에게 귀속할 것인가에 앞서 누가 결정할 것인가의 기준이 된다. 협동조합은 조합원조직으로서 결정 권한이 조합원에게 있는데, 노동자의 경영 참여는 협동조합에 고용된 노동자들에게 조합원의 권한이 이전되는 것을 의미한다. 다른 하나는 소유에 관한 인식의 문제이다. 아이쿱생협 관련 기업에서 오너파트너는 '출자하면서 경영하고 일하는 사람'으로 정의되는데, "오너 파트너가 되면, 자연스럽게 리더로서 지위와 권한을 부여해" 온 것으로 보인다. 이는 역으로 오너파트너십에 참여하지 않으면 조직 내 리더로 성장하기 어렵다는 해석도 가능하다. 오너 파트너십에 참여하지 않는 직원은 조직의 위험을 회피하는 사람으로 인식될 가능성이 있다. 오너 파트너십의 특징이 신뢰와 책임으로 굳어진다면 오너 파트너십에 참여하지 않은 직원들은 압박을 느끼게 될 것이다. 현재대로라면 아이쿱생협 관련 기업의 오너파트너십 하에서 직원들은 조직에서 임금노동만으로 온전한 주체로 인정받기란 어려워 보인다. 이처럼 소유했기 때문에 주인이 될 수 있다는 인식은 협동조합에서 소유하지 않는 노동자들에게 권한을 주기 어려울 것이다.

그러나 노동자들이 소유에 기반하지 않으면서 조직의 주체로 인정받고 나아가 노동자들에게 경영 권한이 주어지는 실험이 늘어나고 있다. 독일의 공동결정제 이외에도 프랑스, 스웨덴 등의 여러 유럽 국가에서 노동이사제를 도입하여 운영하고 있고, 공기업뿐만 아니라 민간기업에서도 노동이사제를 운영하는 사례도 있다.[95] 우리나라도 공공부문에서 노동이사제가 도입되어 운영 중이다. 협동조합에서 조합원의 이익과 노동자들의 이익이 충돌된다는 관점이 재검토될 필요가 있음을 시사한다. 협동조합이 노동자를 진정한 구성원으로 인정하고자 한다면 협동조합 피고용인의 경영 참여를 재고해야 할 것이다.

지금까지의 논의를 바탕으로 개별 협동조합에서 노동이 형성되는 데 영향을 미치는 요소를 몇 가지 추려볼 수 있다. 첫 번째는 협동조합의 사업체로서의 속성이다. 협동조합은 이윤을 목적으로 설립되지 않았더라도 이윤을 창출하기 위한 과정에서 노동과의 관계가 형성된다. 협동조합이나 협동조합기업에서 계약직 노동자를 지속적으로 채용하는 경우 사업체로서의 전략으로 볼 수 있다. 이윤을 분배하지 못하는 비영리법인일지라도 영리활동 과정에서 언제든지 노동과 대립이 일어날 수 있는 것처럼 협동조합도 사업을 하면서 노동에 영향을 미친다.

두 번째는 조직으로서의 속성이다. 조직의 운영을 위한 체계와 제도는 경제적 요소 이외에도 비경제적 요소를 반영한다. 앞에서 살펴본 쿱스토어경남의 계약직 채용 공고에서 단기 계약직을 반

---

95 노동이사제에 대한 자세한 내용은 김재환(2019), 김철(2022) 등을 참고할 수 있다.

복적으로 채용하면서도 '장기근무자 우대'와 같은 조건은 조직을 관리하는 방식과 관련된다. 조직으로서의 속성을 드러낸 또 다른 사례는 몬드라곤 파고르 클리마의 관리자와 현장직의 인식 차이이다. 노동자협동조합의 관리자는 평등함을 담보하는 제도와 문화에 대해 말하고 있지만 현장직 노동자는 위계를 느끼고 있었다. 노동자들은 조합원으로서 형식상 평등하다는 점을 알고 있지만 일을 하는 과정에서 자율성, 권한 등이 자신의 대표자들과 차이가 있음을 느끼게 된다.

세 번째는 조합원 조직으로서의 속성이다. 이윤 배분을 놓고 협동조합 조합원과 노동자가 충돌했던 1862년 로치데일 방적공장에서의 사건은 협동조합이 일찍부터 조합원 조직으로서 작동했다는 점을 보여준다. 조합원들의 민주적 결정은 협동조합 노동자의 노동조건에 부정적인 영향을 미칠 수 있다. 니르 택시협동조합에서 비조합원 노동자에 대한 차별은 조합원들이 1인 1표로 결정한 결과이기도 하다. 물론 그 반대의 경우도 존재할 수 있다. 협동조합 경영진이 노동자를 희생시키려 할 때 조합원의 반대로 노동자들의 노동조건이나 권리가 지켜질 수도 있다.

네 번째는 조합원 통제의 부작동이다. 협동조합에서 조합원의 통제가 작동하지 않을 수 있는 가능성, 달리 말하면 협동조합에서도 주식회사에서 나타나는 대리인 문제가 발생할 가능성이다. 협동조합이 조합원조직으로서 정체성이 강하지만 조합원 통제가 실질적으로 이루어지는가는 별개의 문제이다. 협동조합 사례에서 살펴본 바에 따르면 협동조합은 대리인 문제에 노출될 가능성이 있고, 협동조합기업의 문제에 조합원이 관여할 수 있는 여지는 발견되지 않고 있다. 협동조합이 출자한 협동조합기업에 대해 협동조합 조합원이 직접적으로 행사할 수 있는 권리가 없는 상황에서 조합원들은 조합원이사 및 이사장이 견제와 감시를 할 것으로 기대한다. 하지만 협동조합 이사와 이사장들은 협동조합 기업의 경영진만큼 기업 상황을 파악할 수 없기 때문에 조합원의 기대에 부응하는 역할을 수행하기 어려운 경우가 많다. 조합원의 권리가 명시된 정관이 있고 조합원의 권리를 행사할 의사결정기구가 있지만 정작 조합원이 목소리를 내고자 할 때 손에 잡히는 것은 없다. 협동조합이 언제든지 조합원 없는 조합원조직으로 전락할 위험을 안고 있다. 협동조합은 조합원조직이지만 조합원 통제를 벗어나 경영진에 의해 협동조합의 노동이 형성될 수 있음을 시사한다.

마지막 요소는 협동조합의 정체성이다. 협동조합의 개념, 의미, 역할 등에 대한 규정은 시대에 따라 변화해 왔고, 협동조합의 정체성 역시 고정불변의 것은 아니다. 국제협동조합연맹의 '협동조합의 정체성 선언'(1995년), 국제노동자협동조합연맹의 '협동적 노동자 소유의 세계 선언'(2004년), 유엔의 '사회발전에서의 협동조합'(2009년) 등에서 협동조합의 성과, 가치 등이 계속해서 제시되고 있다. 협동조합의 정체성에 대한 합의가 존재하지 않더라도 협동조합다운 모습과 협동조합답지 못한 모습을 생각하게 된다. 예를 들어 협동조합에서 비정규직 노동을 사용하더라도 고용안정성을 높이기 위해 노력한다는 입장을 내는 것은 협동조합의 정체성에 영향을 받은 경우로 볼 수 있다. 이처럼 협동조합의 정체성은 상징적 규범으로서 역할을 하면서 협동조합의 노동에 영향을 미친다.

협동조합의 노동에 영향을 미치는 요소가 더 늘어날지라도 각 요소가 어느 정도 영향을 미칠지를 결정하는 것은 최종적으로 '조합원의 참여'가 될 것이다. 공동소유는 조합원의 자격을 부여하지만, 공동소유가 협동조합에 대한 관심과 참여를 담보하지 않는다는 것은 거대 소비자생활협동조합을 통해 익히 드러났다. 1인 1표의 민주적 제도 역시 협동조합에 대한 조합원의 통제를 작동시키는 에너지원이 아니다. 협동조합은 민주적으로 운영되는 조직이 아니라 민주적 제도를 가지고 있을 뿐이고, 조합원이 통제하는 조직이 아니라 조합원의 통제를 위한 제도가 있을 뿐이다.

우리 사회가 협동조합에 관심을 기울이는 이유는 협동조합이 내세우는 가치나 원칙 속에서 사업을 운영할 수 있을 거라는 기대가 있기 때문이다. 이러한 협동조합의 실험이 온전히 진행되기 위해서는 '조합원 참여'가 이루어져야 한다. 협동조합의 노동분쟁이 왜곡되고 장기화하는 모습에서도 '조합원 참여'의 부재를 실감할 수 있다. 협동조합 이사회의 결정에 대해 사후적으로라도 조합원들이 질문하고 토론할 수 있어야 최소한의 '조합원 통제'가 성립할 수 있다. 협동조합과 협동조합 기업의 일상적 운영과 노동분쟁에 관해 판단할 수 있도록 조합원에게 충분한 정보가 제공되는 게 실험의 출발점이 될 것이다.

협동조합의 건강한 발전을 위해 협동조합 및 협동조합기업에 고용된 노동자들의 조직화도 필요하다. 협동조합 노동자들의 조직화는 협동조합의 민주주의를 실현시키고, 자신들의 노동을 지킬 수 있는 여지를 넓힐 수 있다. 노동자 개인보다는 조직으로서 존재할 때 협동조합 내부에서 목소리를 낼 수 있고, 나아가 협동조합 바깥의 시민사회와 원활히 소통할 수 있다.

한편 협동조합과 연대하고자 하는 노동조합운동이 협동조합에 대한 감시자로 역할하는 것도 필요하다. 노동운동이 협동조합을 좋은 물품과 서비스를 제공하는 사업체로만 생각하지 않고 사회 구성원들의 민주적 참여를 확장시키는 공간으로서 바라본다면, 협동조합의 노동문제 뿐만 아니라 협동조합의 운영에 대해서도 견제하며 연대의 토대를 확장할 수 있을 것이다.

협동조합은 노동하는 인간의 존엄을 지키고
노동자의 삶을 개선하기 위해 만들어졌지만,
점차 '조합원조직'으로 변모했다.

협동조합의 본질 중 '사람'은 어느 순간
'노동하는 사람'에서 '조합원'으로 바뀌었고
협동조합의 피고용인은 일반기업의
노동자와 같은 처지에 놓이게 됐다.
협동조합의 조합원과 직원이 '노동하는 사람'으로
수렴되기보다 소유자와 노동자로 구분되어
협동조합의 이익을 놓고 충돌하는 관계에 놓이게 됐다.

에필로그

아이쿱생협과 관련한 노동분쟁을 분석하면서 여러 명의 '아이쿱 사람들'을 만났다. 아이쿱생협연합회의 직원 중 한 사람은 내게 아이쿱생협의 임원 선출 구조를 설명해 주면서 '민주적 운영'이나 '민주적으로'와 같은 문구를 많이 사용했다. 아이쿱생협이 실행하는 사업이 사회변화를 이루어 내고 있다고 확신하는 듯 보였다. 그에게 구례자연드림파크 노동분쟁에 대한 기억은 많지 않았다. 당시 직원들의 단체대화방에서 구례자연드림파크 노동분쟁에 대한 소식을 접한 게 전부라고 했고, 노동조합이 간접적으로라도 자신의 노동조건을 개선해 줄 것으로 생각했지만 자신의 기대에 미치지 못했다고 말했다. 그렇게 말하는 별다른 근거는 없었는데, 오래된 일이어서가 아니라 잘 모르고 있는 것처럼 보였다. 상당한 통찰력을 가진 한 연구자가 '아이쿱 사람'이란 사실을 뒤늦게 알게 되어 구례자연드림파크 노동문제에 관해 물었지만, 자세한 이야기는 들을 수 없었다. 그가 아이쿱생협과 관련한 노동분쟁에 대해 모르는지 아니면 말하기 싫었던 건지 확인할 길은 없다.

다른 협동조합의 노동분쟁 사례를 연구하기 위해 만났던 한 노조 간부로부터 구례자연드림파크 노동분쟁에 관한 이야기를 들을 수 있었다. 자신을 한때 아이쿱 활동가였다고 소개한 '아이쿱 사람'이었다. 그는 2018년 괴산자연드림파크 오픈식이 열리던 날 구례자연드림파크지회 노동자들이 스피커를 틀고 집회를 열었던 상황을 기억하고 있었다. 구례자연드림파크 노동자들이 부당해고 등의 이유로 집회를 갖는다는 것을 알고 있었지만, 당시 왠지 공격받고 있다는 느낌이 들었다고 했다. 내가 만나본 아이쿱 사람들은 대부분 구례자연드림파크 분쟁에 대해 모르는 듯 했지만 의연 중 심정적 거부감을 드러냈다.

사회적경제 영역 있는 사람들은 구례자연드림파크 노동분쟁에 대해 어떻게 생각하는지 궁금했다. 당사자들의 갑론을박 이외에 공론장에서 아이쿱생협에 대해 문제를 제기하는 모습을 찾아볼 수 없었기 때문이다. 한때 인연이 있었던 사회적경제 분야의 활동가가 국회의원 보좌관을 하고 있어 그와 상의를 하려고 사무실로 찾아갔다. 그 또한 구례자연드림파크 노동분쟁에 대해 자세히 모르고 있었고, 아이쿱생협에 관한 내용은 거의 전해 들은 이야기 정도라 했다. 그는 내 이야기를 진지하게 들어주었지만, 사무실 탁자에 놓인 자연드림의 '기픈물(생수)'을 보고 국회의원실 차원에서 아이쿱생협의 문제가 다루어지기 위해서는 더 많은 설명이 필요하다는 것을 직감할 수 있었다.

그로부터 몇 달이 지나 어느 기자로부터 연락이 왔다. 아이쿱생협 관련 기업의 전·현직 노동자들이 아이쿱생협의 정책하에서 구입했던 주식을 처분하지 못해 어려움을 겪고 있다는 이야기를 해 주었다. 아이쿱생협 관련 기업의 비상장 주식을 처분하지 못하고 있는 노동자들은 아이쿱생협에 책임이 있다고 주장하고 있었다. 2017년 구례자연드림파크에서 있었던 상황이 재현되는 것처럼 보였다. 당시 구례자연드림파크 노동자들도 자신들의 사업장 문제를 아이쿱생협과 연관된 것으로 인식하고 아이쿱생협을 비판했다. 아이쿱생협의 지배구조에서 비롯된 문제이기 때문에 노동자와의 갈등뿐만 아니라 다른 형태로도 전개될 수 있다. 그리고 실제 아이쿱 지역생협의 해산이라는 엄청난 일이 일어나고 있다. 단기간에 수십 개의 지역생협이 해산했는데 이 과정에 대한 정당성 논란이 일고 있다. 지역생협 해산을 추진한 이사들이 조합원 반발로 사퇴한 경우, 조합해산의 절차가 부당했다며 이사장이 조합원으로부터 소송을 당한 경우, 지역조합 해산과 통합 과정에서 조합원들이 불이익을 당했다며 아이쿱생협에 항의하는 경우 등 다양한 형태로 표출되고 있다. 아이쿱생협에서 조합원의 통제가 실질적으로 작동했다면 지역조합의 해산은 지금과 다른 양상이었을 것이다. 아이쿱생협 내에서 구례자연드림파크 노동분쟁과 같이 첨예하게 대립하는 사안에 대해 조합원들이 충분한 정보를 받고 자유로운 토론을 했다면 지금과 같은 모습이 나오지 않았을 것이다.

 사람들과 현실의 협동조합에 관해 이야기하다 보면 '협동조합은 그게 아니다'라는 식의 말을 종종 듣게 된다. 이러한 비판은 그들이 협동조합의 원형을 상정하고 있다는 생각을 들게 만든다. 협동조합이 처음 어떻게 만들어졌고, 무엇을 지향했고, 어떠한 운영 원리를 가졌는지에 대한 설명들엔 분명 협동조합에 대한 기준이 담겨있다.

그렇다면 특정 기준에서 벗어난 협동조합은 협동조합이 아닐까? 어려운 조건에서 있는 사람들이 힘을 합쳐 문제를 극복했다는 협동조합뿐만 아니라 설득력 없는 이유로 노동자를 집에서 멀리 떨어진 곳으로 인사 발령하는 협동조합, 조합원들에게 회계내역을 투명하게 공개하지 않는 협동조합, 조합원 노동자와 달리 비조합원 노동자를 차별하는 협동조합 등… 나는 이 모두가 협동조합의 모습이라고 생각한다.

산업혁명 시기 노동대중이 상인의 횡포에 맞서고 나아가 공동체를 만들기 위해 협동조합을 만들었던 모습은 전체 협동조합 역사에서 일부였다는 사실을 잊게 할 만큼 강렬했는지 모른다. 이제 특정 시기의 협동조합 모습에 천착하는 태도에서 벗어날 필요가 있다. 근대적 협동조합이 성장하던 시기부터 협동조합은 다양한 형태로 변형될 수 있음을 보여줬다. 협동조합이 다양한 모습을 갖는 이유 중 하나는 생득적으로 자본의 속성을 가지고 있기 때문일 것이다. 자신들의 필요를 위해 자본을 모은 사람들은 협동조합을 유지하는 과정에서 자본의 속성으로부터 압박을 받게 되고, 이를 조합원들이 어떻게 통제하느냐에 따라 협동조합의 모습은 달라진다. 협동조합의 원형이 있다면 그것은 사람과 자본의 속성이 결합된 상태에서 언제든지 변화할 수 있는 성질이 될 것이다. 협동조합이 어떤 모습이 될지는 조합원들의 몫이다. 1인 1표를 더 이상 '민주적 결정'으로 포장하지 않아야 한다. 조합원들의 '실질적 참여'가 어느 정도 이루어지고 있는지가 더 중요하다. 협동조합 조합원들이 조직 운영에 참여하지 않으면, 1인 1표는 오히려 범죄를 감추는 알리바이가 될 수도 있다.

구례자연드림파크 노동분쟁은 아직 끝나지 않았다. 당사자들의 공방은 계속되고 있고, 전체를 평가하기 위해선 다양한 쟁점을 분석해야 한다. 다만 지금까지 정리한 내용을 바탕으로 협동조합에 관심이 있는 사람들과 함께 논의할 수 있는 부분이 있다고 생각한다. 그건 다름 아닌 우리가 지금까지 이론적으로 이해했거나 아니면 일부 사례를 통해 받아들였던 협동조합의 이념형 ideal type에 관한 것이다. '민주적으로 운영되는 조직', '조합원이 통제하는 조직', '자율적인 조직'과 같은 수식어가 협동조합의 일반적 특징처럼 통용되는 것에 대한 '문제 제기'이기도 하다. 여기서 다루고 있는 협동조합 노동의 실제 사례들을 통해서 협동조합을 재인식할 수 있는 다양한 논의와 토론이 이루어지길 기대한다. 이것이 협동조합에서 노동문제를 개선하고, 협동조합의 건강한 발전을 도모하며, 장기적으로 협동조합운동과 노동운동이 연대할 수 있는 발판이 될 것이라 생각한다.

노동분쟁에 대한 구체적 상황을 덮어둔 채 논의를 진전시키기 어렵다는 생각에서 세부적으로 보일 수 있는 사안들까지 다루었다. 그 과정에서 불가피하게 많은 숫자와 이름이 등장하게 됐고, 이 점은 독자들에게 양해를 구하고 싶다. 하지만 손실액, 재고량과 같은 수치는 단순한 현황이 아니라 노동에 대한 협동조합 및 협동조합기업의 태도가 담겨있다는 점에서 의미가 있다.

  협동조합에 대한 응원과 함께 견제가 필요한 시점이다. 협동조합의 조합원 참여가 작동하지 않아 발생할 수 있는 문제를 협동조합 내부 사안으로만 치부하기 어려워지고 있다. 협동조합 및 협동조합 기업은 그 사업 영역이 넓어지고 있고 사업 규모도 커지고 있다. 비조합원과의 거래도 늘어나고 있다. 하지만 관련 제도는 그 속도를 따라가지 못해 사각지대가 발생하고 있다. 협동조합의 내부 통제의 실패는 언제든지 사회문제로 비화할 수 있다. 따라서 협동조합이 추구하는 정체성 속에서 사업을 운영할 수 있도록 협동조합을 지지하되 감시할 필요도 있다. 아무쪼록 협동조합의 노동에 대한 논의를 통해 협동조합이 무엇이고, 우리 사회에서 어떤 역할을 할 수 있을지에 대한 고민이 이어지길 희망한다.

참고문헌

강민수(2014), "협동조합은 좋은 일자리인가?", 『생협평론』 17호, pp. 32-40.
강상구(2000), 『신자유주의 역사와 진실』, 서울 : 문화과학사.
공정경(2015), "아이쿱의 노동정책은 법대로 한다+α", 『생협평론』 21호, pp. 107-116.
권인석(2004), "신공공관리론의 논리, 한계, 그리고 극복", 『한국공공관리학보』 18(2), pp. 31-46.
기업지배구조센터(2008), 「이사회운영 가이드라인」.
기획재정부(2012), 「협동조합기본법 공포, 2012.12월 시행-새로운 기업모델, 협동조합 도입, '복지증대'와 '일자리 창출' 효과 기대」 보도자료(2012년 1월 26일).
김금수(2013), 『세계노동운동사1』, 서울 : 후마니타스.
김기섭(2012), 『깨어나라 협동조합』, 파주 : 들녘.
김기우·김상중·엄형식. 2013. 『근로자협동조합 조합원의 근로자성에 관한 연구』, 한국노총 중앙연구원.
김기태(2012), "한국협동조합의 역사와 동향", 『일하는 여성』 91호, pp. 4-9.
김상봉(2012), 『기업은 누구의 것인가 : 철학, 자본주의를 뒤집다』, 서울 : 꾸리에북스.
김성오(2017), "협동조합운동과 노동조합운동: 연대와 협력의 가능성 탐구", 『생협평론』 28호, pp. 14-23.
김신양(2021), 『처음 만나는 협동조합의 역사』, 서울 : 착한책가게.
김유경·엄진령·최은실·하해성(2018), 「공공부문 간접고용 노동자 투쟁과 정부의 간접고용 전환정책의 쟁점」, 전국불안정노동철폐연대 법률위원회.
김유선(2014), "비정규직 규모와 실태: 통계청, '경제활동인구조사 부가조사'(2014.8) 결과", 『한국노동사회연구소 이슈페이퍼』 22호, pp. 1-14.

김재환(2019), "노동이사제의 공공부문 도입현황과 공공기관 도입논의",
　　『국회입법조사처 현안분석』제101호.
김창진(2017),『퀘벡 모델: 캐나다 퀘벡의 협동조합·사회적경제·
　　공공정책』, 고양 : 가을의아침.
김철(2022), "공공기관 노동이사제 도입의 쟁점과 과제",『사회공공연구원
　　이슈페이퍼』2022-3호.
김형미·지민진(2018), "아이쿱 경영을 해석하다",『스무살 아이쿱:
　　협동하는 사람들의 가치와 실천』, (재)아이쿱협동조합연구소.
김호연·이영석(1993), "봉건제에서 자본주의로의 이행",『서양사강의』,
　　서울 : 한울아카데미.
길현종·안주엽(2014),『협동조합의 고용실태와 과제』,
　　세종 : 한국노동연구원.
남궁준·김근주·구미영(2019),『영국 근로시간법제의 변천과 정책적
　　시사점』, 세종 : 한국노동연구원.
랄프 다렌도르프(1980),『산업사회의 계급과 계급갈등』, 서울 : 홍익사.
레이들로(2015),『21세기의 협동조합 : 레이들로 보고서』, 서울 : 알마.
로버트 오언(2012),『사회에 관한 새로운 의견』,
　　서울 : 지식을만드는지식.
류주형·우지연·박주영(2016), "노동개악 2대 행정지침 대응방향",
　　『이슈페이퍼』2016-2, 전국민주노동조합총연맹.
리오 휴버먼(2000),『자본주의 역사 바로 알기』, 서울 : 책벌레.
리차드 H. 홀(1999),『현대 조직론』, 서울 : 한울 출판사.
마조리 켈리(2013),『주식회사 이데올로기: 21세기 경제 귀족주의의
　　탄생』, 서울· 북돋음.
배규식·박제성·이정희·정동관·정원호·이승욱·박귀천 · 문정혜(2015),
　　「서울시 투자출연기관 참여형 노사관계 모델 도입방안 연구」,
　　서울특별시.
백스트롬(2022),『또 하나의 협동조합운동』, 서울 : 한살림.
비어트리스 웹(2008),『나의 도제시절』, 파주 : 한길사.
비어트리스 웹(2022),『영국 협동조합 운동』, 서울 : 코알라.
송경용 외(2017), "노동운동과 사회적경제는 왜 함께하려 하는가?"
　　『생협평론』28호, pp. 81-100.
송병건(2010), "농업혁명, 의회 인클로저와 농촌사회의 변화,
　　1750-1850",『영국연구』23, pp. 91-124.

시드니·베아트리스 웹(1990),『영국노동조합운동사 上』, 서울 : 형성사.
신성식(2011),『새로운 생협운동의 미래』, 파주 : 푸른나무.
신성식(2014),『협동조합 다시 생각하기』, 서울 : 알마.
신희영(2001), "신공공관리론에 대한 비판적 고찰: 비판적 실재론적
  접근",『한국행정학회 동계학술발표논문집』, pp. 601-615.
아너스 오르네(2015),『스웨덴에서 협동조합을 배우다』, 홍성 : 그물코.
아이쿱생협사업연합회(2018),「아이쿱넷 2017년 연차보고서」.
아이쿱생협연합회(2019),「2018 세이프넷 공동연차보고서」.
아이쿱생협연합회(2022),「2021 세이프넷 공동연차보고서」.
앨버트 허쉬만(2016),『떠날 것인가 남을 것인가』, 서울 : 나무연필.
에드가 파넬(1997),『21세기를 대비한 협동조합의 재창조』, 축협중앙회.
웨이드 로우랜드(2008),『탐욕 주식회사』, 성남 : 팩컴북스.
윌리엄 캐서린, 캐서린 화이트(2012),『몬드라곤에서 배우자』,
  서울 : 역사비평사.
이상준·박제성·정동관(2020),『민주적 기업모델과 제도』,
  세종 : 한국노동연구원.
이선희·박성순·박지아·이상윤(2022), "협동조합의 ESG경영 실천:
  아이쿱 생협 사례",『한국협동조합연구』40(1), pp. 71-107.
이성수(2012), "우리나라 노동자협동조합의 경험과 전망",
  『협동조합네트워크』58, pp. 65-58.
이원보(2013),『한국노동운동사 100년의 기록』,
  서울 : 한국노동사회연구소.
이정봉(2020), "협동조합 노사관계 구조와 쟁점",『한국노동사회연구소
  이슈페이퍼』15호, pp. 1-21.
이정봉(2023), "'협동조합의 노동'에 대한 탐색적 고찰",
  『한국노동사회연구소 이슈페이퍼』193호, pp. 1-22.
이주희(2019), "퀘벡 노동연대기금의 한국적 적용",『사회적경제와
  정책연구』9(3), pp. 89-121.
이현정(2021), "사회적경제의 성공요인과 지속가능성: 구례자연드림파크
  사례를 중심으로",『정책개발연구』21, pp. 271-311.
장승권 · 강장석 · 최은주(2018),「협동조합의 실태분석과 정책과제」,
  한국의회학회.

장종익(2019), "강력한 네트워크 조직으로 혁신을 거듭해 온
　　아이쿱소비자생활협동조합", 『사회적경제 우수사례 성공요인분석』,
　　성남 : 한국사회적기업진흥원.
전국민주노동조합총연맹(2000), 『노동운동발전전략위원회(안)』.
전국민주노동조합총연맹(2005), 『조직혁신자료집』.
전국민주노동조합총연맹(2009), 『노동운동혁신위원회 활동 보고서』.
조성식(2003), "1563년 영국 장인법의 제정의도", 『서양중세사연구』 11,
　　pp. 159-194.
조성오·이문범·유충권(2017), 「택시협동조합의 문제점과 개선방안」.
　　광명 : 전국택시노동조합연맹.
조성준·정이환·홍성진(1984), 『노동복지 증진을 위한
　　노동자협동조합운동의 발전방향』, 서울: 한국노총.
조지수사·로저 허먼(2015), 『협동조합의 딜레마』, 고양 : 가을의아침.
조지 제이콥 홀리요크(2013), 『로치데일 공정선구자협동조합: 역사와
　　사람들』, 홍성 : 그물코.
존 T. 던롭(1982), 『노사관계론』, 서울 : 법문사.
정원각(2012), "노동운동과 소비자 협동조합 운동",
　　『한국 생활협동조합운동의 기원과 전개』, 파주 : 푸른나무.
차명수(1993), "산업혁명", 『서양사강의』, 서울 : 한울아카데미.
채준호·신지원(2009), "영국 물 민영화 및 의료서비스 시장화와
　　노사관계", 『공공부문 민영화의 쟁점과 노사관계』,
　　서울 : 한국노동연구원.
토머스 모어(2005), 『유토피아』, 서울 : 서해문집.
프리드리히 엥겔스(2014), 『영국 노동계급의 상황』, 서울 : 라티오 출판사.
칼 폴라니(2009), 『거대한 전환: 우리 시대의 정치·경제적 기원』,
　　서울 : 길.
피터 드러커(2007), 『New Society』, 서울 : 현대경제연구원.
한국사회적경제연대회의·사회적경제활성화전국네트워크·한국사회적기업
　　중앙협의회(2018), 「제7회 전국동시지방선거 사회적경제 7대
　　공통정책 및 분야별 정책제안」.
한국생협연대(2008), 「제13차 대의원총회 자료집」.
한살림연합정책기획위원회·모심과살림연구소(2018), 「한살림 노동에 대한
　　이해와 접근」.

협동조합기본법 제정 연대회의(2011), 「협동조합기본법 제정을 위한 연대회의 출범식 및 토론회 자료집」(2011년 10월 11일).
황선자(2013), "노동조합과 사회적경제의 협력", 『생협평론』 28호, pp. 40-54.
황선자·최영미(2013), 『노동조합과 사회적 경제의 활성화 : 협동조합을 숭심으로』, 한국노총 중앙연구원.
Alan Fox. 1969. "Management's Frame of Reference", *Collective bargaining.* Penguin Books.
Asaf Darr. 1999. "Conflict and conflict resolution in a cooperative: the case of the Nir Taxi Station" *Human Relations.* Vol 52. 279-301.
Arnold Bonner. 1970. *British Co-operation.* CO-OPERATIVE UNION LTD.
Bruno Roelants, Diana Dovgan, Hyungsik Eum and Elisa Terrasi. 2012. *The Resilience of The Cooperative Model.* CECOP-CICOPA Europe.
Christopher S. Axworthy. 1986. "CO-OPERATIVES AND THEIR EMPLOYEES: TOWARDS A HARMONIOUS RELATIONSHIP", *Occasional paper* 86-01. CENTRE FOR THE STUDY OF CO-OPERATIVES.
Eberhard Dülfer. 1996, "Industrial Relations and Cooperatives", *OCCASIONAL DISCUSSION PAPER* 96-1. Geneva: International Labour Office.
E.P. 톰슨(2000), 『영국 노동계급의 형성 (상)』, 서울 : 창작과비평사.
G.D.H. 콜(2012), 『영국 노동운동의 역사』, 서울 : 책세상.
G.D.H. 콜(2015), 『영국 협동조합의 한 세기』, 홍성 : 그물코.
G.D.H. 콜(2017), 『로버트 오언』, 서울 : 칼폴라니사회경제연구소.
G.D.H. Cole and A.W. Filson. 1951. *British Working Class Movement.* London: Macmillan CO. LTD.
H. 펠링(1992), 『영국 노동운동의 역사』, 경북 : 영남대학교출판부.
International Co-operative Alliance. 2015. *Guidance Notes to the Co-operative Principles,* 『ICA 협동조합 원칙 안내서』, 한국협동조합협의회.
Judy Haiven and Larry Haiven. 2009. "Do Cooperatives Protect

Workers' Rights? Lessons from Canada" *The Modernization of Labour Law and Industrial Relations in a Comparative Perspective*. Kluwer Law International.

G. N. Ostergaard and A. H. Halsey. 1965. *Power in cooperatives*. Blackwell Publishers.

Kurt W. Wetzel and Daniel G. Gallagher, 1987. "A Conceptual Analysis of Labour Relations in Cooperatives". *Economic and Industrial Democracy*. Vol.8, pp. 517-540.

Pierre Laliberté. 2013. "Editorial". *International Journal of Labour Research*. Research 2013 Vol. 5 Issue 2. ILO, GENEVA.

Sharryn Kasmir. 1996. *The Myth of Mondragon: Cooperatives, Politics, and Working-Class Life in a Basque Town*. State University of New York Press.

Sonia Rolland. 2006. "Mondragon Corporation Cooperatives, People Working Together." *UWL Journal of Undergraduate Research* IX, pp. 1-11.

Stirling Smith. 2014. *Promoting cooperatives: an information guide to ILO Recommendation No. 193*, International Labour Office –Geneva: ILO.

T.S. 애슈턴(2020),『산업혁명 1760-1830』, 고양 : 삼천리.

협동조합은 노동을 존중하는가

ⓒ 이정봉, 2024

초판 1쇄 인쇄 2024년 7월 26일
초판 1쇄 발행 2024년 8월 5일

지은이 이정봉
펴낸곳 초록펭귄
편집 김유승
디자인 더디앤씨 www.thednc.co.kr

등록 2021년 1월 28일 제2023-000048호
홈페이지 greenpenguin.co.kr
전화 02-383-0830
팩스 0502-304-2831
이메일 greenpenguin124@daum.net

ISBN 979-11-987416-1-5
값 19,000원

* 이 책의 일부 또는 전부를 재사용하려면 반드시 저작권자와 초록펭귄 양측의 동의를 얻어야 합니다.
* 잘못된 책은 구입하신 곳에서 교환하실 수 있습니다.
* 이 책의 저자 인세와 판매수익금의 일부는 사회적경제 영역의 노동권익을 위해 활동하는
  노동조합 및 시민사회단체에 기부됩니다.